国家社会科学基金一般项目"生态学视角下高科技企业技术知识管理研究"（项目批准号：11BGL042）

基于生态学原理的高科技企业技术知识管理研究

陈 华 著

中国商业出版社

图书在版编目（CIP）数据

基于生态学原理的高科技企业技术知识管理研究 /
陈华著. -- 北京：中国商业出版社，2023.12
ISBN 978-7-5208-2779-9

Ⅰ.①基… Ⅱ.①陈… Ⅲ.①高技术企业－知识管理
－研究－中国 Ⅳ.①F279.244.4

中国国家版本馆CIP数据核字(2023)第238793号

责任编辑：王　静

中国商业出版社出版发行

（www.zgsycb.com　100053　北京广安门内报国寺1号）

总编室：010-63180647　编辑室：010-83114579

发行部：010-83120835/8286

新华书店经销

定州启航印刷有限公司印刷

*

710毫米×1000毫米　16开　16.5印张　300千字

2023年12月第1版　2023年12月第1次印刷

定价：88.00元

*　*　*　*

（如有印装质量问题可更换）

前言

创新是我国的国家战略，提高技术创新能力特别是自主创新能力是调整经济结构和转变经济增长方式的关键环节。我国高科技企业技术创新能力现状是，技术创新能力相对薄弱，企业还未真正成为创新主体，技术知识管理存在种种不足。目前学术界对技术创新的研究局限于宏观层面，而从微观层面上系统剖析企业本身如何通过技术知识管理来加强技术创新能力的研究非常少，基于一定理论对高科技企业技术知识管理的专门研究也较少，这就使本研究具有重要意义。

本书共分为6章，其主要内容如下。

第1章为绪论，提出本研究的背景、希望解决的问题及意义。本章针对我国许多高科技企业技术创新能力不足，尤其是自主创新能力不足的现实，通过归纳高科技企业的特点，从中得出技术是高科技企业核心的结论；针对高科技企业实施技术知识管理的不足对高科技企业生存和发展带来的影响，论述高科技企业技术知识管理实施的重要意义；综述国内外知识管理研究现状，归纳分析知识管理研究薄弱之处；总结本研究的理论价值和实践意义。

第2章是本书的理论基础，探索知识产生、传播、创新规律和技术知识在企业经济活动中的作用机理。本章主要内容：揭示认知空间，阐述数据、信息、知识的编码、抽象、扩散规律，以及人的认知、学习和创新的过程和原理；归纳技术知识的特性；对技术知识进行分类；介绍技术知识编码的原则和方法；分析技术知识转化流动的途径和方式；揭示技术知识转化与高科技企业技术活动和技术创新过程的联系；分析高科技企业技术知识超循环路径，揭示技术知识超循环使产品价值增殖的机理。

第3章论述高科技企业技术知识管理与生态系统的相关理论，为研究技术知识管理寻求借鉴工具。本章从经济系统入手，通过阐述经济系统的特征、结构和功能，深入高科技企业技术知识管理系统，进一步深入阐述高科技企业技术知识管理的内容、方法和模式；通过综述生态系统原理，阐述经济学的建构主义和经济学的生态理性，总结生态系统与高科技企业技术知识管理系统的相似特征和不同之处，从而提出高科技企业借鉴生态理性和生态系统原理研究技术知识管理的可行性。本书第2章、第3章内容是第4至第6章的理论基础。

第4章借鉴生态学原理对高科技企业的技术活动管理进行了全面剖析，以达到提高技术创新能力的目的。本章主要内容：技术知识的获取途径、技术知识的选择方法；知识联盟的管理方法、技术知识转移和吸收的方法；揭示如何在研发中整合企业内外、不同部门、员工之间的知识实现技术创新，如何利用产品体系战略实现持续创新，以及如何克服核心刚性进行突变式创新；揭示如何促进技术知识扩散和共享，克服扩散和共享障碍，如何学习和积累技术知识，如何建立企业内部标准以及将其发展为行业标准，如何选择和完善知识产权保护，如何将技术知识与资源结合成为高科技产品。

第5章借鉴生态学原理阐述如何建设灵活、智能的学习型组织，形成集体认知能力和团队智慧，促进高科技企业各项技术活动发展，阐述提高企业自主创新能力的基础条件。本章主要内容：分析高科技企业技术知识管理中的各角色，提出促进高科技企业技术知识管理的人力资源管理制度，如人才选聘方法、人才培养机制、绩效考评激励机制、灵活的管理制度等；揭示如何建立技术知识管理信息（Technical Knowledge

Management, TKM）系统，以及如何采取有利于发挥 TKM 系统作用的措施，提高各项技术活动水平；揭示如何建立适应高科技企业技术知识管理需要的扁平、灵活、柔性、网络化的组织结构，以及营造良好的企业文化环境增强组织学习能力，促进企业整体认知能力和团体智慧的形成，使企业善于应对外界变化。

第 6 章对高科技企业进行实证分析，验证本书提出的基本理论、观点和方法的正确性、可行性和实用性。本章通过剖析一个高科技企业的技术知识管理实践，总结其经验，提出进一步完善技术知识管理的对策。

由于时间仓促，书中难免存在疏漏之处，敬请广大读者指正。

陈华

2023 年 9 月

目录

第 1 章 绪论

1.1　蓬勃兴起的高科技企业

1.1.1　高科技企业的特点

随着社会经济发展和科技进步，经济活动中知识更为密集，知识成了人类社会重要的生产要素和经济增长源泉。知识与经济的相互融合导致以知识为基础的高科技企业大量涌现，在很多发达国家如美国，高科技产业成为国民经济的支柱性产业，以 1996 年为例，美国国内生产总值增幅中的三分之一来自以网络化和数字化为主要特征的信息产业。

近几年，我国政府对高科技企业给予高度重视和支持，各级政府对高科技企业给予相当大的政策和资金支持，高科技园区、工业园、大学生创业园等在各地不断建成，高科技企业如雨后春笋般成长起来。高科技企业在我国国民经济中的地位日显重要，成为促进我国经济高质量发展的重要支柱。

虽然我国的高科技产业得到了长足的发展，但目前我国的高科技企业存在重大缺陷——技术创新能力尤其是原始创新能力薄弱。由于技术创新能力不足，国内广大高科技企业在国际竞争中缺乏强有力的竞争实力。

近几年，随着国家对技术创新的逐渐重视，已有不少学者从事技术创新的研究，但这些研究大多集中于政府应如何从宏观上给予技术创新政策支持，以及如何建立区域创新体系，很少有人结合中国国情，研究如何使企业成为技术创新主体；而从微观层面上系统剖析企业主体本身如何通过技术知识管理来加强技术创新能力的研究非常少。然而，提高企业技术创新能力是一项系统工程，仅有政府的外部支持是不能从根本上改善企业技术创新能力的，因为政府的政策支持是外因，只能对企业起到辅助、支持的作用，只有企业本身的技术创新机能得到改善，使内因产生作用，才能在内因的带动下使外因发生作用，从根本上提高企业技术创新能力。因此，对于高科技企业而言，研究如何通过技术知识管理提高企业技术创新能力有十分重要的现实意义。

高科技是指那些技术上水平高的、社会经济意义重大的科学技术，如信息科学技术、生命科学技术、新能源与可再生能源科学技术、新材料科学技术、空间科学技术、有利于环境的高技术和软科学技术等。高科技产品则是那些知识含量或知识密度高的产品。从事生产经营高科技产品的企业就是高科技企业。

高科技的高技术性、高效性、高渗透性、高投入性、高风险性、高替代性、高竞争性、高复杂性等特点使高科技企业具有一些相应的特点。

1. 高技术性

高科技处在突破性的、前沿性的尖端技术领域，一般具有较高的技术层次、较新的用途。高科技企业的产品往往具有较高的科技含量，能够满足人们对现代生活的更高层次的要求。

2. 高效性和高渗透性

高科技的高效性在企业体现为高回报性和高成长性。高科技往往是市场上还不存在的新技术，具有开发人们潜在需求的强大功能，很容易渗透到人们社会生活的各个角落。这就为高科技企业的发展提供了足够广阔的市场空间，为企业获得垄断效应和超额利润提供了可能。高科技企业凭借这一优势快速成长，以微软为例，企业的年增长速度平均达23%，在短短几年时间就发展为跨国企业，这对传统产业企业来说是不可想象的。

3. 高投入性和高风险性

高技术开发的高投入性和高风险性使高科技企业承担着较大的技术风险和成本风险。高技术开发的初期投入巨大，一般占销售收入的

10% ~ 30%。高技术开发所具有的探索性和不确定性的特点，导致研发失败的可能性很大，这使得高科技企业承担着较大的成本风险；由于高科技行业的技术更新很快，新技术层出不穷，技术竞争、人才竞争异常激烈，一个小小的失误就可能导致企业的失败，这使得高科技企业承受着巨大的技术风险。由于这两方面的原因，高科技企业的成功率很低，如在美国不超过3%。

4. 高替代性

由于高科技进步快、新技术层出不穷，旧技术很快被新技术替代，高科技企业的产品非常容易过时，产品生命周期较传统产品大为缩短。

5. 高竞争性

高科技的日新月异以及高成长和高回报使高科技产业成为一个高竞争的市场。在这个产业领域，没有绝对的王者，任何一项新技术的诞生，对手的任何一个策略都可能使企业在竞争中一败涂地。

高科技必须与市场流行的技术兼容，才能得到市场认可，体现出其内在价值。这促使高科技企业尽可能地使自己的创新技术成为行业的技术标准，约束人们长期使用自己的产品，以长期保持技术优势和利润优势。

6. 高复杂性

由于高科技的复杂性，高科技企业常常对用户进行新技术培训，用户一旦掌握了某种新产品的使用技术，以后只需掌握局部的改进就能适应新产品的变化。因而高科技产品随着占领市场的增多，会变得更容易占领将来的市场。

从对高科技企业特点的阐述中可以看出，技术是高科技企业的核心，技术创新是高科技企业发展的驱动力。高科技企业要想在激烈的竞争中生存下来，必须加强技术创新，提高创新的成功率，降低研发成本，不断改良技术，加大研发力度，培育自己的核心技术，力求使之成为行业技术标准。除此之外，高科技企业还要密切关注市场的需求和竞争对手的变化，以对变化快速做出应对策略。

1.1.2　高科技企业与自动化生产的传统企业的区别

随着高科技的蓬勃发展，我国冶金、机械、石油石化、电力、煤炭、轻纺等传统产业纷纷采用高科技进行改造，通过采用先进技术及适用装备等手段，使现有生产力水平提升到一个新台阶。在这些传统产业的技术改造中，以采用电子信息技术，实现生产过程自动化、控制智能化和管理信息化最具代表性。

由于高科技对传统工业生产自动化起到关键性作用，很多人将高科技企业与自动化生产的传统企业相混淆。根据高科技企业的定义与特点，两者具有显著的区别。

1. 产品设计方面

在产品的设计方面，自动化生产的传统工业产品设计相对固定，在随后的生产过程中基本稳定不变，即使近年来有些产品提出"个性化设计"的口号，产品的基本功能与结构还是定型设计的结果。而高科技企业的产品设计完成后，在研制阶段要随时根据市场变化修改产品特性，经过用户试用后才最终确定产品设计。

2. 知识来源方面

在自动化生产的传统工业企业中，技术知识固化在生产工具（包括自动生产线）、原材料和员工技能中，特别是生产工具成为科技含量较高的智力工具，如完全自动化的生产控制中心、计算机、各种软件、因特网等。而高科技企业的技术知识来源于产品研制者的头脑，通过研制者的知识交流、分享、整合，将知识融入和固化在产品中。

3. 资产方面

传统的工业企业需要大量的资金、设备，虽然它们经过高科技的改造成为自动化工业企业，但有形资产在企业中仍起决定性作用，因而技术知识管理的重点常常集中在对生产设备等有形资产的技术改造和员工的技能培训上。而高科技企业则依靠技术知识、智力等无形资产创造价值，虽然它也需要设备和大量研发资金，但技术知识、智力是重要的资源，没有它们产品便无法形成。因而高科技企业技术知识管理的中心任务是形成团队智慧、促进技术创新。

4. 产品生产方面

在自动化生产的传统工业中，为提高生产效率，企业通过高度的专业化分工将复杂劳动分解为简单活动，将人固定在生产线的不同岗位上，通过依次完成生产线上的每道工序来完成整个产品的生产。而高科技企业的产品研制分解在几个子项目小组中进行，各小组在分工的基础上团队协作、稳步并行，最后将各部分产品统一集成形成完整产品。

5. 员工工作方面

在自动化生产的传统工业企业中，生产线上的工人是生产线的一部分，每个人只要重复操作某一项或几项工作，完成规定的工作任务即可，不需要特别的创造性的活动，生产线上的工人工作时间和场所也相对固定。而高科技企业员工从事的是创造性的工作，这些工作具有高度的不确定性。高科技企业依靠团队协作形成团队智慧来解决技术难题，创造新产品和新服务。为提高创造性工作的效率和质量，高科技企业常常对研发人员实行弹性工作制，允许他们灵活选择工作时间和场所。

1.2　高科技企业技术知识管理的不足和实施的重要意义

1.2.1　高科技企业技术知识管理的不足

对高科技企业特点的研究发现，持续技术创新是高科技企业生存和发展的内因和驱动力。技术知识的管理是技术创新能力形成的依托，而目前，我国高科技企业在技术知识管理方面还处于粗放管理阶段，技术创新能力薄弱，许多企业尚未成为技术创新的主体，仅凭引进技术进行生产活动。由于缺少拥有自主知识产权的核心技术，不少行业存在产业技术"空心化"的危险。缺乏自主创新能力已成为我国许多企业发展的瓶颈。在这种情况下，企业技术知识管理更为滞后，企业还未真正享受到技术知识管理带来的效益。即使对有一些创新能力的高科技企业而言，在技术知识管理方面也存在以下不足。

1. 技术知识获取不足

高科技企业技术创新依赖于新技术知识的采用。在知识爆炸时代，全球知识总量几乎每 7 年要翻一番，知识折旧时间不断缩短，知识更新加快。高科技企业必须加快感知获取新知识的速度，才能不断领先对手创新，抢占市场先机。但目前我国中小高科技企业的技术感知搜索能力明显不足，对技术信号反应迟钝，常常在技术已经推广后才跟风仿效，这就失去了领先创新可获得的高额利润和消费者的信任。

2. 技术引进、吸收能力不强

当高科技企业自身技术创新能力不足时，建立知识联盟引进吸收技术是形成技术创新能力的一条便捷的途径。但从我国高科技企业之间的知识联盟情况看，需求多、行动少，大部分中小高科技企业还属纸上谈兵；已建立的知识联盟大多不稳定，彼此间的摩擦较多；高科技企业对通过知识联盟引进的技术消化吸收能力不强。我国不少高科技企业陷入"引进—落后—再引进—再落后"的恶性循环，无法摆脱对国外技术的依赖。

3. 技术积累不够坚实

任何一个企业的技术和能力是通过"用""学""干"得到的。当组织和个人遇到问题时，就会因为解决问题而使组织和个人的技术水平和能力得到提高。当组织和个人遇到新问题时，就可以把解决旧问题过程中学到的技术和能力用于解决新问题，在新问题的解决过程中，组织和个人又可以积累更新的技术和能力。这种滚动式的积累过程，使企业创新能力不断增强，发展为学习型组织。但目前我国的高科技企业尤其是中小高科技企业还不够重视技术知识和经验的学习和积累，或者没有能力进行完整的积累，其结果是技术知识和经验没有被及时记录下来，当关键员工离职时，他们的知识和经验也被带走了，企业不得不花费大量的资金重新引进人才，重复研发；新员工加入某项目组时，也因没有相关背景资料而很难上手，不能充分借鉴前人的经验和智慧，这使得创新效率低下。

4. 技术知识交流、共享水平低下

高科技企业创新技术难题的攻克依靠团队智慧、集体协作，充分的技术知识交流、共享是高科技企业提高技术创新能力的前提和基础。技术知识的交流和共享可起到将个人知识转化为集体知识、隐性知识转化为显性知识、外部知识转化为内部知识，进而提升集体认知能力和团队智慧的重要作用。但目前我国高科技企业技术知识交流、共享水平普遍不高。有的高科技企业信息系统建设投入不足，缺乏发达的知识扩散网络和软件，知识传递速度慢，知识共享不便；有的企业存在组织层次多、部门封闭、员工之间沟通不畅的障碍；有的企业员工为保持自己在企业中的地位和前程，彼此之间技术保密，拒绝合作等。

5. 技术创新易被对手赶超

高科技企业凭借技术创新满足客户新需求获得高额利润，回收高额研发成本。但我国的不少高科技企业，获利期常常很短，有的甚至回收不了成本，这影响了企业自主创新的积极性。主要原因是竞争对手有很强的模仿能力，通过反向工程，反推创新程序，并加以改良，利用低研发成本的优势，侵占原创新企业的市场。

6. 技术创新易形成核心刚性

高科技企业的技术创新具有路径依赖性，长期形成的创新程序、方式被固定下来，成为企业技术能力的重要组成部分。但这种多年形成的创新路径又会有意无意地排斥其他创新思路，形成核心刚性。核心刚性形成后，企业行为明显地具有路径依赖和边际搜索倾向，企业往往会不自觉地陷入某个固定创新范式之中，寻求边际上的改进，从而导致创新的低效。企业的常规行为集中于现有技术的增长，关注与当前利益相关的问题，倾向于在原有创新方案"附近"寻求新的方案。员工长期在较固定的创新范式中形成了行为惯性，以往创新的成功滋生了员工的成功经验主义。随着核心刚性的成长，企业的组织制度、管理系统都被强化和稳定。当市场需求和技术变化时，企业难以对变化做出变革性的创新调整，加剧了技术和产品被替代的潜在危机。

7. 知识产权保护不力

目前我国高科技企业较突出的一个问题就是知识产权保护的问题。知识产权保护是高科技企业保持难以模仿的独特的技术工艺优势、获取高额利润的重要保障。但当前我国的广大中小高科技企业自主知识产权少，与世界先进水平有明显差距，在许多技术领域受制于人。少数高科技企业虽然具有自主知识产权，但保护意识不够强，缺少完善的保护制度和措施，企业的核心技术易被竞争对手窃取。

8. 缺乏有效的人力资源管理机制

人是高科技企业技术创新的源泉。但目前我国的高科技企业普遍缺乏有利于技术能力提高的人力资源管理制度。有的企业缺乏科学有效的绩效考评和激励机制，员工进行知识交流共享和技术创新的积极性不高；有的企业缺乏有凝聚力的团队领袖，员工创新效率低下；有的企业人才结构不合理，中低层次技术人员较多，而高层次有技术专长的人才如技术桥梁人物非常缺乏；有的企业不重视对员工的技术培训，竭泽而渔，员工技术创新后劲不足；等等。

9. 企业组织僵硬

我国部分高科技企业仍采用多层次的递阶式的组织结构，随着企业管理规模的增大，企业内部的组织层次增多，延长了垂直的信息沟通渠道，阻碍了上层管理人员与广大员工的信息和技术沟通，也阻碍了管理者掌握瞬息万变的市场信息。递阶式的组织结构把企业分割开来，各部门一切行为以本部门利益最大化为出发点，而不愿意与其他部门进行技术、经验的交流。严格的专业分工使得每个员工只干自己岗位的工作，员工没有决策能力，无法发挥个人创造力和想象力。除此之外，受传统的学习习惯和思维方式影响，员工难以开展集体学习活动和发挥群聚效应。因此当外界技术、市场需求发生变化时，企业反应迟钝，创新能力和整体智慧难以形成，组织更新速度慢，难以适应自身发展的需要。

以上技术知识管理缺陷使我国高科技企业难以形成较强的技术创新能力，在瞬息万变的市场环境中淘汰率高，生存下来的企业也大多难以发展壮大。"规模小、寿命短、实力弱、分化快"是当前我国高科技企业普遍存在的特点，这在软件行业表现得尤为明显。造成我国高科技企业规模小、寿命短、实力弱、分化快的重要原因之一是我国高科技企业在知识管理方面存在不足，知识管理的落后已经严重制约了我国高科技企业的发展。因此，在我国的高科技企业中实施高质量的技术知识管理显得尤为重要。

1.2.2　高科技企业技术知识管理的实施的重要意义

所谓技术知识管理就是对企业内外部有关技术的知识、经验、能力、信息等进行获取、吸收、整理、积累，将它们快速传递到企业需要的地方，使之能在企业中得到充分利用；同时借助信息技术和管理机制实现技术知识在企业内部无障碍交流共享，以提升集体认知能力和团队智慧，增强企业技术创新能力，进而增强企业市场应变能力和核心竞争力。高科技企业有效的技术知识管理的实施具有以下重要意义。

1. 提高企业对技术知识的获取选择能力

高科技企业通过建立技术知识获取和选择机制从企业内部员工和外部客户、消费者、专家等处收集对企业有用的技术知识，并通过评估、筛选将选定知识用于技术创新。该机制使高科技企业与外部市场环境紧密相联，准确把握市场动态和前景，及时将捕捉到的有用的信息和知识转化为企业的技术能力，有利于企业取得创新的领先优势，持续提高技术能力，长期获得市场技术优势。

2. 建立知识联盟，加强对技术知识的吸收

高科技企业通过与相关企业、大学和科研机构建立知识联盟进行技术合作，从合作中学习吸收对方的技术知识。在知识联盟中，高科技企

业不仅要学习合作方的新技术、市场诀窍和市场信息，借助外部技术资源来增加企业核心知识，还要学习合作方的管理经验，融合企业文化和行为方式，将引进的技术真正转化为企业自身的技术。同时，知识联盟中的专业分工和信息共享，使企业创新效率得以提高，研发成本得以降低。

3. 整合各部门知识，提高创新能力

高科技企业在创新过程中改变以往各部门独立工作的方式，从研发、制造、营销、客户服务等部门甚至合作企业处选拔骨干员工组成项目小组，在交叉整合企业内外、不同部门、不同层面知识的基础上进行创新。该创新方式使高科技企业能够集中各部门员工各方面的知识优势，有利于完善创新产品，提高创新成功率。

4. 形成技术创新体系，摆脱竞争对手追赶

高科技企业在单项产品创新成功的基础上实施技术创新体系战略，构建产品平台，持续开发出平台产品的衍生产品以填补平台周围的缺口，并不断使技术升级。这可有效防止竞争对手入侵和追随，长期保持企业技术领先地位和垄断优势。

5. 突破技术创新核心刚性

高科技企业通过鼓励员工创新理念和方法的多样性，清除权益阻力和行为惯性，加强对新技术的引进、吸收和转化，建立知识联盟减少技术进入和退出成本等方式促进企业突破原有的技术路径，实现持续性创新。

6. 实行技术标准战略，取得垄断优势

高科技企业通过制定企业内部技术标准，降低产品成本，保证产品质量以及企业有序运行。同时，企业将内部技术标准推广为行业标准，迫使其他企业遵循该标准，使企业取得"一招鲜，吃遍天"的垄断优势地位和超额利润。

7. 提高技术知识扩散共享水平

高科技企业借助信息网络和知识管理软件等工具加强显性知识的扩

散和共享；建立跨部门合作团队，鼓励开展非正式的会议和成立非正式员工组织，在"干中学"和人际沟通中加强隐性知识的扩散和共享。与此同时，高科技企业通过使组织结构扁平化、网络化，实行有利于知识共享的绩效考评和激励机制，促进知识转化和共享。随着技术知识被重复使用次数的增加，企业研发成本降低，创新竞争力增强。

8. 增加企业技术知识储备

高科技企业建立技术积累制度，督促员工在创新过程中不断学习总结知识经验，并把这些知识经验积累起来，经过分类编码后存储在信息系统的知识库中，待出现市场信号和引进吸收新知识时，将库存的知识与它们重构和运用，实现技术创新。该制度可使新员工很快熟悉前人的工作环境，学习分享前人的经验，减少重复获取知识而产生的浪费，降低研发成本；该制度还可提高员工技术水平和研发能力，增加创新机会。在知识经验的不断积累中，企业的技术创新水平不断登上新台阶。

9. 完善知识产权保护措施

高科技企业通过建立知识产权申报制度、技术保密制度、知识产权保护教育制度、知识产权检查制度、侵权行为事后追究制度等一系列措施，保护创新成果和核心技术，保持对手难以模仿的独特技术、工艺等竞争优势，这可以使高科技企业长期获得超额利润，研发资金得到保障。

10. 完善人力资源管理制度

高科技企业各项技术活动能力的提高归根结底是人的能力的提高。在人力资源管理中企业通过招募选拔优秀人才，培养人才，建立有效的考评激励机制，建立灵活的人员管理制度可有效促进员工尤其是技术桥梁人物、技术发明者、团队领袖等关键人物发挥主观能动性，主动分享贡献知识，积极协作配合，勇于创新，从而带动企业各项技术活动能力全面提高。

11. 加强知识管理信息系统的管理

高科技企业通过建立知识管理信息系统，依托网络在创新中使用知识仓库、知识地图、数据挖掘系统、电子邮件、专家系统等知识管理信息工具，将信息系统与创新业务整合，并辅以促进信息系统使用的措施，这将扩大技术知识的利用范围和内容，提高企业对技术知识的获取、学习、积累、共享能力以及企业的创新和决策分析能力，提高技术知识的利用率。

12. 建立和营造适合创新的组织和文化环境

高科技企业通过使组织结构向扁平化、柔性化、灵活化、网络化发展，提高市场反应速度和组织调整能力，促进部门之间、员工之间的交流沟通以及知识的共享；通过推行"五项修炼"，营造合作创新的企业文化环境，推动组织学习的形成，帮助员工形成终身学习的习惯，引导员工团结协作、共同学习和分享知识经验，从而提升企业整体认知能力和团队智慧，提高企业技术创新能力。

以上技术知识管理措施将使高科技企业技术水平和创新能力得到有效提高，形成技术优势。这种优势作用于决策、研发、生产、营销和服务几个环节，可促使企业决策能力、研发能力、生产能力、营销能力和服务能力全面提高。具体表现为：企业及时掌握外部技术信息、客户反馈、竞争对手动态以及企业内部信息，对研发、生产、营销、服务战略进行快速科学决策；企业的技术水平、研发能力在市场上保持领先，企业在自主创新的基础上，学习、引入外部技术，外部技术与企业本身的技术能力结合形成企业特有的难以模仿的技术创新能力和路径；企业持续创新，形成产品体系，摆脱竞争对手的追赶；企业技术标准成为行业标准，获得市场垄断优势；知识产权得到有效保护，研发资金得到保障；企业资本快速积累，生产规模扩大，生产效率提高，产品质量稳定，产品适应市场要求；客户对产品服务的满意度较高，客户的意见及时反馈回企业。这些市场优势综合起来形成了高科技企业的核心竞争力。动态能力理论认为，企业的能力是动态的，为适应不断变换的环境，企业必须不断更新自身能力，整合、重构内外部组织技能或资源。高科技企业核心竞争力的增强也是一个动态的过程。核心竞争力的形成使高科技企业获得高额利润，增加对技术知识管理活动的投入；新产品和服务投入市场，获得来自消费者、供应商、销售商、合作伙伴等多方面的信息反馈，企业根据这些反馈调整技术知识管理策略；与此同时，企业不断从外界获取新知识技能、管理诀窍和市场信息，获得物质、资金、人才的输入，与企业现有能力和资源进行整合、重构。在这三方面作用下，高科技企业技术知识管理措施得到改进，这进一步提高了企业技术创新能力和核心竞争力。这样技术知识管理与核心竞争力之间就形成了一个持续增强的正反馈环，随着这个反馈环不断循环，高科技企业的技术创新能力和核心竞争力不断提高（高科技企业技术知识管理系统模型如图1-1所示）。

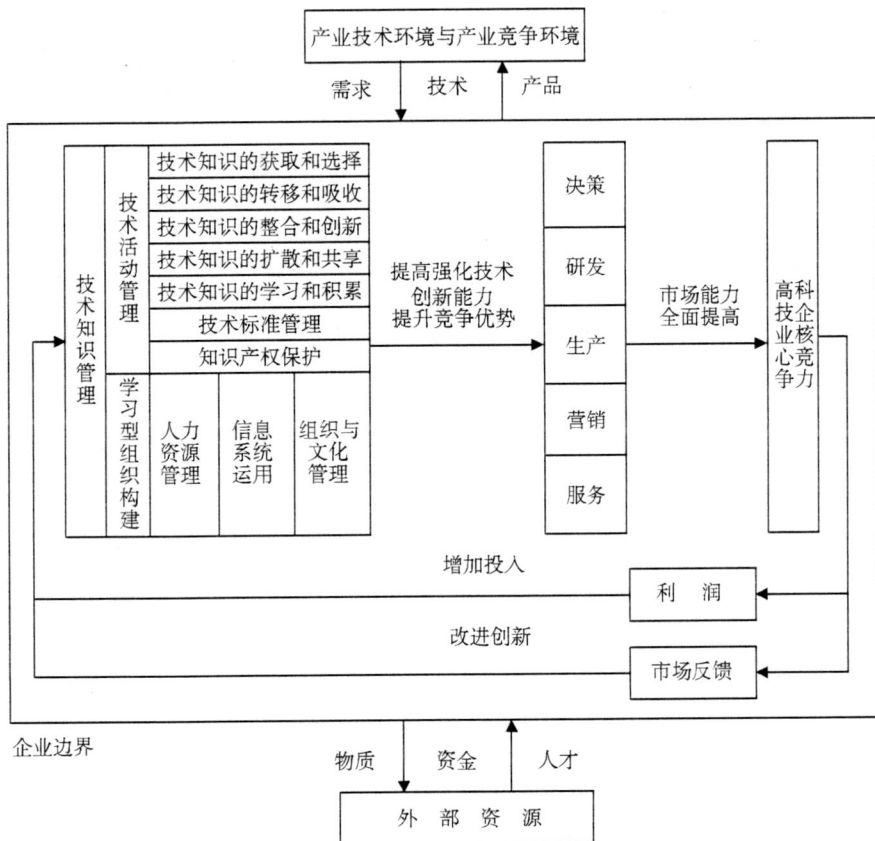

图 1-1 高科技企业技术知识管理系统模型

由此可见，高质量的技术知识管理对提高高科技企业技术创新能力和核心竞争力可发挥重要作用。随着技术创新能力和核心竞争力的增强，高科技企业不仅能在瞬息万变、竞争激烈的市场中生存下来，还能不断发展壮大。这就是高科技企业实施技术知识管理的意义所在。

1.3 本研究的理论价值和实践意义

我国企业的技术创新现状是，技术创新尤其是自主创新能力相对薄弱，企业还未真正成为技术创新的主体；对技术创新的研究大多停留在宏观层面，在微观层面还较少从企业本身出发研究如何通过技术知识管理提高企业技术创新能力。国内外企业知识管理研究的现状是，缺乏系统的、操作性强的知识管理方案，国内知识管理研究缺乏实践基础，应用研究薄弱，专门针对不同类型企业和不同知识类型的知识管理研究几近空白，知识管理研究从其他研究领域借鉴的理论和方法不多。针对这些现状，笔者将"基于生态学原理的高科技企业技术知识管理研究"作为研究课题，在微观层面对高科技企业技术知识管理进行了专门研究。

1.3.1 理论价值

本研究探索知识产生、传播原则，揭示人类的认知、学习与创新等方面的规律，笔者从这些规律出发研究高科技企业的技术知识管理问题，为技术知识管理研究奠定了一定的理论基础。

尽管目前国内外对知识管理的理论研究已经取得了一定的进展，但大部分研究仅局限于知识管理本身，很少借用其他学科领域较为成熟的理论对知识管理进行指导。本研究借鉴生态学原理，用它指导高科技企业技术知识管理的理念和方法。本研究通过对生态系统原理进行综述和提炼，将技术知识管理系统与生态系统进行比较，从而揭示出高科技企业借鉴生态理性和生态系统原理研究技术知识管理的可行性。生态学原理的借鉴为高科技企业技术知识管理各项具体活动提供了理论框架和指导性的思路，使知识管理系统仿效生态系统的演化规律进行调整、完善、进化。这种研究方法将分属不同学科领域的高科技企业技术知识管理系统与自然界生态系统联系起来，是知识管理研究领域的首次尝试，也将知识管理理论提升到新的高度。

企业的类型众多，按科学门类可分为电子企业、能源企业、化工企业、建筑企业等。知识范畴广泛，就企业而言，可分为技术知识、科学知识、财务知识、营销知识、生产知识、管理知识等。而目前知识管理研究领域专门针对企业技术知识管理的研究较少。技术知识管理对高科技企业技术创新能力影响重大，技术知识管理的重要性和研究的现状形成了对高科技企业技术知识管理专门研究的迫切要求。本研究揭示出认知空间理论，归纳总结出技术知识本身的特性、转化规律、技术知识在高科技企业里的运行规律以及使产品价值增殖的规律，基于这些理论结合高科技企业实际创新业务，系统地提出了高科技企业技术知识管理的框架和内容，详细、深入地论述了技术知识管理方法，将适应高科技企业技术知识管理的理念和方法进行了高度集成，丰富了现有的知识管理理论和方法。本研究提出，高科技企业技术知识管理是一个超循环的系统，将企业知识管理作为一个超循环系统来研究在知识管理研究领域中也较新颖。

在研究方法上，知识管理研究一般采用定性分析的方法，很少进行定量分析。本研究采用系统动力学反馈动态性复杂分析法对如何突破技术创新核心刚性和克服知识扩散共享障碍进行定量分析，辅助定性分析方法客观清晰地展现出影响持续技术创新和知识扩散共享的障碍因素及其相互之间的关系，并通过灵敏度分析验证障碍因素的克服效果。这种反馈动态性复杂分析法对于深入分析系统的动态复杂的关系，从而有的放矢地解决问题具有良好的效果。本研究采用的这种定性与定量分析结合起来的分析方法有利于深化知识管理研究，在研究方法上也较新颖。

1.3.2　实践意义

提高自主创新能力特别是原始性创新能力，加快技术进步是调整经济结构和转变经济增长方式的关键环节。技术创新问题是社会各界关注的焦点问题。本研究没有像以往一样将研究局限在技术创新的宏观层面上，即研究国家从宏观上应给予的支持政策和创新体系建设，而是充分考虑了技术创新能力的增强需要企业主体本身创新机能增强这一内因，只有在内因发挥作用、外因辅助支持下，企业技术创新能力才能得到根本的改善。本研究结合中国高科技企业实际，从微观层面上系统剖析企业本身应如何通过技术知识管理来提高技术创新能力，这对于将企业发展为创新主体，提高企业经济效益，转变经济增长方式，节约资源，实现可持续发展有着十分重要的意义。

本研究立足实践，深入高科技企业实际工作中进行调研，总结了来自高科技企业管理第一线的大量经验，结合国内外企业的成功案例，系统地提出具有可操作性的技术知识管理策略，为高科技企业管理者提供了管理思路和方法，对知识管理实践工作具有应用价值和现实指导意义。

第 2 章　高科技企业技术知识

2.1 人的认知过程

2.1.1 数据、信息和知识

为了明确技术知识的概念、来源和转化过程，首先要区分数据、信息、知识、智慧等相关的概念，认清它们之间的关系。

世界银行发表的《1998 年世界发展报告——知识促进发展》对数据、信息和知识之间的区别进行了阐述。数据是未经组织的数字、词语、声音、图像等；信息是以有意义的形式加以排列和处理的数据（有意义的数据）；知识是用于生产的信息（有意义的信息），信息经过加工处理、应用于生产，才能转变为知识。

剑桥大学教授马克斯·H. 布瓦索（Max H. Boesot）[①] 则将它们之间的关系概括为：数据是可以为主体所感知的感受；信息是从数据中提炼出来的精华，本身是低水平的能量，受到平均信息量——熵的影响，大自然通过高水平的节约和低水平的能量消耗，使熵的产生达到最低限度；知识是关于世界或其中某些部分的认识，是认识和行为主体对世界或其中某些部分的内在意向状态的描述，所以知识可以支配、或多或少地可以牢固掌握，随时在信念的基础上采取行动。

《中国大百科全书》[②]对数据、信息、知识的定义如下：数据是客观事物的属性、数量、位置及其相互关系等的抽象表示。而且特别强调这些

---

① 马克斯·H. 布瓦索. 信息空间 [M]. 王寅通，译. 上海：上海译文出版社，2000.
② 胡乔木，姜椿芳，梅益. 中国大百科全书 [M].2 版. 北京：中国大百科全书出版社，2009.

属性、数量、位置及其相互关系等都可能是模糊的。不管什么样的数据，它只表示一种数量及关系概念，没有具体含义。信息为数据所表示的含义或数据的语义，也可以说信息是对数据的解释，是加载在数据之上的含义。反之，可以说数据是信息的载体。知识是以各种方式把一个或多个信息关联在一起的信息结构。

三种定义并无本质的差异，只是各自从不同角度说明数据、信息和知识的区别与联系。

所谓技术知识是企业为支持技术创新的实现，附着在内部人员、设备、组织中使之转化为产品价值，并为客户提供与产品使用相关的服务的所有知识的总和，如工艺、设备、经验、方法等。

高科技企业常常提及企业智慧、团队智慧。什么是智慧呢？智慧是运用知识解决问题的能力，把知识应用于一定活动并产生新的知识的一个动态过程，即创新能力。高科技企业不仅需要组织知识，更需要组织智慧。

从上述定义可以看出，数据是表象性和非结构性的，数据分析处理可以揭示其内在的结构、形式和意义，数据经过排列、处理、精减和分类，可以转化为信息。如果信息经过进一步提炼、抽象和整合，并被用于实践，能够帮助人们更好地理解事物，积累经验，获取专长，那么该信息已转化为知识。知识有多种类型，如技术知识、科学知识、营销知识、管理知识、财务知识等。知识与企业生产实践相结合，被运用于技术创新工作则形成技术知识，技术知识是更贴近生产实践的实用知识。组织从技术活动的监控中又获得了新的数据。这样数据、信息、知识、技术之间构成了一个平面上的四元关系，它反映了人们认知的深化过程。而智慧则超越了这个平面，它是人们在数据、信息、知识、技术的基础上进行的独创性的活动，是一种更高层次的知识创造过程。数据、信息、知识、技术、智慧这几个要素之间的逻辑关系如图2-1所示。

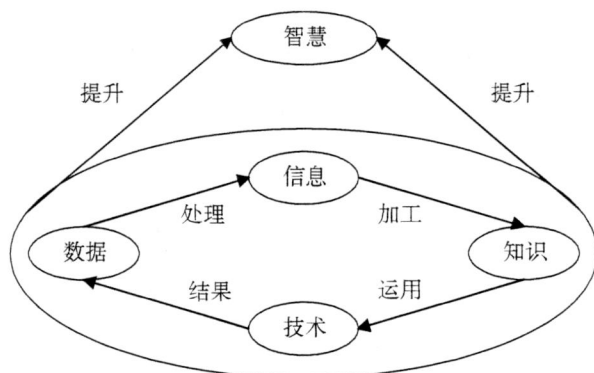

图2-1 数据、信息、知识、技术、智慧的逻辑关系

2.1.2 编码、抽象和认知平面

1.编码

从数据中提取信息、从信息中产生知识需要经过"编码"。所谓编码就是对所有效率不同的各种数据或信息进行选择的行动。编码的本质：由于数据无限丰富，且杂乱无章，因此要将那些信息量低的感知数据集合起来，凸现那些信息量高的数据，以便进一步分类。至于感知数据信息量多少的区分，取决于先期信息和知识的积累（记忆）、期待的目标和编码技术。这样，编码就要对感知数据进行由表及里、由粗到精、由浅到深的提炼、分类。以一个人对计算机的认识为例，借助图2-2进行说明。

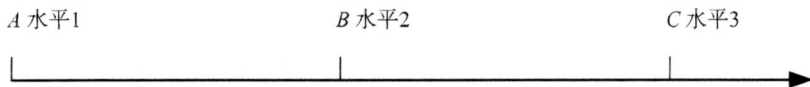

图2-2 编码的程度（以一个人对计算机的认识为例）

A 点：某人接触一台计算机，看见该计算机由机箱、显示器、键盘和鼠标等构件组成，可以显示文字、图像，可以播放出声音，需要电能等。

B 点：这台计算机可以像计算器那样计算，可以像打字机那样输入、

输出文稿，可以像电视机那样播放影像，可以像录音机那样播放音乐、歌曲等，但不是上述设备中的任何一种。

C 点：数字、文字、声音和图像等均可以利用 0、1 两个变量的不同组合，借助一定技术（其载体就是各种零部件、配件和软件等）来实现，这就是计算机。

A 点仅仅是人们通过看、听、触等手段对计算机获得的感觉，属于数据水平，尚未对感知数据进行加工。联系已有的知识（如对计算器、打字机、电视机等的认识和了解），对感知数据进行编码，压缩信息量少的数据，对信息量大的数据进行分类（如将文字输入、输出这一复杂过程与打字机进行类比等），就达到了 B 点，B 点属于信息水平。人们通过分析由 B 点获得的信息，利用自己的知识，掌握了这台计算机与计算器、打字机、电视机等的差异（信息压缩、分类等），通过学习，了解了其数字化处理的本质，将其确认为计算机，这就达到了 C 点，C 点属于知识层次。今后，看到其他外观不同的类似设备（如笔记本电脑），只要本质特征相符，就知道这是计算机了。

从上述例子可以看到，编码既要选择，又要分类，以感觉到的要素为主要对象，以已有的知识为基础，以确认和学习为基本手段。编码程度越高，描绘对象所需的数据就越少，认知的范围就越广。

2. 抽象

为了便于论述编码的过程，在上述认识计算机的例子中，从 B 点到 C 点省略了"抽象"这一环节。从信息中产生知识还要经过"抽象"，从而产生概念，进一步减少感知的分类。抽象将表面上不同感知或概念的类别联系起来，为达到某种目的，将其作为单一的个体加以处理。抽象不是简单地将输入的信息或知识进行概括，而是要进一步对代表本质的共同属性进行提取。经过抽象之后，群集关系就获得了凝聚力，独立于所接受的感知属性，形成一种象征性内容，可供操作，可做进一步的编码，实现了信息、知识的节省。在上述例子中，达到 C 点后的情况就可以说明这一事实。下面用货币的产生来说明抽象的过程。

如图 2-3 所示，在自给自足的经济条件下，人们为了满足生活、生产的需要，在较小的范围内进行物物交换，比如一头牛可以换几只羊，这时处于未编码的阶段，即形象阶段（A 点）；随着交换范围的扩大，物物交换不方便了，人们开始将等价代用品（如金、银等）作为交换的中介，此时处于信号阶段（B 点）；随着市场的扩大，财政制度的完善，开始流行用纸币代替等价代用品进行交换，进一步的抽象扩展了市场空间，此时处于符号阶段（C 点）；随着信用体系的建立，还出现了支票、信用卡等物质实体的符号。

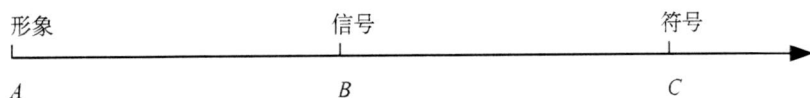

形象   信号   符号

A   B   C

图 2-3 抽象的过程

从这个例子可以看出，形象未经编码，是具体世界的体现；信号有具体的内容，但比形象超脱于现实；符号飘浮于现实世界之上，却更有概括力，其流通、转移更为便捷。

3. 认知平面

将编码作为纵坐标、抽象作为横坐标，就构成了认知平面，如图 2-4 所示。

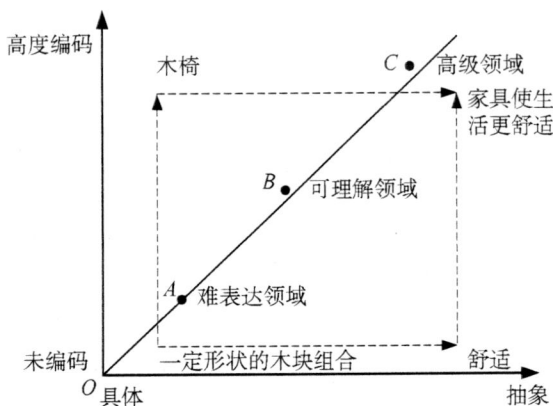

图 2-4 认知平面

在图 2-4 中，A 点为难以用语言表达的领域，是没有进行编码的认知模式，处理的是具体的感觉，而不是抽象的想象。这些感知可以与别人分享，但其他人必须在现场，数据或信息的传递是不可靠的。B 点为可以理解的领域，人们可以通过交谈，用非专业化的符号和对社会共同知识的理解，使知识共享。C 点为高级领域，可以通过专业化的符号、语言准确地交换、传递知识，接收者可以通过程序、规则清晰地获取知识。ABC 这条路线，表达一个人认知的过程。以图 2-4 中的虚线为例，说明认知平面对于人类认识客观世界的作用，在认知平面左下角，某人看到按照一定规则组合的木块，根据感知的数据进行编码，认识到这是一把椅子，达到了高度编码状态，位于左上角。经过抽象，他感觉到坐在这样组合的木块上比席地而坐舒适，达到虚线框的右下角；两者组合起来认识、升华，得出在虚线框的右上角的"家具使生活更舒适"这一抽象知识。

把认知平面分为四部分（见图 2-5），左下方表示感知数据编码和抽象程度都不高，处于"许多类别的许多属性"状态；右下方表示感知数据编码程度不高，但经过归纳、综合，抽象程度高，处于"少量类别的许多属性"状态；左上方表示感知数据编码程度高（提取的有用信息量丰富），抽象程度不高，处于"许多类别的少量属性"状态；右上方表示感知数据的编码和抽象程度都高，处于"少量类别的少量属性"状态。这样就可以根据编码和抽象的程度，对有关知识、认知行为等概念进行分类。比如，就本书关注的知识，在图 2-5 中进行了一个分区，由于技术知识是人类对于感知数据的高程度编码，低程度抽象，所以处于认知平面的左上部分，而科学知识的编码程度较高，抽象程度也较高，在平面右上部分。

高度编码

许多类别的少量属性

（技术知识）

少量类别的少量属性

（科学知识）

许多类别的许多属性

（美学知识）

少量类别的许多属性

（手工艺知识）

未编码

O 具体 抽象

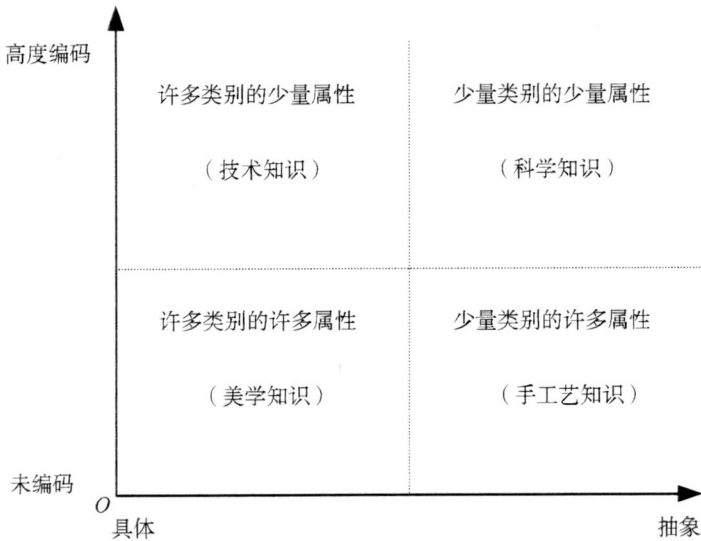

图 2-5 认知平面的分区一

2.1.3 学习

学习是获取知识的重要手段。相对于从书本上学习，经验性学习是基础性学习，同时可以较为简单、直观地对学习过程进行概念化。一般而言，经验性学习包括四个环节：

（1）具体经验，通过实践和感知，积累一定实践经验；

（2）思索观察，将经验进行分类、归纳，这是一个抽象过程；

（3）概念化抽象，将第（2）步所得成果进行编码；

（4）积极实验，将获得的知识重新放到实践中检验。

对于从实际工作中通过学习获取知识，以具体经验为起点，按上述步骤进行认知，循环往复。在认知平面中，按逆时针方向进行（如图 2-6 中实线所示）。对于通过科学实验来获取知识，却是以积极实验为起点的，沿顺时针方向进行（如图 2-6 中的虚线所示）。

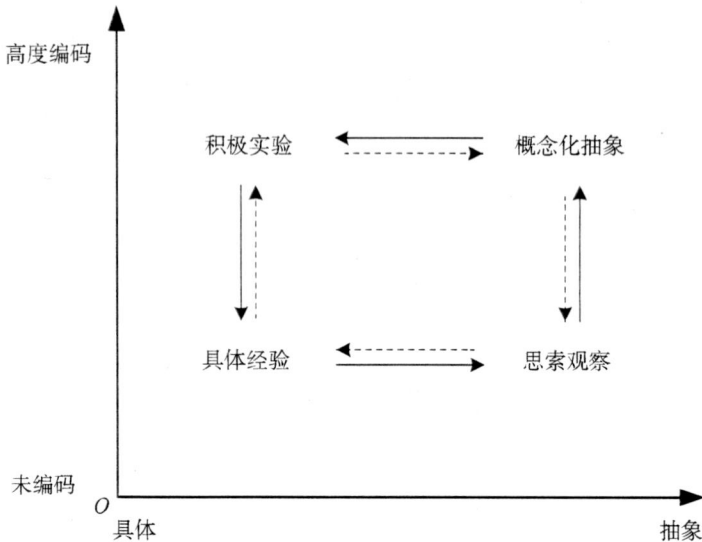

图 2-6　学习的认知过程

组织学习比个体学习行为要复杂得多，除了经验性学习外，还包括对他人已有知识的学习以及知识传播。每个个体知识需要整合形成组织中多层次的知识结构，个体知识的充分发挥依赖于累积性的组织或制度环境；个体学习行为又会受到组织、习惯和文化等制度的限制和影响。

2.2　信息知识空间

编码和抽象主要研究知识的产生问题，信息与知识如何在人与人之间分享则涉及信息与知识的传播问题。信息与知识的传播是群体和组织学习的主要方式之一。信息论的创立者香农（Shannon）总结了任何传播系统均存在的三类问题：

（1）一个特定的信息如何准确地进行传播（技术问题）？

（2）信息如何准确表达发送信息者的确切意思（语义问题）？

（3）接收的信息如何有效地影响行动（有效性问题）？

这三类问题与信息（知识）的编码、抽象以及传播环境紧密相连，下面研究信息与知识传播的主要规律，编码、抽象和传播的相互关系，传播与所处环境的关系，并由此归纳出信息知识空间。

2.2.1　信息与知识的传播

信息与知识的传播具有以下规律。

1. 未经编码与抽象的数据难以传播或共享，信息与知识的广泛传播首先必须经过编码与抽象

数据作为主体所感知的感受，如数字、词语、声音、图像等，未经过编码，则很难传播。比如，听完一场精彩的音乐会，你激动万分，如何用语言向不在场的朋友介绍？如果用文字的形式教别人学骑自行车，可能写十几页纸还不如手把手地教。信息与知识的传播与扩散，首先必须经过编码。在没有乐谱之前，学唱民歌只能面对面地教，将某一首民歌编成乐谱，就是编码过程，有了乐谱，学习就容易得多了，传播也广泛得多。你看到一处美丽的风景，难以用语言来向别人介绍，拍成照片给别人看，就可以直观地传播了。拍照时，取景是编码、抽象的开始（周边景色万千，要选取最有代表性的景致），然后利用化学方法，经过感光、定影、冲洗，做成照片，这都是编码、抽象过程；用数码相机拍照时，取景后的拍摄过程就是通过数字技术，用0、1变量直接编码的过程。

2. 编码技术必须达到内容再现和传播的目的

编码的选择既要准确地传递信息内容，又要便于传播。为了让别人欣赏一首动听的歌曲，大家可以利用磁带或电子设备录音；要使别人学唱歌曲，乐谱比录音有效得多，乐谱既进行了编码，又进行了抽象。一般而言，感觉、感情、美学方面的信息，常用文化载体的形式进行编码、抽象和传播；往往将数据经过高度压缩、抽象，才更有利于知识传播；但接收者与发送者需要有共同的知识背景。比如，具有一定物理知识的

人，才能理解 $F=ma$ 的内在含义。

3. 信息与知识的多渠道传播比单一渠道传播更有效，时空越近越有效

所谓多渠道是指多种信息传递方式。比如，用手机短信告诉对方："你干得好！"接收者难以理解你是夸奖、讽刺，还是斥责；当着对方的面讲这句话，接收者可以从你的语调、表情、手势等渠道接收更多信息，准确地理解你的真实语义。信息传播的时间间隔长、距离远，受到的"噪声"干扰多，容易失真，降低效力。所以，面对面的交流是有效的传播方式。

4. 具有共同的背景、高度编码、抽象的知识可以用简洁的形式传播

如果具有共同的背景（包括文化、技术等知识背景），可以经过高度编码、抽象，用简洁的形式有效地传递信息与知识，这种编码称为"公共编码"。比如，聋哑人看手语就知道其意义，未学习手语的人却难解其意；具有相同专业背景的人看到图纸，就可以想象出建筑物或机械零件的形状、大小。所以，形成共同的知识背景、良好和谐的氛围，可以更为有效地传播知识。

5. 信息、知识传播的有效性受社会、文化因素的影响

若信息发送者是权威机构或权威人士，接收者容易受到信息的影响。若发送者和接收者相互信任，或者有共同的理想、信念，传播的信息有效性更高。

2.2.2 编码与传播

在探讨编码、抽象和传播的相互联系时，要先讨论编码与传播的关系。未编码的数据难以在不失去感觉的本质内容的前提下记录或储存，如一个人欢快的笑容、井冈山上的松涛等。经过编码的知识可以在不失去本质内容的条件下记录、储存和传播，如某物质的分子式、建筑物的图纸等。在传播方面，未扩散的知识属于个人的专有知识；已扩散的知识是可以和别人一起分享的公共知识。在编码—扩散平面中知识的分类如图 2-7 所示。

高度编码

| 专有知识 | 公共知识 |

| 个人经验 | 常识 |

未编码

未扩散　　　　　　　　　扩散

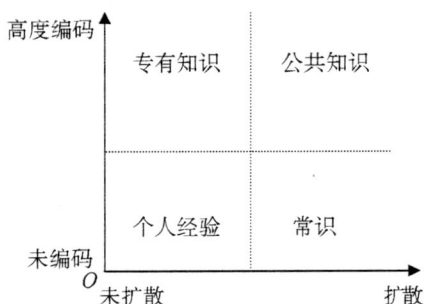

图 2-7　编码—扩散平面中知识的分类

个人经验是个人在实践中逐步积累的感觉，也可能是长辈、师父等人面对面传授的经验。若没有共同的背景，这种经验是难以传播的。如果这种经验经过反复实践检验，能够辨别其规律性，经验的拥有者可能设计出个人代码，理解、归纳、记忆这些经验，这样就从个人经验上升到专有知识。从原理上讲，专有知识可以传播，或者因为知识拥有者不愿意扩散，或者其编码难以为他人理解，所以停留在个人专有的层次上，属于隐性知识。

在相同的背景条件下，经过许多人亲身体验或者相互交流，个人经验未经充分编码而广泛扩散，就成为常识。常识是一些人对客观世界的共同理解，往往依赖于认知的背景，具有一定的局限性。把个人经验或常识作为普遍知识来推广、传播，往往会犯"经验主义"的错误。只有常识在更广泛的背景下被反复检验，并被高度编码，或者个人专有知识在更大范围内广泛传播，才能逐步成为公共知识。

公共知识是社会财富，经过人们仔细构建、反复实践、不断检验，在社会上可以广泛传播，能够记录在教科书、学术期刊、其他出版物或互联网上，能够存储在磁盘、光盘等工具中，供社会共享。

2.2.3　抽象与扩散

如果说编码是通过筛选、分类对数据在数量上进行削减的话，抽象则是对数据进行提炼，从质量上提高。经过抽象后的知识更容易传播。在抽象—扩散平面中知识的分类如图 2-8 所示。

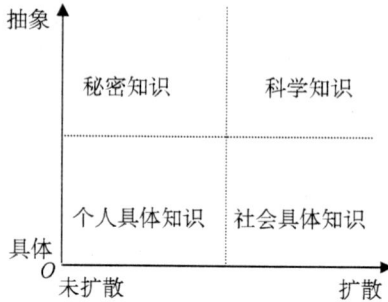

图 2-8　抽象—扩散平面中知识的分类

如果对数据稍微进行抽象，而数据没有扩散，属于特定时间与地点的未扩散的具体知识，这称为个人具体知识。一个极端的例子是一位老人回忆自己的人生经历，这是孤立的、现成的、具体的个人体验。这些体验可能是有意义的，但不容易被分享。这样的具体知识经过高度抽象后成为知识，如果不扩散，被个人或小集团垄断，就成为秘密知识，如祖传秘方等。秘密知识具有潜在的价值，经过高度抽象和概括、扩散后会有广泛的社会适应性。有些企业为了提高市场竞争力，将核心技术严加保护起来，防止扩散。个人具体知识经广泛扩散后，成为社会具体知识，如歌谣、童话、民间传说、社会新闻等。如果秘密知识广泛扩散，在扩散过程中它经过各方面的实践检验，进一步抽象，逐步成为科学知识。同样，社会具体知识经过高度抽象后也可以成为科学知识（包括社会科学），典型的事例是《水浒传》《三国演义》等中国历史名著，它们开始仅仅是民间流传的历史故事，经过无数说书人的提炼、加工、创新，成为完整、生动的系列故事，最后经过施耐庵、罗贯中等人的书面加工，形成人类共同的文学财富。

抽象与扩散相互作用，抽象的知识具有更大的价值和更广泛的适应性，比具体知识拥有更多的接收者；接收者的增加提供了更多的实践、模仿、重复、实证以及改进创新的机会，这一过程又是进一步抽象的过程；抽象的知识不断积累，可能形成为大多数人认可的世界观。

2.2.4 信息知识空间

数据、信息和知识的编码、抽象、扩散相互联系、相互影响，前面已经分别两两结合，分析了相互之间的作用以及平面不同区域信息、知识的形态、类别。将三者综合在一起，就形成了信息知识空间，如图2-9所示。利用这一空间和点的运动轨迹可以说明信息与知识的产生、传播、应用和创新。

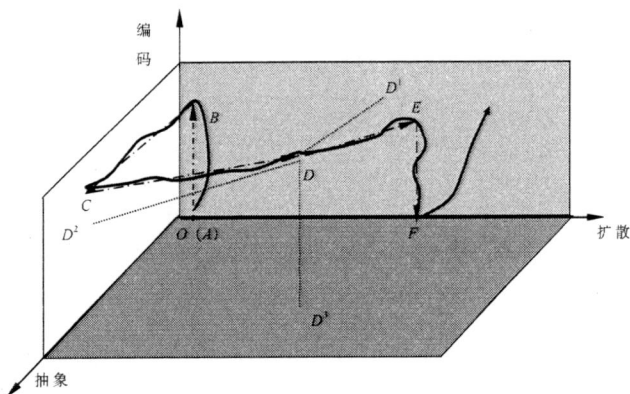

图 2-9 信息知识空间

在如图 2-9 所示的信息知识空间中，有一条空间曲线（虚线），为了便于说明，用带箭头的点画直线将各个拐点连起来，这表示空间曲线的走向。A 点是个人在实践中感受、收集的数据，这些数据经过筛选、分类后，达到 B 点，这是编码的过程，其中人们也可能通过面对面、手把手的方式传授其感受（有所扩散）；B 点之后，将编码的信息或隐性知识进行抽象，到达 C 点，使其成为少数人掌握的知识（在这个过程中既抽象又扩散）；C 点后是知识传播过程，在扩散中更多的人参与编码和抽象，这使知识在 D 点形成公共知识，D^1、D^2、D^3 是 D 点分别在编码—扩散、编码—抽象及抽象—扩散三个平面的投影。D 点到 E 点是理论知识应用到实践的过程，由抽象返回实际；E 点到 F 点是应用过程，已经与实际结合了的知识在解决实际问题时，重新成为数据；F 点并不是 A 点的重复，此时的感觉、数据是更多人的感觉、更大范围的数据。此后，又开始新一轮的循环。

2.3　技术知识的特性

2.3.1　知识的属性、分类和研究领域

从前面的论述与剖析可知，知识是人类在漫长的生活和实践中认识和改造客观世界的产物。劳动创造了世界，也创造了知识。知识具有以下具体的属性：真理性、相对性、不完全性、模糊性和不精确性、可表示性和可储存（包括记忆）性。所谓模糊性和不精确性是指知识的真理性往往不总是非真即假，可能处于某种中间状态。按知识的含义，知识大体上可以分为事实、规则（法则）、规律（定律）方法和理论等。理论是一种知识的体系，是由上述各种知识构成的更高一层的知识。按知识的应用范围，知识又可以分为通用知识和专门知识两大范畴。通用知识指一般人共有的知识，适用于所有领域，如生活中的常识、哲学等。专门知识也称为领域知识，如技术知识就是应用于生产领域的专门知识。研究知识，一般要讨论知识的获取、知识的表示、知识的运用和处理三大领域。

1. 知识的获取

知识的获取要研究的主要问题：对专家或书本知识的理解、认识、选择、抽取、汇集、分类和组织的方法；从已有的知识和实例中产生新知识，包括从外界学习新知识的机理和方法；检查或保持已获取知识集合的一致性（无矛盾性）和完全性约束的方法；尽量保证已获取的知识

集合无冗余的方法。知识获取分主动式或被动式两大类。主动式知识获取是知识处理系统根据领域专家给出的数据与资料利用诸如归纳程序之类软件工具直接自动获取或产生知识，并将这些知识装入知识库，所以也称为知识的直接获取。而被动式知识获取往往是通过一个中间人（知识工程师或用户）并采用知识编辑器之类的工具，间接把知识传授给知识处理系统，所以亦称知识的间接获取。按知识处理系统获取知识的工作方式，知识获取可分成交互式和自主式（非交互式）两种。交互式知识获取要不断与人进行交互，或提供解释，或要求输入信息，或提问求答，或请求验证等。交互式的知识获取，对用户或知识工程师来说有较大的透明度，需要他们有较强的控制能力，比较适合于从专家大脑中获取知识。自主式知识获取则完全由知识处理系统自主完成，例如，输入的是一段讲话、一本书等资料，输出的便是从中抽取出来的知识。这里即便不考虑诸如语声识别、文字识别、自然语言理解和认知科学等方面的许多难题，完成起来仍是十分困难的。按知识获取的策略或机理，知识获取可分为死记硬背式（机械照搬式）知识获取、条件反射式知识获取、教学式（传授式）知识获取、演绎式知识获取、归纳式知识获取、解释式知识获取、猜想证实式知识获取、反馈修正式知识获取、类比和联想式知识获取、外延式知识获取等。

2. 知识的表示

要将知识告诉计算机或在其间进行传递，必须将知识以某种形式逻辑地表示出来，并最终编码到计算机中去，这就是所谓知识的表示问题。不同的知识需要用不同的形式和方法来表示。它既要能表示事物间结构关系的静态知识，也要能表示如何对事物进行各种处理的动态知识；它既要能表示各种各样的客观存在的事实，也要能表示各种客观规律和处理规则；它既要能表示各种精确的、确定的或完全的知识，也要能表示更加复杂的、模糊的、不确定的和不完全的知识。因此，一个问题能否有合适的知识表示方法往往成为知识处理（解题）成败的关键。而且知识表示对知识处理的效率和应用范围影响很大，对知识获取和学习机制的研究也有直接的影响。知识表示的方法很多，例如，谓词逻辑表示、关系表示（特性表表示）、框架表示、产生式表示、规则表示、语义网表示、与或图表示、过程表示、Petri网表示、H网表示、面向对象表示，以及包含以上多种方法的混合或集成表示等。这些表示方法各适用于表示各种不同的知识，从而被用于各种应用领域。对于"面"很窄的知识系统，可以根据领域知识的特点，从中选择一种或若干种表示方法；对于具有较宽领域知识的系统，需要采用相互关联的多种知识表示方法与之适应。

3. 知识的运用和处理

为了让已有的知识产生各种效益（包括社会、经济、政治、军事和科学等方面的效益），使它对外部世界产生影响和作用，必须研究如何运用知识的问题。运用知识来设计机器、建造水坝、推断未来、探索未知、管理社会，乃至运用知识来作曲、绘画或写文章等都是用知识来解决问题和改造世界的活动。显然，知识处理学不是研究这些具体运用知识的过程或方法，而是研究在上述各种具体的知识运用中都可能用到的一些方法（模式）。它们主要包括推理、搜索、知识的管理及维护、匹配和识别。推理指各种推理方法与模式的研究。研究前提与结论之间的各种逻辑关系及真度或置信度的传递规则等。搜索指各种搜索方式与方法的研究。研究如何从一个浩瀚的对象（包括知识本身）空间中搜索（探索）满足给定条件或要求的特定对象。知识的管理及维护包括对知识库的各种操作（如检索、增加、修改或删除），以及保证知识库中知识的一致性和完整性约束等的方法和技术。匹配和识别指在数据库或其他对象集合中，找出一个或多个与给定"模板"匹配的数据或对象的各种原理和方法，以及在仅有不完全的信息或知识的环境下，识别各种对象的原理与方法。

2.3.2　技术知识的特性

技术知识是指人们依据科学所揭示的客观规律，按照预定的目的，对自然界的物质材料、能量和信息进行变换加工，以直接满足人类社会需要的一定的手段和方法。随着科学技术的进步，实际上现代技术知识已经是一个复杂的体系，技术知识的概念也很难以技能、方法、知识或劳动资料等某一方面的特征来概括。

技术知识作为企业的一种重要资源和无形生产要素，具有区别于其他物质资源的特性。对技术知识的特性的了解和掌握，是高科技企业进行技术知识管理的依据。

1. 技术知识具有价值

"知识就是力量"这句话反映了知识具有价值。因为技术知识比数据、信息更接近企业生产，能实实在在地转化为新的产品、工艺，能将凝结在产品中的劳动体现出来，还可有效地提高生产效率，降低生产成本。

2. 技术知识在使用中增殖

知识资源的消费与其他自然资源的消费不同，知识的反复使用不仅不会使知识损耗，反而会使知识增殖。比如，微软的 Windows 文字处理技术，尽管千万次地被人使用，不仅没有损耗，反而得到不断丰富和发展。知识的消费并不影响其他消费，增加知识消费所带来的边际成本等于零。因此，知识资源的共享不受经济学传统的生产要素边际收益递减规律的影响，相反，其作用的发挥能体现边际收益递增。

3. 技术知识具有价值剧变性

一般物品会在使用过程中逐渐丧失其价值。而技术知识的价值在替代性技术出现之前是不会损耗的。但是一旦出现了更新、更先进、更实用的替代性技术，技术知识的价值就会急剧下降，甚至会一文不值。技术知识的这种特性要求企业不断改良技术，延长技术生命周期或研发新的技术。

4. 技术知识需要保护

为使技术创新价值得到社会的认可，为企业带来丰厚的利润，技术创新者必须把创新成果向社会公开，推向市场。但如果创新成果公开后，出现任何人都可以不付费用使用的"搭便车"行为，就会大大挫伤创新者的积极性，甚至创新行为被扼杀。因此，技术创新者需要通过知识产权、技术保密等形式把技术创新成果占为己有，再通过市场机制获取收益。

5. 技术知识共享可降低成本

知识本身具有外部性，即知识的社会效益要高于知识产品给生产者个人带来的效益。这使得技术知识可以低成本共享，并且共享程度越高，成本越低，越能获得更高的收益。

6. 技术知识常源于协作和交流

一般物品的获取在供求双方之间是单向的，不需要双方协作。而技术知识尤其是隐性知识常常在协作和交流中获得。因为协作方的经验、诀窍必须在协作的过程中才能体会领悟到，新的知识往往产生于协作各方的知识交流和共享。

7. 技术知识具有"波粒二相性"

技术知识分为作为实体的知识和作为过程的知识。技术知识是"实体"和"过程"的统一体。

8. 技术知识具有"质"和"量"

所谓技术知识的"质"和"量"是指技术知识的深度和广度。技术知识的深度是对技术精通的程度和技术应用的程度；技术知识的广度是技术知识数量的多少。对技术知识的考察要从"质"和"量"两方面统一来进行。

9. 技术知识具有静态和动态双重特性

静态的技术知识表现为企业的知识存量。动态的技术知识表现为知识存量的递增，以及对知识存量的运用和重构。

10. 技术知识积累具有路径依赖性

企业以往积累的知识会对其以后的技术活动产生影响，从而使企业技术知识积累表现出对路径依赖的动态增长过程。技术知识积累的路径依赖性决定了企业技术创新的路径依赖性，企业的技术创新往往沿用以前的方式在原有技术基础上改良、重组。

2.4 技术知识的分类

技术知识从不同角度、以不同标准划分可以有不同的类型。

按照知识的性质和内容，技术知识可以分为 know-what（知道是什么的知识），know-why（知道为什么的知识），know-how（知道怎么做的知识），know-who（知道谁能做的知识）。know-what 是关于事实的知识，如技术的实际内容；know-why 是规律性的知识，如技术规则、技术发展趋势；know-how 是把技术知识转化为具体行动的指南，是技术知识在具体实践中的运用，包括从事实际工作的技能和经验、技术诀窍以及各种行动准则等；know-who 是技术知识载体的信息，是具体技术和个人的结合，体现为专家知识、个人专业技能。

按照技术知识的表现形式，技术知识可以分为显性知识和隐性知识。显性知识是那些通过企业的有关技术文档、数据库、图纸、规程规定、标准以及实物等形式直观表现出来，易于加工、整理、存储、学习和传播的知识。know-what 和 know-why 基本属于显性知识。隐性知识是存储于员工头脑中的技术能力、经验和隐藏在产品研发、生产、营销各个环节难以言明和模仿的诀窍，以及团队理念和文化等，隐性知识通常不易被认识、理解、掌握和管理。know-how 和 know-who 大多是隐性知识。

从技术知识的编码格式化角度看，技术知识可以分为可编码知识和不可编码知识。显性知识易于编码，而隐性知识难以编码。由于知识被编码格式化后才能方便地被分享，而且隐性知识的难以模仿性使它成为企业核心竞争力的重要组成部分，因此，企业总是尽可能地实现隐性知识向显性知识转化。

按照技术知识的载体，技术知识可以分为个体知识、团体知识、组织知识和组织间知识。对企业来讲，可以将技术知识的层次具体划分为个人知识、团队知识、企业知识和企业外部知识。每个层次又都有相应的显性知识和隐性知识。多层次的显性和隐性技术知识如表2-1所示。

表2-1　多层次的显性和隐性技术知识

	层次形式			
	个人层次	团队层次	企业层次	企业外部层次
显性技术知识	可以描述的个人技术	团队共同的技术知识资源	企业研发、生产、营销等各环节的规则、标准、方法等	合作伙伴、竞争对手、技术发明者、客户等的技术知识
隐性技术知识	专家意会型经验技术能力	团队的协作技能和经验	企业研发、生产、营销等各环节间的协作技能和经验	合作伙伴、竞争对手、技术发明者、客户等的技术诀窍、经验

2.5　技术知识的编码

高科技企业技术知识管理效用的大小很大程度上取决于知识的利用程度高低。技术知识编码就是将需要管理的技术事务转化为技术知识，对技术知识进行输入、分类、标准化等一系列的加工和处理，使其能够通过信息手段进行传递，便于公开、共享和交流，进而实现有序化、系统化的管理。技术知识编码化是企业实现技术知识存储的基础，是提高知识查询和学习效率，提高组织智商的方法和手段。

2.5.1　技术知识编码的对象

技术知识的编码对象应包括部门（岗位）、人员、项目、客户、合作方、制度、设备等一切有关技术方面的知识，以实现对企业技术知识的全面控制。在选择编码知识时，需要满足以下条件。

1. 编码的技术知识具有可用性

对技术知识编码的目的是让员工方便地学习和在工作中使用这些知识。因此，所选的技术知识具有可用性是进行编码的首要条件。从事技术知识收集筛选工作的知识管理人员必须懂技术，了解企业需要哪些相关技术，以及这些技术的发展前景和对企业能起到的作用，再根据这些技术的重要程度按优先顺序进行编码。

2. 技术知识的使用频率足够高

使用频率高的技术知识意味着对它们进行编码、存储可以降低知识的平均使用成本，获得显著的规模经济效益。

3. 技术知识易于编码

一般来说，显性技术知识易于编码，而隐性技术知识难以编码。如资深专家经过多年积累起来的技术经验，技术人员在长期实践中总结的解决某种技术问题的诀窍等，都难以进行编码，而易通过采用专家系统、网上交流等方式获取。

4. 核心技术知识不能编码

高科技企业的核心技术知识是企业的秘密知识。秘密知识由于满足了经济价值的两个主要要求——稀少和有用，因而具有潜在的价值，扩散后会有广泛的社会效用。因此，高科技企业如果对核心技术知识进行编码，就会因知识的公开和扩散而失去其价值，从而削弱核心技术的获利能力。因此，高科技企业的核心技术只能掌握在极少数核心人员手中，不能进行编码。

2.5.2　技术知识编码的原则

技术知识编码只有遵循一定的原则，才能保证编码知识的有序性。一是唯一性原则，即在同一范围内知识编码必须是唯一的。不同类型的技术知识对应不同的编码，同一技术知识必须对应同一编码，以保证技术知识存储、积累、查询的可持续性和可重复性。二是长期性原则，即技术知识编码一经分配，就不宜再更改，有的甚至是永久性的。当某类技术知识归档备案时，其对应的技术知识编码也应随之归档，不能挪为他用，以免混淆。三是尽用性原则，即能够编码的技术知识尽可能编码，基础性的、关键性的和使用频率高的知识必须编码。四是动态性原则，即技术知识编码要在使用中逐步完善，对不科学的编码的修改必须彻底，并及时通知全体员工知晓。

2.5.3 技术知识编码的方法

技术知识编码包括电子化、结构化、标准化三个步骤。电子化就是将企业内外部相关技术知识通过文字输入或扫描的方式形成电子文件，建立一定的目录系统进行计算机管理。文件电子化、数字化是技术知识编码的基础，为知识库提供知识资源。结构化就是将电子化、数字化的知识进行分类整合，使其分别形成部门（岗位）、人员、项目、客户、合作方、制度、设备等不同的知识类别。如人员知识包括技术人员的技术特长、参加过的项目、所掌握技术的广度和深度等；项目知识包括每个项目使用的技术类型、技术难点、开发流程、管理方法等。标准化就是建立统一的编码库，制定编码的方法和使用规范，包括编码的使用范围、特殊字符所代表的含义、编码的不同组成部分等。例如，上面提到的部门（岗位）、人员、项目、客户、合作方、制度、设备等类别的知识可以按照图 2-10 "技术知识编码顺序" 进行编码。

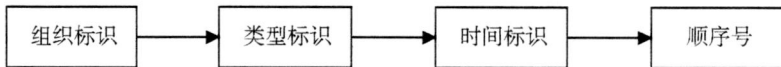

图 2-10　技术知识编码顺序

组织标识是用于区分组织而设定的标志，一般选择组织简称之类具有挈领性的字符，如大学科研机构采用 "institute" 的标识，合作方采用 "copartner-XX corporation" 的标识，客户采用 "client" 的标识等。类

型标识按照不同的技术知识类别提取中英文的字母简称，如技术员工取
"People"，项目技术取"Project"等。类型标识可以进行细分，如项目
技术可按项目名称进行区分，如"Project-HER"和"Project-HIS"。时间
标识是技术知识生成的时间，一般用年、月、日表示，如"20041101"。
顺序号是表示技术知识顺序的流水号。

2.6　技术知识的转化

基于技术知识显性、隐性的划分和不同层次的划分，技术知识转化
存在两种形式，隐性知识和显性知识之间的转化、个人和组织之间不同
层次的知识的转化。

2.6.1　知识螺旋中的隐性知识和显性知识的转化

日本学者野中郁次郎（Ikujiro Nonaka）提出的知识螺旋是隐性知识
和显性知识之间转化研究的代表。他认为，企业的知识创新，来源于隐
性知识和显性知识之间不同形式的转化，这类转化形成四个转化模式，
即潜移默化、外部明示、汇总组合、内部升华。[①]这四个转化模式构成了
一个不断成长的知识螺旋，随着这个知识螺旋的运转，知识创新产生了
（如图2-11所示）。野中郁次郎知识螺旋理论的提出，揭示了知识转化
与知识创新之间的本质联系。

---

① 竹内弘高,野中郁次郎.知识创造的螺旋:知识管理理论与案例研究[M].李萌,译.北
京:知识产权出版社,2006.

隐性知识

```
           隐性知识
隐   ┌─────────────────┐  显
性   │  潜移默化  外部明示 │  性
知   │                 │  知
识   │  内部升华  汇总组合 │  识
     └─────────────────┘
           显性知识
```

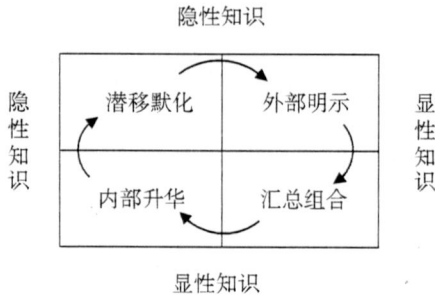

图 2-11　知识螺旋

1. 潜移默化模式

这是从隐性知识到隐性知识的过程，人们通过"干中学"观察、模仿和亲身实践使隐性知识得以传递和转化。"师传徒受"就是典型的隐性知识转化方式，高科技企业团队成员在协作中相互学习也是个人之间分享隐性知识的一种方式。

2. 外部明示模式

这是隐性知识向显性知识的转化，即将隐性知识用语言、概念等形式明晰地表述出来，转化为别人容易理解的形式。团队学习中的深度会谈就是一种外部明示方式。知识管理信息系统中的数据挖掘系统、专家咨询系统、论坛、视频会议等为隐性知识外在化提供了技术工具。

3. 汇总组合模式

这是显性知识和显性知识的结合，通常是把零散的显性知识组合化、系统化的过程。高科技企业将从各种技术刊物、文献、技术颁布机构等处获得的显性技术知识以及员工在工作中总结记录的知识，通过专职知识管理人员编码、分类、整合和积累，形成系统的知识库，这就是显性知识结合化过程。显性知识的结合化为知识的传播提供了基础。

4. 内部升华模式

这是显性知识向隐性知识的转化。汇总组合的知识被员工学习、消化、吸收，升华为自己的隐性知识。网上学习、技术培训都是知识内隐化的有效方法，一些技术工具如电子培训系统为员工学习更多知识和实现知识内隐化提供了技术手段。随着知识在工作中的运用，员工不断积累经验和诀窍，又创造出新的隐性知识，形成知识创新。

2.6.2 不同层次的隐性、显性技术知识的转化

技术知识除了有隐性和显性之分外，还存在其他层次的划分。隐性和显性技术知识从知识载体的层次上，可以分为个人、团队、企业和企业外部几个层次。按照这种划分方法，隐性技术知识分为个人隐性技术知识、团队隐性技术知识、企业隐性技术知识和企业外部隐性技术知识；显性技术知识分为个人显性技术知识、团队显性技术知识、企业显性技术知识和企业外部显性技术知识，隐性与显性技术知识在每个层次都存在转化。基于知识螺旋模型，可以构建出不同层次的隐性与显性技术知识的转化模型（如图 2-12 所示）。

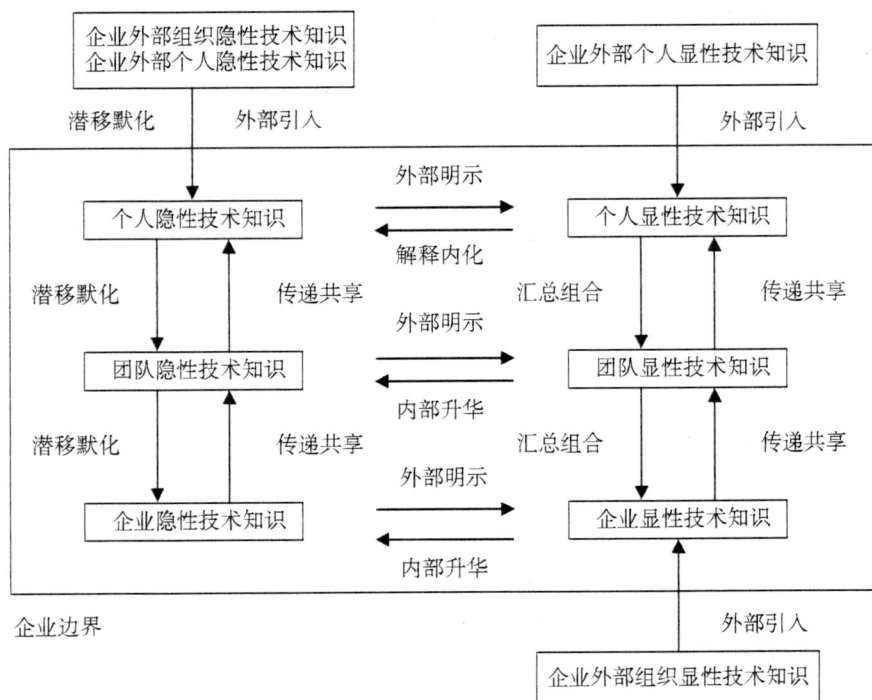

图 2-12 不同层次的隐性与显性技术知识的转化模型

1. 企业外部组织和个人隐性技术知识的引入

高科技企业为寻求外部技术资源常常建立知识联盟，企业外部组织和个人隐性技术知识的引入是通过知识联盟合作中员工个人学习实现的。企业双方各派人员组建联合项目组，在共同的创新工作中，员工通过长期观察对方员工的行为方式、协作方式、研发管理等，体会感悟对方员工个人和组织的技术诀窍和管理方法，并通过模仿和练习，将对方的隐性技术知识转化为自己的能力。因此，企业外部隐性技术知识的获取要求员工在合作中留心观察、细心体会。

2. 企业外部组织显性技术知识的引入

企业外部组织显性技术知识一般是外部企业的技术数据、技术信息、技术规程、研发程序、操作手册等知识。这些外部企业较为广泛，有联盟企业、上下游企业、本行业优势企业、客户、供应商、竞争对手等。为了高效地获取这些技术知识，企业必须建立完善的信息网络，配备技术内行负责技术知识搜索、分析、筛选、整理、存储以及技术引进、推广工作，使企业外部技术知识顺利转化为企业内部技术知识。

3. 企业外部个人显性技术知识的引入

个人显性技术知识是个人拥有的、可表述传达的相关概念、原理、方法等知识。个人显性技术知识的拥有者一般是技术发明人、技术专家。引入个人技术知识，企业必须建立专门的专家咨询网络，与专家建立并保持长期友好的联系，必要时还要通过报酬、股权等形式实现个人技术知识的引入。

4. 企业内部个人—团队—企业隐性技术知识的转化

员工个人具有技能和经验不等于企业具有能力和经验，只有员工贡献出技能和经验，使之在员工之间分享才能将个人隐性知识潜移默化为团队隐性知识，将团队隐性知识潜移默化为企业隐性知识。讨论想法、切磋技艺、交流经验都是促进隐性技术知识传递共享的好方法，但隐性知识要在企业里广泛传播，还需将隐性知识外部明示显性化。因而建立激励员工贡献隐性知识并将其公开为显性知识的管理机制、组织形式非常重要。

5. 企业内部个人—团队—企业显性技术知识的转化

企业每个员工都随工作学习积累增长知识。每个员工将自己积累的与技术工作有关的知识表述整理出来，提交给团队，个人知识就转化为团队知识了。团队将知识整理、编纂成文字资料提交给企业，团队知识就转化为企业知识了。企业将知识分类整理编码后输入信息系统形成知识库和电子文档供全体员工查阅和学习，这就形成了显性知识的传递和共享。员工在知识的分享中获得了知识的增长，并通过知识的运用，使这些显性知识升华为他们内在的技术能力（隐性知识）。由此可见，实现个人—团队—企业显性技术知识的转化，信息系统的建设和专职知识管理人员的配备必不可少。

2.6.3 技术知识转化与高科技企业技术活动

根据野中郁次郎的知识螺旋理论，知识转化形成了知识创新。那么，以技术创新为核心内容的高科技企业的各项技术活动与技术知识转化存在着怎样的关系呢？实际上，高科技企业的每一项技术活动都包含着不同形式的技术知识转化（如图 2-13 所示）。

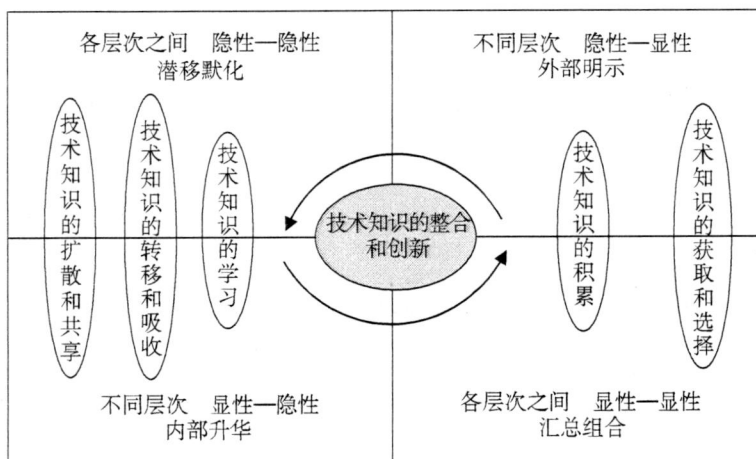

图 2-13 技术知识转化与技术活动的关系

技术知识的获取和选择对应显性知识的汇总组合和隐性知识的外部明示这两个过程。高科技企业依靠组织收集和员工提供两种形式，从企业内外部获取、筛选对企业有用的技术资料、信息、技术成果等显性知识以及获取技术诀窍、技术经验等隐性知识之后，对这些技术知识进行加工整理，将显性知识系统化、隐性知识外在化为可供企业使用的技术知识。

技术知识的转移和吸收对应显性知识的内部升华和隐性知识的潜移默化这两个过程。高科技企业员工在知识联盟合作中获得对方的技术文件、技术规程、技术标准等显性知识之后，在企业内部进行技术推广培训，将这些显性知识转化为员工的隐性知识；员工在与对方的合作中通过观察、琢磨、体验对方的技术诀窍、技术经验、协作方法和技术管理方式，将其转化为自己的隐性知识，并通过言传身教传播给其他员工。

技术知识的学习对应隐性知识的潜移默化和显性知识的内部升华这两个过程。高科技企业在创新中针对技术难题常常组织员工集体攻关，查找资料，请教专家，互相交流，获取各种有助于解决问题的显性和隐性知识。员工通过反复实验，将这些显性知识和隐性知识转化为技术能力（隐性知识）。在创新过程中，管理者常常组织过程审查和项目事后总结，分析成功和失败的原因，使员工可以从中学习并得到启示，从而将项目中显性和隐性知识转化为员工自己的知识经验（隐性知识）。在创新中，项目组还不断地获得来自客户、供应商、销售商的想法和建议，并将他们的想法和建议转化为新产品特性创意，从而形成外部隐性知识的内部潜移默化。

技术知识的积累对应显性知识的汇总组合和隐性知识的外部明示这两个过程。高科技企业将创新工作中的技术流程、方案、数据、经验、诀窍收集起来，进行编码分类，存储在知识库和文档中供员工查询使用，这就将隐性知识揭示为显性知识，将显性知识提升为系统化的显性知识了。

技术知识的扩散和共享包含显性知识的内部升华和隐性知识的潜移

默化这两个过程。前者是员工通过学习知识库的相关知识，阅读文档资料，参加培训等，将显性知识转化为隐性知识，并通过自己的实践体会实现隐性知识的新增长；后者是高科技企业的员工通过技术协作、深度会谈以及向他人请教，借鉴别人的经验技巧而丰富自己的隐性知识。

技术知识的整合和创新包含知识转化的四个阶段。高科技企业的技术创新并非只在内部升华这一阶段就能完成，还需要隐性和显性知识在前面三个阶段充分交互作用、交叉整合重构，形成"技术获取选择—转移吸收—学习积累—扩散共享"这个基础过程，才能创造出新的技术知识，形成技术创新。

2.6.4　技术知识转化与技术创新过程

技术知识转化贯穿于整个技术创新过程。下面就以高科技企业技术创新实际过程为例，揭示技术知识转化和技术创新过程的关系。

高科技企业在创新前必须有创新设想提出。而员工对问题的认识和创新的灵感通常是建立在已有知识和经验基础上的。创新设想可能来自员工自己工作中的知识经验积累，可能来自创新失败中的教训总结，可能来自员工之间的深度会谈，可能来自从外部获取的新技术，也可能来自知识联盟合作中学习对方技术过程中的感悟等。总之，这个设想既可能来自技术知识的获取选择、转移吸收、扩散共享、学习积累任何一种技术知识活动，也可能来自隐性、显性知识之间转化的任何一种形式。在这个阶段，创新设想能否提出决定了是否有创新的可能，因而建立鼓励员工创新的机制和营造有利于创新的组织环境对高科技企业来说十分重要。

创新设想提出后，提议人必须向企业管理者甚至全体员工解释说明提出设想的原因、创新的可行性、创新风险、研发方法、拟采用的技术、领先技术或核心技术、需攻克的技术难题、预期的经济效益等。提议人只有将自己积累的有关该设想的隐性知识全部用语言文字、数据论证、实验结果、产品原型等形式表达出来，使之明晰化，才能被管理者和其他员工理解。这个阶段其实是一个技术知识长期积累和隐性知识显性化的过程，而要使员工有丰富的知识积累，企业除了要有鼓励员工终身学习的机制外，还要建立有利于员工学习的硬件条件和软环境，如知识库、电子培训系统、团队学习习惯等。

为了判断创新设想的可行性，高科技企业需要对创新设想进行评估，发动员工一起讨论创新设想是否可行。管理者通常采用头脑风暴法的方式，让员工各抒己见，充分分享彼此的知识和经验，在知识的传播、碰撞中得出意见，并将这些意见（员工的隐性知识、显性知识）层层汇总。除此以外，管理者还要进行市场调研，听取供应商、分销商、产品代理、顾客的意见，通过专家咨询、互联网和知识创新网络等辅助手段获得企业外部的显性知识和隐性知识。在这些知识充分共享整合的基础上，管理者通盘考虑是否将该设想付诸实施。为了顺利完成上述评估工作，高科技企业需要建立发达的信息系统和外部联系以及宽松的知识分享型组织环境，以辅助企业管理者决策。

创新决策一旦做出，企业就需要开始着手制订创新方案。创新方案涉及市场研究、产品定位、技术研发、产品制造、销售推广、产品宣传、售后服务等多个环节。企业选择具有丰富创新经验的管理人员和各部门的技术骨干组成项目小组，由他们承担创新实施工作。高科技企业的产品创新需要小组成员进行协作，共同解决研发、测试、生产、营销、服务中的问题，共同克服技术难关。因此，企业在创新实施阶段，管理者必须利用管理手段充分调动成员的积极性，使其分享各自积累的专业知识和经验，如在企业内部建立促进知识分享的激励机制、考评机制等，让不同领域的显性和隐性知识在充分的转化和整合中激发出创新的火花。

在创新产品推出后，项目组还需要不断获取客户、供应商、销售商的反馈，将这些宝贵的隐性知识用于完善新产品。这些知识、信息的反馈依靠发达的信息网络，因而信息系统的建设是取得这些知识、信息的必备条件。

从以上分析可以看出，技术创新源于技术知识的转化，整个创新过程充满了隐性技术知识与显性技术知识的转化、个人与集体技术知识的转化、企业外部技术知识与内部技术知识的转化。各种技术知识之间的转化渗透在每项技术知识活动之中，其转化效果和程度决定了技术创新的效果。因为隐性知识的难以模仿性使隐性知识显性化程度成为影响新产品竞争力的重要因素，个人知识集体化决定了企业整体智慧水平，外部知识内部化决定了企业技术知识的先进性。因此，高科技企业要提高技术创新能力，就要紧紧围绕技术知识转化这个中心，特别加强隐性知识显性化、个人知识集体化、外部知识内部化的管理力度，使各种知识充分融合。在关注技术知识转化的同时，企业还需注意人员管理、组织建设、信息系统建设等辅助手段的运用，从侧面促进技术知识的转化。

2.7　技术知识的超循环与增殖

对于高科技企业来说，产品和服务的价值来源于产品的知识含量，来源于凝结在产品和服务中与众不同且适应需求的技术。而知识含量的提高和与众不同的技术的获得只有依靠技术创新才能实现。如前所述，技术创新通过技术知识之间的相互转化及"技术获取选择—转移吸收—学习积累—扩散共享—整合创新"的过程而形成。在这个过程中，每个阶段本身存在技术知识循环增强，每个阶段之间又存在技术知识相互流动、交叉循环。技术知识在超循环的流动中实现了技术创新，产生了价值增殖。

2.7.1　技术知识的超循环

技术知识的循环与增殖如图 2-14 所示，高科技企业的技术知识循环包括七个环节。高科技企业获取技术知识资源后，经过技术筛选，将其转化为企业技术知识存储在知识库中，供员工学习、分享、使用。与此同时，企业与其他企业结成知识联盟引进外部技术，通过员工学习可以将外部技术转化为自己的技术能力和技术活动。在技术工作中，组织和个人不断积累技术知识，这些知识在组织的专业管理下，为知识传播、共享和新一轮技术知识的获取提供了知识资源。技术知识的传播和共享使企业知识数量呈指数增长，增长的新知识又在企业中形成新的积累。在前面这几项技术活动的基础上，企业将各种知识整合起来进行技术创新，并将创新中获得的知识和经验再次收集整理起来。技术创新使产品价值增殖，以高额利润的形式回报给企业。为了保持知识增殖的长期性，高科技企业通过技术标准战略实现持续创新，通过保护知识产权保证创新利益。这七个技术活动环节共同构成了技术知识外部循环。除外部循环外，每个技术活动环节内部还存在自循环。例如，技术知识的学习和积累，是在原有的知识存量基础上进行的；在技术知识的创新中很大一部分是渐进型创新，即在原有创新基础上不断改良等。这些技术活动环节每自循环一次，其功能就增强一次。随着每个技术活动环节功能的增强，整个超循环的增殖功能相应增强。

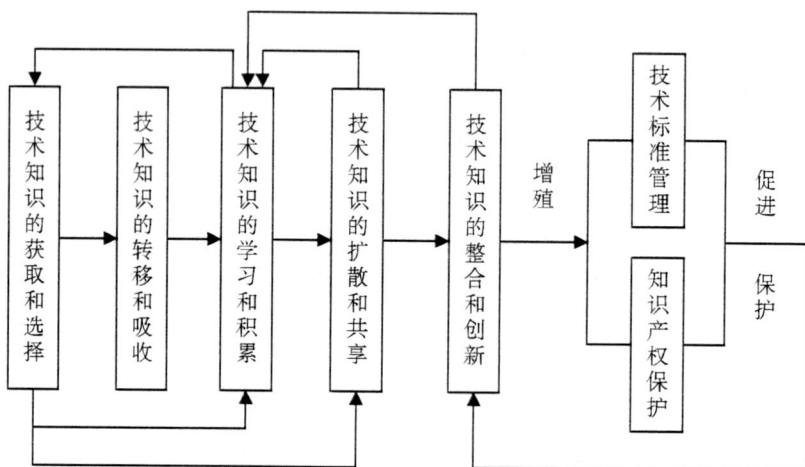

图2-14　技术知识的循环与增殖

2.7.2　超循环系统的增殖功能

技术知识超循环系统不仅是一种形式上的循环系统整合，更是一种知识增殖功能性的综合。具体地说，超循环系统对知识增殖的作用表现在以下几个方面。

首先，超循环系统通过各知识子循环相互连接、交叉催化，可使系统结构结合得更紧密，获得整体大于各部分之和的效果。按照这种规律，技术知识系统在各子系统自循环增强的基础上，若能紧密配合，相互补充、促进，综合各自的优势，则可使知识增殖获得整体效应。

其次，循环利用知识、信息流，可以获得最大产出比。技术知识系统具有的知识积累、分享、传递功能，使知识汇聚起来长期保持在企业里。员工在技术创新工作中多次利用这些知识，可以最大限度地降低知识成本，提高工作效率和知识增殖程度。

最后，在超循环系统中，原有要素的循环结合，能更好更多地产生创造性。因为多循环提供了多通路，一旦结合了某几个点，多个通路就可能建立联系，形成多点激发的思想网络。技术知识系统不论是在同一平面，还是在个人至企业的不同层次之间，都存在丰富的知识循环路径，这些路径构成了丰富、复杂的立体思想网络。知识在这个立体思想网络中碰撞，打破了原有的知识排列组合，在多个通路中形成多个新的知识组合，从而产生了丰富多样的创新思路。随着产品创新点的增多，产品价值增殖的可能性增大。

综上所述，产品价值增殖源于技术创新，技术创新在技术知识的超循环流动中实现，超循环对产品价值增殖具有扩大效用。因此，高科技企业应将技术创新作为技术知识管理工作的目标，围绕这个目标充分运用超循环原理指导管理工作，这对提升创新产品价值将起到十分重要的作用。

第 3 章　高科技企业技术知识管理与生态系统理论

3.1　经济系统与高科技企业

3.1.1　经济系统

1.经济系统的含义

在经济领域中，首先引入经济系统概念并加以运用的是数量经济学家；其后经济系统分析、经济控制论都普遍使用了经济系统的术语。经济系统可表述为：一定空间范围内人类与自然和社会环境间，通过人与自然物质交换和人与人劳动交换过程，共同结成的一个经济学单元。

根据这一概念，人与自然和社会间的关系，只要是通过人与自然物质交换和人与人劳动交换关系而结成的社会体，都叫作经济系统。一座城市、一个经济区、一个乡镇、一个企业等都是客观存在的经济系统。

应该指出，迄今有关经济系统含义的表述在国内并不一致。上面的表述是一种意见；从最一般的意义出发，经济系统应是一定条件下的生产力系统和生产关系系统组成的系统。作为"人—自然—经济"的生态经济复合系统中有关经济子系统的描述，从最一般的经济意义上来理解，也许是适宜的。

在一定的地理环境和社会制度下，由生产力和生产关系组成的经济系统，是通过社会再生产过程中的生产、交换、分配和消费的循环过程进行运转的。因此，经济系统可以是指各种经济成分和社会关系组成的统一体；也可以是指社会再生产过程中的生产、交换、分配和消费各个部分组成的有机体；也可以是指物质生产部门和非物质生产部门所组成的国民经济统一整体；还可以是指物质资源开发、治理、保护与利用等环节组成的专业经济系统。总之，在一定条件下，经济系统可以划分为不同层次，有宏观的国民经济系统，中观的区域和部门经济系统，微观的企业、庭院等经济系统。

2. 经济系统结构

经济系统是一个复杂的人工系统。经济系统一般由三个分系统组成：生产力系统、生产资料所有制及其相应的生产关系系统、经济运行系统。生产力系统是生产力诸要素（劳动者、劳动资料、劳动对象、科学技术）组成的结合体，这里集合了无数个"生产者"。生产关系系统是劳动者在生产过程中形成的相互关系。经济运行系统，在商品生产条件下，包括生产、交换、分配、消费四个环节，它们相互之间存在内在联系，它们之间的转换、衔接关系组成了经济循环运动。在这个系统中存在无数个"生产者""消费者"和"分解者"。生产者包括进行物质生产的企业、劳动者等；消费者包括使用生产者生产出的物质产品的组织和个人；分解者包括各种将组织和个人排出的废弃物分解后送回环境中的排污企业。因此生产者往往也是消费者，消费者往往也是分解者，分解者往往又是生产者，经济系统中的组织和个人常常担任两种以上的角色。随着经济系统的运行，人类根据社会需求信息有目的地将自然界的物质、能量、信息转化为能够满足人们需要的产品，之后将人类社会产生的废弃物分解处理后送回自然环境或提供给生产者再次使用，这样就形成了社会经济系统的物质循环、能量流动和信息传递。与此同时，在生产者、消费者、分解者内部又存在自循环。如生产者本身也是一个多种企业、个体彼此满足需求的自循环圈，资源利用和目标市场相近的企业和个体之间存在生存竞争和相互合作，这构成了生产者内部的自循环。消费者之间存在彼此消费对方产品的自循环。分解者也存在使用自己净化处理产品的自循环和使用别的分解者产品的交叉循环。这些循环相互交叉，构成了经济系统的超循环环链。随着这个超循环经济系统的运行，生产者、消费者、分解者之间及其内部形成了复杂的制约、排斥或共生关系。

3.经济系统功能

在经济运行系统中，生产、交换、分配、消费四个环节连成一体，循环作用，实现了社会生产过程的物质循环、能量流动、信息传递和根据市场变化调节运行的功能，同时通过人类有目的的经济活动将自然界的物质资源和人类社会的知识资源转化为能满足人们需要的产品和服务。由此可见，经济系统的循环运行不仅是物质生产的过程，还是产品价值形成和增殖的过程。所以在经济系统中物流、能流、信息流运动的同时，还存在价值流沿交换链的循环与转换。因而，经济系统的功能主要体现在沿交换链流动的物流、能流、信息流和价值流的运动之中。

3.1.2　高科技企业技术知识管理

经济系统是个复杂的大系统，可以分解成许多层次或子系统。高科技企业是其中极具成长性的重要组成部分。

高科技企业是知识密集型企业，是需要用复杂先进而又尖端的科学技术才能进行工作的生产部门或服务部门。其技术密集程度往往与机械化、自动化和信息化程度成正比，同企业所用手工操作人数成反比。企业的设备、生产工艺建立在先进的科学技术基础上，资源消耗低；科技人员在职工中所占比重较大，劳动生产率高；产品技术性能复杂，更新换代迅速。知识密集型产业状况反映着国家科学技术发展水平，它为国民经济各部门提供先进的劳动手段和各种新型材料。发展知识密集型产业，有利于发挥科技人才的作用，有利于应用与推广国内外最新科技成果，有利于引进国内外先进技术和生产高精尖产品，有利于提高企业经济效益，促进生产力的发展。

技术知识作为人类改造自然的力量，不仅要考虑人类的活动手段，还要考虑技术知识的水平和人对技术过程的控制程度。现代技术知识已形成由技术原理、技术手段、工艺方法和技术操作等要素组成的一个复杂系统。它包括技术知识的经验形态、知识（理论）形态，以及经验与知识的物化形态。

不同的组织、专家站在不同的角度和立场对知识管理做了很多种定义。但还没有专门地、明确地提出过技术知识管理的定义。根据各种知识管理的定义，从高科技企业技术知识管理实务出发，本书对高科技企业技术知识管理进行了如下定义：所谓高科技企业技术知识管理，就是高科技企业通过对技术知识的收集、选择、转移、吸收、学习、积累、传播、共享、整合、创新，以及人力资源管理、信息系统建设、组织与文化建设等管理手段，最大限度地形成集体认知能力和团队智慧，提高高科技企业的应变能力和技术创新能力，最大限度地实现技术知识的价值转化和产品价值增殖，达到提升并保持企业核心竞争力的目的。

上述技术知识管理概念，凸现了技术知识管理的以下特征。

1. 技术知识管理以技术知识基础管理工作为前提

技术知识的基础管理工作包括技术知识的收集、选择、转移、吸收、学习、积累、传播、共享、整合、创新。只有做好技术知识的基础管理工作，保证在一个组织体系内技术知识可以不断地生成、积累和发展，才能用技术创造价值。

2. 技术知识管理以提升企业集体认知和团队智慧为工作重点

高科技企业提高市场反应速度和技术创新能力，依靠的是全体员工的技术知识积累、应用，以及员工之间、团队之间的知识共享和创新协作。因此高科技企业需要将工作重点集中于运用各种技术知识管理手段促进个人知识转化为集体知识，隐性知识转化为显性知识，外部知识转化为内部知识，增强企业整体认知及团队智慧。

3. 技术知识管理以技术创新为核心内容

技术创新是高科技企业提升竞争力的主要手段，技术知识管理的一切工作都应围绕这个中心。因此，技术知识管理的各项技术活动都要有利于新观念、新思想的产生，有利于创新成本的降低，有利于创新工作的顺利开展，有利于技术创新的持续性，有利于创新成果的产业化、商品化等。

4. 技术知识管理是多项管理的集合

技术知识管理不仅体现在对技术知识本身的管理上，还涉及人力资源管理、信息系统建设、组织与文化建设几个相关领域，是渗透到企业各个层面，全方位促进资源整合、潜力挖掘和价值创造的综合管理活动。在这项综合管理活动中，企业将技术知识、人员、信息系统、组织、文化有机联系起来，促进了技术知识在创新工作中的运用，提高了创新工作效率，降低了创新成本，提高了市场反应速度，创造了客户价值。

3.2　高科技企业技术知识管理的内容、方法和模式

明确高科技企业技术知识管理概念，把握高科技企业技术知识管理特征，有利于准确框定高科技企业技术知识管理的内容，找到进行高科技企业技术知识管理的有效方法，采用适应高科技企业业务特征的高科技企业技术知识管理模式。

3.2.1　高科技企业技术知识管理的内容

从高科技企业技术知识管理的概念中可以看出，高科技企业技术知识管理实质是基于技术知识活动内容，通过管理活动创造技术价值，实现产品价值增殖。可以说，高科技企业技术知识管理是技术知识、管理、价值的统一，这种统一性可以用公式（3-1）来表示。

$$V(KM) = (K + P + I)^{\alpha} \qquad (3-1)$$

公式（3-1）中，$V(KM)$ 表示高科技企业技术知识管理产生的价值，K 表示技术知识活动，P 表示知识型员工的作用，I 表示信息技术对知识管理的辅助作用，α 表示对 K、P、I 产生影响的组织机制、文化环境因素。这个公式表示高科技企业的技术活动管理、人力资源管理、信息技术的

运用在组织机制、文化环境催化下将对产品价值增殖产生指数增长的效应。从这个公式中可以看出，高科技企业技术知识管理的内容主要包括四部分，即技术活动管理、人力资源管理、信息系统建设、组织与文化建设"。

技术知识具有"波粒二相性"，分为作为实体的知识和作为过程的知识。作为实体的知识衍生出技术知识的获取和选择、转移和吸收、学习和积累、扩散和共享、整合和创新、技术标准管理、知识产权保护等一系列技术活动；作为过程的知识是指如何使知识更好地发挥作用，在高科技企业里依靠的是学习型组织的建设，包括人力资源管理、信息系统建设和组织与文化建设。因此，高科技企业技术知识管理包括这十项内容，是技术活动管理和学习型组织建设的相互交叉、渗透、融合和统一（如图 3-1 所示）。

高科技企业技术知识管理	技术活动管理	技术知识的获取和选择			知识转化为产品和服务
		技术知识的转移和吸收			
		技术知识的学习和积累			
		技术知识的扩散和共享			
		技术知识的整合和创新			
		技术知识的技术标准管理			
		技术知识的知识产权保护			
	学习型组织建设	人力资源管理	信息系统建设	组织与文化建设	

图 3-1 高科技企业技术知识管理内容框架

1. 技术知识的获取和选择

技术知识资源是高科技企业技术创新的源泉，技术创新的持续性依赖知识的积累和扩大。但这种知识积累和扩大不能仅仅依靠企业自身，因为企业自身的能力是有限的。高科技企业需要从企业外部收集对企业有用的技术知识补充技术创新的需要。当前的高科技企业普遍重视技术知识的获取和选择，国内外知名的高科技企业都把技术知识的获取和选择作为技术知识管理的前提和基础。例如，微软公司推行的SPUD项目要求内部信息技术必须是最新的，内部信息技术部的重要工作之一就是聚焦于鉴别和维持知识能力上，绝不容忍技术老化的"遗老"。国内知名的亚信科技（中国）有限公司着力实现多渠道的知识获取和输入，通过分析国内外用户需求和技术要求密切进行技术跟踪，通过内部知识网络和企业信息系统来搜集获取新技术。

2. 技术知识的转移和吸收

高科技企业为寻求技术快速进步，常常建立知识联盟，从合作中学习吸收对方的技术知识，实现技术赶超。例如，亚信公司与不少国际知名的IT企业建立了紧密的战略合作关系，其中包括Cisco、Oracle、IBM、Sun、HP等知名厂商，同时与国内邮电、金融、信息等产业部门及地方性网络进行了技术合作。其目的是多渠道引进吸收外部技术，学习合作方先进的技术和经验，快速赶上世界先进水平。但在知识联盟中，由于企业双方存在各种差异常常使引进企业不能很好地消化吸收新技术，因此，如何通过管理促进技术知识的学习、消化和吸收，是高科技企业技术知识管理的重要内容。

3. 技术知识的学习和积累

持续的技术知识学习与积累是技术创新的动力源，高科技企业在整个技术创新过程中都必须保持技术的学习与积累。该项工作的内容是全面完整地将技术创新工作中获得的知识经验记录下来，进行妥善保存和安全管理，及时更新知识库存，对新旧知识重构运用。施乐公司的EUREKA项目就是技术积累的一个成功例子。EUREKA项目让技术维修人员在为消费者服务的过程中记录下他们遇到的问题和用来解决难题的诀窍，并提交给委员会进行审查，审查通过后将这些数据存入一个知识数据库，并将知识数据库与网络服务器上的相关文档链接。这个知识数据库汇集了约1.5万名技术维修人员从每年25万次维修任务中获得的维修窍门。这个数据库还设立了一条专线，用来收集、推广和利用针对软件、网络、硬件等一系列问题的解决方案。EUREKA 项目的目的是使技术维修人员在地点分散和时间各异的具体服务过程中共享知识数据库中的知识，利用这些知识积累创造性地解决所遇到的新问题。

4. 技术知识的扩散和共享

高科技企业技术创新中问题的解决、新想法和新思路的产生常常来源于知识的交流和共享，因而促进技术知识的扩散和共享是高科技企业技术知识管理中的一项重要内容。在这方面有大量的工作可做。比如，建立促进知识交流共享的信息系统，开展技术培训，鼓励非正式会议和成立非正式员工组织，制定促进员工交流共享知识的考评激励政策，建立扁平灵活的组织结构等，这些措施都有利于企业营造适合知识传播共享的宽松环境，从而促进技术创新的完成。这方面有许多成功的例子。1994 年，Intel 公司微处理器事业部在开发高性能奔腾处理器的过程中发现，有 60% 以上的技术问题在别的小组的开发过程中碰到过并且已经解决了。于是发起了一个计划，目标是分享"最佳设计方案"，提高群体学习能力。当时采用的是 MOSAIC 浏览器，这让所有人都能在网络工作站读取资料库的内容。这个方法大幅度降低了问题重复出现的概率，新产品产出的速度比过去快一倍。

5. 技术知识的整合和创新

高科技产品的价值增殖在技术创新中实现，产品中的技术含量、需求满足状况和创新速度常常决定了产品在市场的价值增殖状况。高科技企业在技术创新中整合企业内外、不同部门、不同个人之间的技术知识，使之相互碰撞、相互补充、交叉融合，这可有效增加产品的知识含量，提高创新速度，提高新产品的市场适应力。因而充分整合来自各方面的智慧是很多知名高科技企业采用的基本创新方法。例如，微软公司的技术研发遵循的就是"组建职能交叉的专家小组"的策略。产品研发单位由各部门专家组成，在新产品的研发过程中，各种知识充分共享整合，从不同的角度完善新产品的特性。

6. 技术知识的技术标准管理

高科技企业灵活柔性的组织结构，很难保证产品的质量和兼容性。要解决这个问题，应形成统一的技术标准以对产品进行技术规范和集成，并尽可能通过技术标准战略使企业内部标准成为行业标准。谁掌握了行业技术标准的制定权，谁就在一定程度上取得了技术和产品竞争的主动权和垄断权。微软、Cisco 等发展迅速的大公司，其优势不是自己研究开发了多少技术产品，而是善于采用最有效的方式将核心技术发展为行业标准。

7. 技术知识的知识产权保护

自主知识产权是高科技企业的一项重要资源，它与人、财、物一起构成高科技企业不可或缺的经营要素。拥有自主知识产权的多少，关系到高科技企业的兴衰。例如，国内的清华同方公司就是依托清华大学的人才、科技优势，以科技成果产品化、产业化为经营宗旨，形成网络技术、系统集成、电子通信、微机光盘、信息加工与服务等方面具有自主知识产权的产品系列，将公司带上了一条超常规发展的快车道。因而高科技企业应重视自主知识产权，将知识产权保护列为企业技术知识管理的重要内容，保护好知识产权就意味着保证了企业技术创新的高收益，保证了企业持续创新的资金来源。

8. 人力资源管理

组织中人是最活跃的因素。高科技企业实现技术创新，归根结底依靠的是人才。人才拥有丰富的知识背景，能够解决工作中的难题，能够在更广泛的知识领域发现有价值的知识，并将其与现有知识结合起来创造新的知识，这就是人才的价值所在。高科技企业若能调动人的积极性，将极大地提高创新质量。因此高科技企业技术知识管理应重视人的管理，将人看作一种重要的资源，通过各种管理策略最大限度发挥人在创新中的能动作用。

9. 信息系统建设

技术知识的高效获取、传递、分享、积累等都需要借助信息技术这一辅助手段。信息系统在高科技企业技术知识管理中使用的目的,在于使信息系统充分融入企业技术创新业务流程,借助知识管理软件工具的专门处理功能,扩大和提高技术知识使用的范围和效率。以微软公司的信息系统为例,内部网络建设实现了知识分类、处理、存储、查找、更新和人与人互动功能;"知识地图"提供了线上知识搜索功能和某项工作特定知识查询功能;SPUD计划实现了专家咨询、网上学习、知识贡献评估功能;等等。

10. 组织与文化建设

高科技产品生命周期的缩短和高科技产业竞争的加剧,要求企业快速调整自身的行动,快速学习、创新,以应对市场变化。为了达到这个目标,一方面要求组织结构适应快速反应的要求;另一方面要求高科技企业通过营造促进学习和创新的组织文化环境,使其整体认知能力和团队智慧得到提高,从而使其技术创新能力得到增强,成为学习型组织。微软公司就是一个典型的学习型组织。微软公司的组织结构非常扁平,其管理团队离一线员工仅有一两个人,他们能够方便地对话,因而微软公司能够快速地应对市场变化。微软公司鼓励员工从过去和当前的研究项目与产品中学习,鼓励员工之间分享经验、相互学习,鼓励改进创新产品,这为微软公司提高产品创新能力,提高研发效率和质量以及产品对市场的适应性和反应速度奠定了基础。

11. 知识转化为产品和服务

由于技术知识的产生是为了满足人类社会的需求,因而市场需求既是技术知识产生和发展的基本动力,又是把技术成果应用于社会的动力。但是,仅有市场需求和由此产生的技术知识并不能产生相应的技术成果,还需要技术的物质手段——劳动资料、人的劳动以及支撑企业运转的资金。因此高科技企业的技术知识转化为产品和服务的过程如下:企业依托于企业的资源供应(劳动资料、资金、人员),根据市场需求确定所需的技术知识,将技术知识用于生产。在生产中,随着各项技术活动效率的提高,资源与技术知识紧密结合,创造出高知识含量的产品和服务。

这些产品和服务投入市场，在满足市场需求的同时获得利润，实现产品价值的增殖。

上述内容概括了高科技企业技术知识管理的基本内容，高科技企业围绕这些内容采用促进技术活动发展的各种管理策略。高科技企业技术知识管理要取得较好的管理效果，还应讲求一定的方法，遵循一定的原则，在管理手段的运用上有所侧重。

3.2.2 高科技企业技术知识管理的方法

1. 以人为本

组织中人是最活跃的因素，同时是难以把握的因素。高科技企业员工为了保持个人在企业的待遇和地位，常常拒绝贡献知识，因为存在竞争而拒绝与他人合作，因为在企业里得不到发展或不能施展才华而离开企业，他们所拥有的优势技术也随之被带走。因此高科技企业技术知识管理应以人为本，充分运用多元化和人性化的管理方法，培育技术人才，给他们施展才华的空间，给他们优厚的待遇，关心、尊重他们，引导他们将个人知识贡献给企业，积极与他人协作配合，激励他们勇于投身创新工作。

2. 按"知"分配

传统的经济理论中按劳分配是最基本的分配方式。员工拥有的知识或创新成果也是劳动的积累或劳动成果。如果员工贡献出知识或创新成果却得不到相应的财富，就不会有人愿意将自己的知识或创新成果与他人分享了。因此，高科技企业技术知识管理应采取按"知"分配的办法，企业薪酬发放、职位提升主要依据员工贡献出的知识和能力，贡献出重要创新成果的员工还可获得股权形式的补偿，以物质激励促进企业员工传递共享知识。

3. 注重精神激励

在企业中激励员工的创新思想是一项重要的工作，而对以知识型员工为主体的高科技企业来说，能对员工产生激励作用的不只是物质方面，更多的是精神方面。除了表扬、赞赏、荣誉等传统的精神激励方式外，企业还需要建立一种强有力的新的导向和精神激励机制，那就是赋予创新主体更大的权力和责任，使激励对象认识到他们担负的工作的价值，明确他们所拥有的施展才华的空间，感觉到他们是企业的主人，从而建立起对拓展自身知识以及传播分享知识的责任感，更好地发挥自己的积极性、主动性、创造性，充分挖掘自己的潜力和施展自己的能力。

4. 管理专门化

管理专门化可以使管理系统化、专业化，提高管理效率。因此，高科技企业应设置专门技术知识管理岗位，如知识编辑、技术桥梁人物等，专门从事技术知识的收集、分类、引进、传播，建立知识导向架构，指导知识使用等工作。

5. 集体参与

高科技企业技术知识管理不仅需要靠专业人员的管理，还需要全员的关注和参与。因为企业专职知识管理人员对知识的收集、传递、积累能力是有限的，不可能将分散在每个员工头脑里的思想、知识、经验完整地收集起来，更不可能代替员工在非正式交流中创新。因此高科技企业只有通过制度和理念倡导，发动全员参与技术知识管理，才能使技术知识的来源最多、循环途径最多，碰撞最多、融合最多、积累最多、创新最多，才能使各项技术工作达到最佳状态。

6. 人、信息系统、业务流程相结合

人类与计算机在工作能力上各有所长。人类理解、分析、筛选、整合、运用技术知识，尤其是隐性技术知识的能力，是任何机器不能比拟和取代的。而在捕捉、转换、储存、传递、反馈那些程序化的技术知识和信息方面，计算机系统的能力比人类强。如果把人的优势和计算机系统的优势结合起来，就能形成优势互补的"人—机"系统。但是，只有人与机器结合是不够的，如果"人—机"系统不能很好地与业务流程融合，不能在工作中被充分地使用，那么计算机系统就只能成为摆设。因此，高科技企业技术知识管理应将"人—机"系统与业务流程融合，让人的智慧和计算机的功能时刻为技术工作服务，发挥完美的管理效果。

7. 扁平化、柔性化、网络化、灵活化的组织形式与刚性技术管理相结合

工业经济时代形成的递阶式组织结构由于层次多、变化速度慢、沟通不畅、更新成本高等缺陷，常使高科技企业错失发展良机。这就需要有一个能够迅速适应外部环境变化和企业发展的组织形式——扁平化、柔性化、网络化、灵活化的组织形式。高科技企业刚性技术管理主要是强调树立知识权威，使技术知识或技术标准在组织管理中发挥联系、交流、集成的作用。技术的刚性管理有利于在柔性化、灵活化的组织形式中保持技术工作的有序性，保证相关部门的协调、配合、兼容以及产品的质量。

8. 各种管理密切配合

技术知识系统是一个不同技术活动相互作用的超循环系统。高科技企业技术知识管理要取得较好的管理效果，更好地实现技术创新和产品价值增殖，就需要各部分按照超循环原理紧密配合、交叉催化。例如，不同层次的创新思想交叉催化，技术知识的获取、积累、共享、创新管理之间交叉催化等。由于高科技企业技术知识管理还涉及组织建设、人力资源、信息系统等管理活动，因而技术活动还需与这些管理活动相互渗透、协调配合，才能取得管理的整体性效应。

9. 持续调整改进管理方法

根据学习的认知过程，具体的经验经过抽象、编码形成知识后，还要经过实践检验才能得到新的知识，才能实现认知的提升。高科技企业技术知识管理也是一样的，企业根据经验采用的管理方法需要经过实践的检验，根据检验中获得的知识不断调整改进管理方法，才能提高管理水平。另外，企业所需的技术知识一直在发生变化，新的技术、技术标准、客户需求层出不穷，这些变化要求高科技企业不能长期固守某种管理方法，即使现有方法已经取得了很大成功，企业也要根据环境变化不断调整管理方法、技术策略、研发路径、管理方式、组织结构、产品服务重点等。因此，高科技企业技术知识管理方法需要长期调整改进。

3.2.3　高科技企业技术知识管理的模式

剖析高科技企业技术知识管理，除了了解管理的内容和方法外，还需要了解管理的模式，因为高科技企业技术知识管理模式体现了技术知识管理与高科技企业核心业务之间的联系。一般来说，企业采取哪种技术知识管理模式，取决于其核心业务的特点。

高科技企业核心业务以技术含量高、工作内容复杂、知识需要量大、需要突破创新为特征。以计算机软件开发企业为例，企业创新工作常常围绕创新项目组成跨部门临时项目小组，从各核心业务部门挑选技术骨干、专家进行创新的各项工作，如策划、开发、测试、用户培训、客户支持、修正产品等。临时项目小组综合各部门技术经验优势，完成从产品研发到市场推广的整个创新流程。临时项目小组系统地规划项目和策划产品后，将创新项目分为若干个子项目或子模块，规定各子项目或子模块的衔接方法、技术规范标准、共享构件，以及各子项目组运行同步稳定方法，将创新工作分在各子项目组完成。在创新过程中，各子项目组之间保持密切的联系，工作并行，随时根据产品测试意见和客户反馈意见修正研发缺陷。若碰到市场变化和业务发展需要，各子项目组之间还可以进行分化组合。在各子项目或子模块完成后，临时项目小组将各子项目或子模块集成为完整的新产品。

根据高科技企业核心业务的这些特点，高科技企业需要充分考虑员工的不同工作内容和性质、分工协作、技术集成的因素，分别采用不同的技术知识管理模式以适应这些因素。技术知识管理按照工作内容、性质和技术难易程度分为员工模式与专家模式，按照员工之间的合作程度分为技术集成模式和员工协作模式。高科技企业采用基于技术活动和管理活动，以创新项目为中心，员工模式与专家模式相补充，技术集成模式与员工协作模式相结合的技术知识管理综合模式（如图3-2所示）。

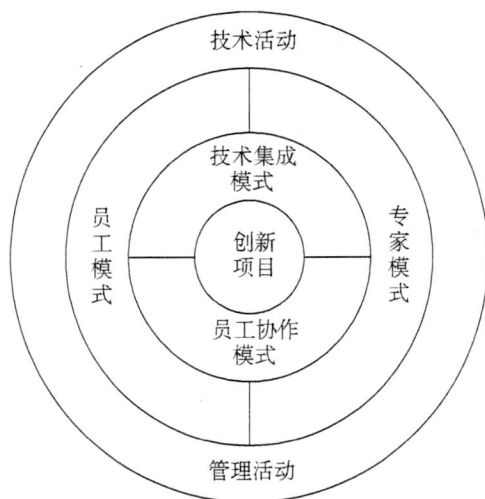

图 3-2　高科技企业技术知识管理综合模式

1. 员工模式与专家模式

高科技企业技术知识管理中的各项技术活动和管理活动使广大员工受益，不论是普通员工还是技术专家，其知识水平和技能都可以得到提高。但由于技术的复杂程度、工作难易程度、对个人专业能力和经验的要求和依赖程度不同，因而员工与专家的工作内容不同，员工模式与专家模式的知识管理在方式和内容上有不同的侧重。

员工模式要求通过技术知识管理使员工能够完成日常的技术工作，保证技术工作质量，不断提高技术水平。这种知识管理模式的工作重点是设定技术标准、技术规范、子模块基本功能、输入输出方法，用技术标准和规范控制员工技术工作，保证员工之间交叉并行协作，及时改进技术；对员工进行技术培训，提高员工技能水平；配备专职的知识管理人员，为整个企业提供持续的知识资源；构建员工学习、交流的信息知识平台和组织环境，制定激励政策促进员工之间传递分享技术知识和经验；促进并督促员工在工作中进行技术知识的学习和积累；鼓励并引导员工创新。

专家模式的管理目标是通过技术知识管理策略发挥技术专家个人知识对企业的作用，从专家的知识储备和工作中获取核心业务发展的推动力。专家模式的工作重点是选择优秀的技术管理人才担任团队领袖、项目负责人，选择技术骨干组成项目小组，负责设计、实施、测试、修正创新工作，解决技术难题，处理突发事件；利用专家的技术专长发现、选择和引进先进技术；运用薪酬、股权、精神激励等管理手段激励专家将知识传播给其他员工，贡献创新成果，积极协作创新；建立技术知识专家系统，建立与专家交流的信息网络，以与专家保持联系；提供优厚的待遇和广阔的发展空间吸引技术人才，通过对技术人才进行职业生涯规划，促进人才的成长，营造学习、进取、创新、宽松、团结、协作的组织环境，留住人才以长期为企业服务。

员工模式和专家模式分别强调对常规技术知识和特殊技术知识的管理与运用。这两种技术知识管理模式在企业技术工作中需要结合使用。加强常规技术知识管理有利于保证新产品的质量，保证研发、生产业务的有序进行，保持多种创新思想；重视特殊技术知识管理有利于先进技术的引进和传播，有利于解决技术工作中的关键问题，有利于发挥技术权威的凝聚力，有利于保证创新工作的顺利进行。

2. 技术集成模式和员工协作模式

员工知识与专家知识的充分融合，使高科技企业技术创新获得了坚实的知识基础。但这些知识的有序程度还不高，还需要对其进行统一的调配和组织，如统一技术标准、整合不同的知识、集成各子模块、员工之间技术协作，以提高知识的有序性，使之得到最大限度的应用。

技术集成模式要求着眼于整体最优，遵循正式的工作流程、规范和标准，实现各子项目的统一集成。该模式的主要内容是：构建共同愿景，使各部门达成技术集成共识；制定业务集成方式、技术标准和规范，确定共享构件，使各子项目组的工作并行，各子模块相互兼容；制定同步稳定运行规则，把握各部门工作进展，保持各部门协调一致。

员工协作模式要求组建跨部门的临时项目小组，综合运用各领域知识，调动各方面的知识储备，运用集体智慧来解决复杂问题。该模式最大的挑战是克服员工技术保守的障碍，使员工主动配合、紧密协作、共享知识。该模式的主要内容是：制订研发协作方案；运用考评机制、激励机制等管理手段克服知识共享和协作障碍；形成知识交流和技术协作的正式和非正式途径；建设学习创新型组织，培养员工团队学习和创新的习惯和能力。

技术集成模式和员工协作模式是技术创新中的两个重要方面，技术集成在员工协作的基础上进行，技术集成强化了员工协作，这两种模式相辅相成，形成技术创新整体。

3.3　生态系统原理

3.3.1　生态系统

生态系统是由生物群落（一定种类相互依存的动物、植物、微生物）及其生存环境共同组成的动态平衡系统。生物群落同其生存环境之间以及生物群落内不同生物种群之间不断进行物质交换和能量流动，并处于相互作用和相互影响的动态平衡之中。生态系统可分为水生生态系统（海洋、湖泊、河流等）和陆生生态系统（森林、草原等），以及人工生态系统（城市、公园等）。在一个生态系统内，各生物种群和它们的相对数目在一定时期内保持相同。生态系统内生物种群之间的相互关系以一种网络形式出现，网络中的联系越多样、越复杂，系统也就越稳定。因为在这种情况下，当一个联系环节消失时，它会被另一个取代，不会导致整个系统的瓦解。太阳能是驱动生态系统做功的最基本能源。根据在能量传递中的位置，组成生态系统的成员分为生产者（绿色植物）、消费者（动物）、分解者（微生物）及非生物环境（物理环境）。

在一个生态系统内，每一个种群具有自己的生态位。生态位不仅指它所处的空间位置，也指它所执行的功能——它的食物、它的行动、它与其他种群的关系等。每一个生态系统借助于其内稳态机制（抵抗改变的机制），有使自己保持稳定的趋势，这些机制调节营养物质的储存和释放、有机体的生长以及有机物质的产生和分解。像自然界任何现象和对象一样，生态系统是不断变化和发展的。由于内部和外部的原因，一个生态系统被另一个生态系统所取代称为演替。

地球环境的不可逆变化和生物进化是驱动生态系统进化的基本因素。目前，人类活动对环境的不可逆改变，使生态系统的进化又加入了人类活动的因素，由此看来，未来的生态系统进化趋势主要取决于人类活动。

生态系统是生物圈的基本功能单元，总是时刻进行物质循环和能量交换，因此，系统内的各个因素都处于动的状态。在长期的进化过程中，各因素或各成分之间建立了相互协调、相互制约与相互补偿的关系，这使整个自然界保持一定限度的稳定状态。如果一个生态系统的各个因素或成分在较长时间内保持相对协调的稳定状态，也就是说，该系统中的生产者（绿色植物）、消费者（动物）、分解者（微生物）之间，或物质和能量的输入和输出之间，存在着相对平衡的关系，该生态系统的各部分的结构与功能均处于相互适应与协调的动态平衡之中，这就叫作生态平衡。一个生态系统处于生态平衡，要考虑三个方面，即结构上的协调、功能上的和谐以及输入和输出物质数量上的平衡。一个系统具备了这三方面的平衡状态，就应认为该系统处于生态平衡阶段。

3.3.2　生态系统的结构

生物具有化学的同一性，即组成生物体的生物大分子的结构和功能，在各种生物中都是一致的。例如，各种生物的蛋白质都是由 20 种氨基酸组成的，各种生物的核酸都是由含有 4 种碱基之一的核苷酸构成的长链，其功能在各种生物体中都相同。

生物具有多层次的结构模式。多种多样的生物都是由相同的基本单位——细胞所组成的。在结构上，细胞是蛋白质、核酸、脂类、糖类等组成的多分子动态体系；从信息论观点看，细胞是遗传信息和代谢信息的传递系统；从化学观点看，细胞是由小分子合成的复杂大分子。除细胞外，生物还有其他结构单位。在细胞之下有细胞器、分子和原子，在细胞之上有组织、器官、器官系统、个体、种群、群落、生态系统、生态圈等。各种结构单位，按照复杂程度和逐级结合的关系排列成一系列的结构层次。每一个层次上的生命活动取决于其组成成分的相互作用和特定的有序结构。因此，在较高层次上可能出现较低的层次所没有的性质和规律。

生态系统的存在在于生态系统所具有的本性——物质循环、能量转化以及系统结构的相互联系、相互作用和永无休止的运动和发展。只有生物之间存在一定的相互关系，形成一定的系统结构，物质循环和能量转化才能通过这种结构不停地运转。

生态系统包括四种成分，非生物环境、生产者、消费者和分解者。非生物环境包括参加物质循环的无机元素和化合物（如碳、氮、二氧化碳、氧气、磷、钾）、联系生物和非生物成分的有机物和气候或其他物理条件。生产者是能以简单的无机物制造有机物的自养生物，主要是绿色植物。消费者是针对生产者而言的，它们是直接或间接以生产者所制造的有机物为食的生物。消费者按照营养方式的不同可分为食草动物（直接以植物体为营养的动物）、食肉动物（以食草动物为食者）、大型食肉动物或顶级食肉动物（以食肉动物为食者）。分解者是把动植物残体的复杂有机物分解为生产者能重新利用的简单化合物并释放出能量的生物，主要是细菌和真菌。有些动物既是消费者又是分解者，如千足虫、蚯蚓等，它们食用有机残物，是分解者，而未被消化的有机物排出体外，被微生物分解者利用，因此它们又是消费者。

在生态系统中，生物系统与非生物环境之间、生物之间存在复杂的营养关系，即生态系统的营养结构。营养结构的基本特征是食物链、食物网和营养级。食物链是一种生物以另一种生物为食，彼此形成一个以食物联系起来的营养关系，典型的食物链：生产者（绿色植物）—初级消费者（食草动物）—二级消费者（食肉动物）—三级消费者（大型食肉动物或顶级食肉动物）。各种食物链彼此交错联结，形成复杂的食物网。处于食物链上某一环节的所有生物的总和称为营养级。生产者为第一营养级，初级消费者为第二营养级，二级消费者为第三营养级，三级消费者为第四营养级等。生态系统的物质和能量沿着此营养级循环和转化。

生态系统具有有序性和耗散结构，生物的代谢途径和空间结构都是有序的。生物系统无休止的新陈代谢，不可避免地使系统内熵值增长。但由于生态系统的开放性，系统不断从外部环境中获得能量和物质，形成系统的负熵流，这抵消了系统本身熵增而呈现的无序状态。生物的有序性正是依赖新陈代谢这种能量耗散过程才得以产生和维持的。

生态系统结构保持稳态。生物所处的环境是多变的，但能通过自我调节保持自身的稳定。例如，人的体温保持在 $36℃\sim37℃$，血液的 pH 值保持在 7.4 左右，人体的化学成分和代谢速度也趋向稳态等。生物内环境的稳态是通过一系列的调节机制来保证的。稳态的概念不仅仅局限于个体内环境，生物群落和生态系统等在没有激烈外界因素的影响下，也都处于相对稳定状态。

生态系统不断进化。进化是普遍存在的生物现象，进化导致物种的分化。生物世界是一个统一的自然谱系，各种生物归根结底都来自一个最原始的生命类型。生物不仅具有复杂的纵深层次（从生物圈到生物大分子），还具有个体发育历史和久远的种系进化历史。

3.3.3　生态系统的功能

生态系统结构的稳定性，在于系统与外界经常保持一定的活动性功能，即与外界不断地进行物质和能量的交换以及信息的输入和输出，不断地进行反馈调节。

1. 物质循环

生物体生命必需的各种营养元素如水、二氧化碳、氮、磷等均来自外界环境，经生产者、消费者、分解者在体内利用后，水、碳、氧、氮等通过排泄、呼吸排出体外，磷、硫等由分解者分解后送回非生物环境，可供植物再次吸收利用。这样就构成了从无机物到有机物再到无机物的物质循环。

2. 能量转化

生态系统中的无机养分经过能量消耗，形成生物的有机组织。生物所需的能量来自太阳能。太阳能沿着各营养级单向传递，逐级减少，呈金字塔形。各营养级利用前一级的部分生物能量，所获取的能量一部分用于呼吸代谢和维持生命，最后变成热能消散在环境中；一部分被同化用于生长繁殖存储于体内，剩下的部分变成粪便排出体外。而生物残体和排泄物经分解后成为无机化合物，又可被植物利用，参与养分循环。生物群落之所以能维持有序状态，就依赖于这些能量的转化。

3. 信息传递

生物信息是调节和控制生命活动的信号，与物质、能量一起构成生物体三大要素。生物信息的范围很广，如遗传物质，激素，神经传导的点冲动，生物体发出的声音、气味、颜色及生物的行为本身都含有信息，它们都会对生物个体、群体及其他类群产生影响，与生物的生存和进化密不可分。生物信息的特点是消耗极小的能量和物质即可产生极大的生物效应。生物信息一般可分为遗传信息、化学信息和神经感觉信息。生物信息传递是沟通生物群落与其生活环境之间、生物群落内部生物种群之间关系的纽带。信息传递过程伴随着一定的物质和能量的消耗，但传递路线既不像物质流那样是循环的，也不像能流那样是单向的，而往往是双向的，有输入—输出的信息传出，也有输出—输入的信息反馈，这种反馈特点使生态系统产生了自动调节机制。

4. 反馈调节

生态系统具备对环境变化进行自我调节的能力。生态系统结构成分越多样，能量流动和物质循环的途径越复杂，这种调节能力就越强。生态系统的调控能力，与其具有的反馈机制是分不开的。没有反馈就无法实现控制，没有信息就无从反馈，信息乃是控制的基础和反馈的推动力。系统内能量和物质在进行转化和循环的过程中，每发生一种变化，其结构又反过来影响这一变化本身。信息传递、反馈作用、自我调控保持了生态系统的稳定，包括结构上的稳定、功能上的稳定及能量输入和输出上的稳定。生态系统稳定的体现是生态平衡，但生态平衡是一种动态平衡，因为能量流动和物质循环在不间断地进行，生物个体也在不断地进行更新。在自然条件下，生态系统总是朝着种类多样化、结构复杂化和功能完善化的方向发展的，直到生态系统达到成熟的最稳定状态为止。当生态系统达到动态平衡最稳定状态时，它能够进行自我调节和维持自己的正常功能，并能够在很大程度上克服和消除外来干扰，保持自身的稳定性。但生态系统的自我调节能力是有限的，对调节范围内的小干扰，生态系统可自行调节，但当干扰因素超过一定限度时，生态系统就会失调，发生生态危机。

3.3.4 生态系统中生物的相互作用

1. 种群

种群是一定空间中由同种个体组成的、因个体之间存在着非独立性的交互作用而在整体上呈现出一种组织结构特性和遗传特性的集合。一般认为，种群是物种在自然界中存在的基本单位。由于组成种群的个体是随着时间的推移而死亡和消失的，又不断通过新生的补充而持续，所以进化过程也就是种群中个体基因频率从一个世代到另一个世代的变化过程。因此，从进化论的观点看，种群是一个演化单位。此外，从生态学观点看，种群又是生物群落的基本组成单位。

2. 群落

所谓群落是指在特定空间或特定生境下，具有一定的生物种类（包括植物、动物和微生物）组成，与环境之间彼此影响、相互作用，具有一定外貌及结构，并具有特定功能的生物集合。群落与外部环境相适应，在不同物种相互影响、相互适应、相互竞争中有序共存。

（1）群落结构。群落结构包括空间结构、种类结构和时间组配。

①空间结构。不同生活型的植物生活在一起，它们的营养器官配置在不同高度，形成垂直分层现象。例如，温带阔叶林可以分为乔木、灌木、草本和苔藓地衣（地被）四层。生物群落的分层与光照条件密切相关，每一层的植物适应于该层的光照水平，并降低下层的光强度。随着光照强度的变化，温度、空气湿度也发生变化。因此动物在种类上也表现出垂直分层现象。例如，在森林中可以区分出三组鸟种：在树冠上采食的、接近地面的，以及生活在其间的灌木和矮树簇叶中的。动植物之所以出现垂直分层现象，原因是植物分层可充分吸收太阳光，动物分层可从不同层次获得食物，成层结构显著提高了生物利用环境资源的能力。生物群落不仅有垂直结构分化，还有水平结构分化。群落的水平方向的不均匀性表现为群落的镶嵌性。这种不均匀性是由群落内环境的差别如地表的小起伏、种间的相互作用，以及动物的活动等引起的。群落的水平分布导致两个或多个群落之间出现群落交错区。在交错区内物种的数目及一些物种的密度增大，物种的生存力、繁殖力更强。这是因为群落交错区的环境比较复杂，能为不同的生物提供食物、隐蔽环境等生存条件，不同种群的能量、物质与信息的流通在这里交汇，这种现象被称为"边缘效应"。

②种类结构。每一个具体的生物群落以一定的种类组成为其特征。每种植物在群落中所起的作用是不一样的。群落中的植物根据其作用可以分为建群种、优势种、亚优势种、伴生种、偶见种或稀见种。优势种是那些体积较大、生物量高、投影盖度大、生活能力强、个体数量多、优势较大的物种。优势种中的最优势者称为建群种。群落优势种很大程度上决定着种群内部的环境条件，对其他物种的生存和生长有很大影响。生态位优先占领假说揭示的群落资源在物种间分配关系如下：第一位优势种优先占领有限生境资源的一定部分，第二位优势种占领第一位优

种所余留下来的资源的一定部分，第三位优势种再占领前两位优势种剩余的资源的一定部分，依次类推。物种的个体数量与它所占有的资源多少成比例，则第一位优势种的个体数量是第二位优势种个体数量的若干倍，而第二位优势种个体数量又是第三位优势种个体数量的若干倍。物种之间的竞争使优等级的物种往往先占据最适宜的生境，随着密度的增加，没有生境可占的"游荡的贮存者"被排挤出去。由此可见，优势种对整个群落具有控制影响的作用，建群种是群落中的"序参量"，其他物种随着建群种和优势种的演化而演化，若把群落中的建群种和优势种去掉，必然导致群落性质和环境的变化。

③时间组配。组成群落的生物种在时间上也常表现出"分化"，例如，在落叶阔叶林中，一些草本植物在春季树木出叶之前就开花了，另一些则在晚春、夏季或秋季才开花。动物也表现出与每日时间相关的行为节律，如动物有白天活动、黄昏活动和夜间活动的区分。

（2）群落演替。一个群落发育成另一个完全不同的群落，称作群落演替。例如，在云杉林地区的撂荒耕地上，首先出现桦树、桤木和山杨，因为它们的种子很容易被风携带，它们落到土壤上就开始萌发。这些是所谓的先锋种。它们中的最坚强者在那里巩固下来并逐渐改变环境，经过 30～50 年，桦树树冠密接后，形成新的条件。新条件适合云杉生长，对桦树本身反而不利，于是逐渐形成混交林。但这种混交林存在时间不长，因为喜光的桦树不能忍受遮阴，在云杉林冠下无法更新，经过 80～120 年，就形成稳定的云杉林了。演替过程中经过的各个阶段叫作系列群落。演替最后达到一种相对稳定的群落，这种群落叫作顶极。

（3）群落生物多样性。生物多样性是指植物、动物和微生物的所有物种和生态系统以及物种所在的生态系统中的生态过程的总和。生物多样性的内容有遗传多样性、物种多样性和生态系统多样性。这里讨论群落中的物种多样性。

群落中的物种多样性受到多种因素的影响，如物种的数量和分布、空间异质性、生物因素、干扰因素等。多样性与出现在某一地区的生物种的数量有关，例如，在热带森林群落中，生物的种数比冻原和荒漠群落的多得多；多样性也与个体在种间分布的均匀性有关，均匀性越大，多样性也越高。多样性受空间异质性影响，空间异质性越高，意味着有更加多样的小生境，物种更多样化。生物因素也影响物种多样性，其中影响最大的是竞争和捕食。竞争使物种之间生态位发生分化，使资源出现分隔的现象，使物种出现不同的资源获取特征，使多样的物种得以共存。在竞争和捕食中，如果捕食的是群落中占优势的种类，那么物种多样性提高；若捕食的是劣势种类，则物种多样性降低。另外，干扰因素也是影响物种多样性的重要因素。干扰因素导致群落出现缺口，群落的缺口为入侵物种多样性的形成提供了机会。一般缺口在中度干扰时，物种多样性最高。因为在一次干扰后少数先锋种入侵缺口，若干扰频繁，则先锋种不能发展到演替中期，这使物种多样性较低；如果干扰间隔时间很长，演替过程能发展到顶极期，物种多样性也不高；只有中等干扰程度会使物种多样性维持在最高水平，它允许更多的物种入侵和定居。

物种多样性有提高群落稳定性的功效。当一个群落具有很多物种，而且每个种的个体数量成比例均匀地分布时，物种之间就形成了比较复杂的相互关系，结成一个网络状的强大的反馈系统。当群落受到外部环境变化或群落内部波动的冲击时，反馈系统使冲击得到缓和。而且物种多样性越高，缓冲效果越好。从群落能量学角度分析，物种多样性越高，食物链和食物网越复杂，群落内能流途径越多，如果某一条途径受到干扰被堵塞，还有其他路径予以补偿。从营养关系考察，每一营养阶层的捕食者和捕食幅度既是决定群落稳定的因素，也是影响物种多样性的原因。尤其是那些物种数目多而个体数量并不太多的稀有种，在保持群落稳定性中起着重要作用。

3. 生物种（种群）、生物个体之间错综复杂的关系

在生物群落中，各种生物种（种群）、生物个体之间存在着相互作用的错综复杂的关系。这种生活在同一生境中的生物之间相互施加影响的现象称为生物交互作用。

（1）种内交互作用。种内交互作用包括两方面内容。一方面，异性个体可以结成配偶，共同取食、御敌；另一方面，当种内生物密度过大，而资源有限时，同种个体也会为争夺资源互相竞争，甚至互相残杀。一种结果是胜利者获得生存和繁殖的足够资源，而失败者因得不到充足的食物而死亡，最后导致种群内个体减少；另一种结果是所有的个体平均分配资源，都获得不足以维持生存所需的资源，种群难以维持。

（2）种间交互作用。现代的研究重点多放在种间交互作用上。在交互作用中，其中一方或是获益"+"，或是受害"−"，或是不受影响"0"，因此得出六类交互作用，即互利共生（+，+）、捕食或寄生（+，−）、竞争（−，−）、偏利作用（+，0）、偏害作用（−，0）、中性关系（0，0）。事实上，生物交互作用的具体内容及其利害关系都因时因地而异。如某些根部真菌，一方面由植物根系取得营养，另一方面可帮助根系吸收土壤中的矿物质。在缺乏磷质的土壤中，两者相互促进生长，这应视为互利关系。但到了富含磷质的土壤上，则只剩下根部真菌一方获利的寄生关系了。再者，在进化的过程中，许多原为相互竞争甚至一方残害另一方的关系，却可逐渐转化成长期互利共存的关系，部分个体虽然受到伤害，但双方种群却得到繁荣。在这六种交互作用中以竞争、捕食或寄生、互利共生最为常见，也最为重要，以下对它们进行详细介绍。

①竞争。物种之间存在着种间竞争，具有相似要求的物种，为了争夺空间和资源，直接或间接抑制对方，其结果是一方获得优势，而另一方受抑制甚至被消灭。物种都有自己的生态位，在自己的时间、空间位置获取资源，发挥功能。由于环境的影响，生态位会出现重叠与分化。如果两个物种的资源利用完全分开，说明有某些未利用资源，物种将扩充资源利用范围，从中得到进化；对于生态位狭窄的物种，其激烈的种内竞争也将促使其扩展资源利用范围。由于这两个原因，两物种的生态位将逐渐靠近，资源利用范围也会重叠，种间竞争加剧。按照竞争排斥原理，这将导致两种结果。一种是其中一种物种灭亡，另一种是两物种生态位分化，它们得以共存。因此，近缘种常常占据不同的生境，物种

的营养选择、个体大小、根系深浅和物候期等都不同，从而减少了竞争，保证了群落的稳定。因此，一个相互起作用的、生态位分化的种群系统，各种群在它们对群落的时间、空间和资源的利用方面，以及相互作用的可能类型方面都趋向于相互补充而不是直接竞争，互补有利于共同生存、协同进化。所以由多个种群组成的生物群落，要比单一种群的群落更能有效利用环境资源，可以维持较高的生产力，具有更强的稳定性。

②捕食或寄生。捕食是指生物种群之间除竞争食物和空间等资源外，还有一种直接的对抗性关系，即一种生物吃掉另一种生物的捕食对抗。在捕食对抗中，一种物种的性状作为对另一种物种性状的反应而进化，而后一种物种的性状本身又作为前一种物种性状的反应而进化。如植物发展防御机制（如有毒的次生物质），以对付草食动物的进攻。草食动物产生相应的适应性，如形成特殊的酶进行解毒，以避开植物的有毒化合物。这实际是捕食者和被捕食者之间的一场竞赛，谁变得快谁就在对抗中获胜。

寄生是指一个种（寄生者）寄居于另一个种（寄主）的体内或体表，从而摄取寄主养分以维持生活的现象。寄生关系存在一些特征。一般而言，寄主在形态上大于寄生者，寄生者的能量或物质消耗量只占寄主生产量的一部分或小部分。同时寄主和寄生者至少存在一种内生的供需联系。或者说，任何单元要构成寄生关系，必定存在单元性状上的不对称性。同类单元的寄生以亲近度为基础，异类单元的寄生以关联度为基础。寄生关系一般不产生新能量，只改变寄主的能量分配；寄生关系只存在单向的能量或物质流动，表现为从寄主流向寄生者。寄生关系并不必然表现为不良作用，如果寄生者是一个永恒的能量消费者，那么寄生关系就是有害的；如果寄生者对寄主的能量索取有递减的趋势，随后寄主与寄生者转化为互惠共生或并生关系，那么寄生关系是有益的。

③互利共生。互利共生是两物种之间存在的相互有利的共居关系，彼此间有直接的营养物质的交流，相互依赖、相互依存、双方获利。如真菌从高等植物根系中吸取碳水化合物和其他有机物，或利用其根系分

泌物，而又供给高等植物氮素和矿物质，两者互利共生。结成互利共生关系要求共生单元满足质参量兼容的要求，同时，在形态上应比较接近。同类共生单元以亲近度为基础，异类共生单元以关联度为基础。互利共生关系中产生新能量，这种新能量是共生单元之间分工与合作的集体成果。新能量的大小除了与共生单元有关外，主要取决于共生界面的性质与功能。互利共生的稳定性取决于两个因素。对于非对称性互利共生，其稳定性取决于非对称性分配的程度和范围以及共生界面的性质与功能。非对称性程度越低，范围越小，共生稳定性越高；共生界面的功能越全，性质越稳定，共生单元之间交流与合作的频率越高，成本越低，共生稳定性越高。对于对称性互利共生，其稳定性高低取决于共生界面是否发生变化。

（3）化学交互作用。生物同种或异种的个体间借分泌化学物质相互吸引或排斥、抑制的现象，统称生物化学交互作用（他感作用）。例如，北美的黑胡桃，它的茎、叶及根内含有胡桃醌，胡桃醌可杀死多种宽叶草类，还可抑制许多种子发芽。化学交互作用影响植物群落中的种类组成，是造成种类成分对群落的选择性以及某种植物的出现引起另一类消退的主要原因之一，在植被组成和种群控制中具有重要作用。此外，化学交互作用还促成了相互作用物种间的协同进化。例如，有花植物为了抵御昆虫的取食，制造了各种次生代谢产物，这些产物对于取食昆虫来说不适口或具毒性，它们借此免于被食。但有些昆虫演化出破坏某些植物次生代谢产物的本领，使它们得以独占这些植物性食源，于是原来的阻避剂变成了引诱剂，这些次生代谢产物不仅没有保护好植物反而招来天敌。但植物也在进化，新的物种可能又制造出新的次生代谢产物再次阻碍原有昆虫的取食。昆虫还协助植物传粉，异花授粉增加了植物变异的产生，也促进了植物的进化。双方在交互作用中形成了协同进化。

4. 环境对种群的影响

生物的形态、生理等特征在世代间的传递过程都是通过基因所携带的遗传信息来控制的。但由于环境的影响，物种会改变固有的遗传方式，发生基因突变，适合自然选择的基因出现，不适合自然选择的基因退化。环境经常变化，那些结构、习性和能力相应产生了有益变异的个体，就会因在生存竞争中占优势而生存下来；而产生了无益或有害变异的个体则趋于减少。占优势的变种最终使原始物种淘汰，变异种代替原始种。变异种是发展得更完善、组织得更高级的物种。由于生态系统结构是由各种生物组合而成的，是由不断繁衍的种群体现的。因而随着种群遗传和变异的变化，种群结构也发生变化，种群结构的变化又使生境发生变化，然后被改造的生境又反作用于种群本身，如此相互促进。这样，生物系统就由低级到高级、由简单到复杂地向上发展。

从上述原理综述中可以看出，生态系统是一个地球上生物与环境、生物与生物长期共同进化形成的物种间、生物与环境间协调共生、维持持续生存、相对稳定的系统。这些协调共生、适应调节、生生不息、持续发展的原理能为高科技企业持续发展研究提供很好的借鉴。

3.4　生态理性与生态系统对高科技企业技术知识管理的借鉴作用

3.4.1　经济学的建构主义

1776 年亚当·斯密（Adam Smith）发表《国富论》之后，经济学从古希腊哲学中分离出来，成为一门系统的学科。1890 年马歇尔（Marshall）《经济学原理》的出版，标志着新古典经济学的成形。新古典经济学所关注的核心主要是在给定稀缺程度下资源的最优配置问题。稀缺资源的配置需要人的参与，为了更好地从微观个体行为来解释资源配置问题，新古典经济学借用哲学中"理性"概念对复杂的人类行为过程进行了抽象的假定。但经济学中理性的含义与哲学不同，哲学中的理性是指人类具有的用以探索自然和社会运行规律和机理的认知能力；经济学中的理性是指一种行为方式，即经济活动参与人对其所处环境的各种状态及不同状态对自己支付的意义都具有完全信息，并且在既定的条件下每个参与人都具有选择使自己获得最大效用的能力。在"完全理性"经济人的假定之下，经济学就能够根据已知的规律，充分运用数学理论来分析各种经济现象。经济学家的关注点："市场—通过价格进行的自我调节—效率"。如果均衡的市场可以表现为高效率，那么这一配置资源的办法就优于其他办法，并据此设计有关的经济制度。所以，新古典经济学认为，所有有价值的制度应该是人类有意识的演绎过程所创造的，这就是经济学中的"建构主义"。

新古典经济学以简单明了的假设、严密的逻辑推导、一般均衡的漂亮结果，使之具有很大的魅力。但是，理性概念导致均衡理论存在许多缺陷。这些缺陷主要表现在以下三个方面。

首先，由于理性经济人具有无限的信息收集及处理能力，均衡理论认为经济系统常常处于均衡状态，非均衡只是一种暂时的现象，当受到外生因素扰动使系统偏离均衡状态时，系统会以线性的方式回归均衡，这种机械式线性反应的均衡观来源于牛顿力学，忽视了系统受到非线性扰动及连续因素的影响。

其次，新古典经济学无法分析经济系统达到均衡或者从一个均衡到另一个均衡的过程，认为经济学变量与物理学变量一样，只要条件相同，系统运行的结果就会相同。实际上经济人的行为高度复杂，这使其预测效果大打折扣。

最后，新古典经济学的最基本分析方法——比较静态分析法赖以成立的基础是假定经济系统只受到外界一个个相互独立、互不重叠的冲击的影响，或者当一个因素的影响消除之后，下一个因素才开始对经济系统产生影响。现实世界是普遍联系的，各种因素之间不可能相互独立，系统中任何一个因素的变动都会引起其他因素的变动，这些因素之间相互作用的时间可能很短也可能很长，各因素对最终目标会产生不同程度的影响。

3.4.2　经济学的生态理性

"生态理性"理论认为，人类的理性是有限的（既不是非理性的，又不是纯理性的），但这种有限理性足以使人们在现实环境中做出合理判断和决策。现实环境并不要求人类时时处处都做出最优化选择和决策。相反，那种奢望通过完全理性实现最优化目标的理想主义者反而是不合时宜的。在复杂系统决策中，对理性的最低要求是能够与现实环境（包括自然和社会环境）的要求相匹配。如果能够做到这一点，从生态学角度看就足够了，这种理性被称为"生态理性"。其中隐含的假设是：有机体是否有理性或其做出的判断和决策是否合理，应该用现实的外在标准来判断，而不是用唯智论者所推崇的不切实际的理想标准来判断。一个未经刻意安排的社会生态系统来源于文化和生物进化过程，如经验、民间智慧（如家庭行动原则、规范、传统和道德）和生物遗传、变异等。人的知识体现在产生于人类交往而非刻意设计的规则、规范以及人类文化和生物遗传、变异之中。在复杂情况下，人们往往借助这些规则、规范、理念进行理性的重构，做出决策。

经济学的"生态理性"理论与方法，不是对新古典经济学的颠覆，而是深化和拓展。人为设计的经济制度往往没有包含分散在亿万人中的所有特殊信息，所以不可能是有效率的，而在市场上亿万人之间交互作用而自发形成的制度虽然不是个别人所意欲的，但却因交互作用过程中使这自发形成的制度综合了所有人的信息，所以它反而是有效率的，尽管每个人不一定都喜欢它。特别是对经济系统的内在机制尚未完全认识，或者没有掌握全部信息时，"生态理性"理论和方法可以解释许多经济现象，帮助人们做出合理的决策。

高科技企业是正在不断成长的知识密集型产业。目前，人们对于高科技企业的技术知识管理的规律、机制、原理和方法知之不多。"生态理性"理论研究成果表明：人类认知过程首先表现为人们通过一种"感知秩序"进行学习活动，并形成分散的非同质的知识，这里的"感知秩序"是指人的理解力、知识和人类行动之间的关系；个体通过学习所达到的理性程度有限，组织学习与个体学习行为的整合形成多层次"理性结构"，个体理性便会在一个累积性的组织或制度环境中得到塑造和提高并发挥作用，在这个过程中，个体学习行为总会受到组织、习惯和文化等制度的限制和影响；"简捷启发式"对已熟悉的行为和外界信息的搜寻规则决定了知识经验的获得以及知识经验的积累、整合对企业决策的重要性；系统对外界环境的自发适应通过不断调整结构功能、运行机制、生存策略可形成自我完善和理性进化。这些原理使我们可以借鉴生态学的理论来研究高科技企业技术知识管理问题。

3.4.3　高科技企业技术知识管理系统与生态系统的相似特性

生物进化过程和生态系统的复杂性向以牛顿力学为代表的近代物理学、化学，甚至包括新古典经济学提出了严峻的挑战。20 世纪 40 年代，人们开始探索用系统思想来研究复杂系统结构与功能。生态环境是一个复杂系统，许多学者正在利用自组织理论研究其结构、功能和演化。自组织现象指一些复杂系统在演变中，依靠与外界交换物质、能量、信息而稳定存在，且使系统不断向有组织、有序化、多功能方向发展，系统的这种结构、功能随着外界环境变化也将"自动"改变；实现向有序化方向演进的原因在于系统内部子系统间非线性相互作用，出现整体协同效应，使系统演化"自发"地进行。如果一个体系在获得空间的、时间的或功能的结构过程中，没有外界的特定干涉，便说该体系是自组织的。这里"特定"一词是指，那种结构或功能并非外界强加给体系的，而且外界是以非特定的方式作用于体系的。

人类所处的社会经济系统并非一个刻意创造行动规则和社会经济制度的系统，更不是其规则和制度一经确定就一定优于其他制度、不可替代的系统，而是一个未经刻意安排的、源于文化和生物进化过程，在进化过程中产生行动原则、规范、传统和道德的社会生态系统。社会经济系统起源于人类的交往活动，为协调人们彼此的交换、交易关系，自然产生了行为规则。即使这些规则没有明确揭露出来，这些规则也在人们生活中随处可见，人们依照这些规则行事。后来这些规则被制定出来逐步扩大为社会行为准则、规范、制度和道德。但这些准则、规范、制度和道德并非永久不变的。当外界自然环境和社会环境发生变化时，那些经得起新环境检验的社会行为准则沿袭下来成为传统，而不再适应新环境的准则、规范、制度、道德或被废除，或发生变异，在不断改革、试错、总结过程中产生新的社会经济规则。在数千年的发展演化进程中，社会经济系统自始至终遵循生态系统自生自发、遗传变异、优胜劣汰、自然选择的演化规律。

从系统论的角度来看，高科技企业技术知识管理系统与生态系统具有以下类似特征。

1. 开放性、耗散结构与有序性

生态系统是一个典型的开放的耗散系统。它与系统外部环境保持着物质、能量、信息的不断交换活动。在交换过程中，从外界输入的能量和物质形成系统的负熵流，抵消系统本身因熵增而呈现的无序状态，从而维持系统新的有序状态。此外，群落在关键种、建群种这些序参量的引导下按照一定的方向生长、进化，这提高了生态系统的有序性，使系统向自组织方向演化。

高科技企业技术知识管理系统也是一个开放的耗散系统。企业通过信息网络建设保持与外部接触，通过建立企业与企业、企业与供应商、企业与合作伙伴、企业与顾客、企业与媒介之间的多重外部关系，不断从外界输入物质、资金、人才，实现与外部市场的物质、能量、信息和知识的交换。企业通过知识、技术、信息、资金、物质、人才的输入，企业的管理机制建设，以及"序参量"——关键人员的引导作用形成负熵流，使技术创新工作向熵减方向即有序化方向演化，从而形成有序的自组织形式。

2. 适应性与优胜劣汰

生态环境常常发生变化。为适应环境变化，生物改变遗传基因。适应环境变化的基因在种群中得到扩散，不适应变化的基因被淘汰。生物通过这种方式在自然选择中不断进化、生存发展。随着生物对环境的不断适应，种群不断组成新的基因型，生态系统进化到更高的层次，形成生态系统层次的跃迁。

高科技企业也面临着瞬息万变的产业环境、市场环境、技术环境、消费环境、融资环境等。任何影响环境的变化将会导致企业偏离原来的预定目标。企业必须在技术知识管理策略上不断进行调整，将适应变化的管理方法保留下来，不适应的管理方法淘汰或通过学习加以改进。随着管理方法的调整和改进，高科技企业技术知识管理系统不断向更高层次跃迁。

3. 相关性与共生互补

生态系统的功能基于系统结构中各物种之间的相互作用，以及子系统之间的协调。生态系统的存在不是动植物的任意组合，种群之间、生物之间存在能够满足彼此需求的特定关系，只有这样才能使物质循环、能量转化和信息传递正常进行。生态系统各个部分之间存在差异性和多样性，这使各部分、各物种在相互作用中功能互补，从而获得系统整体功能大于部分之和的效果。

高科技企业的推陈出新也基于各部门员工的相互协作，他们在协同工作中共同分享知识经验、交流思想，实现了各部门专业优势互补，从而保证了创新工作的质量和技术创新的顺利进行，实现了整体效应。

物种在自然选择的生存压力下不断地进行种内、种间的竞争。不论是哪种竞争都是为了更多地获取资源，更好地占领和扩大生态位生存下来。有的物种在竞争中灭亡，有的物种之间出现生态位分离现象，形成互利共生关系，它们彼此间进行营养物质的交流，相互依存、双方获利，在竞争中协同进化。在互利共生关系中，关系的稳定性及产生的能量大小取决于共生界面的性质与功能。

高科技企业之间、企业部门之间、员工之间也存在竞争。竞争使弱势企业被淘汰，强势企业生存下来；企业内部的竞争，使部门之间、员工之间彼此保守，拒绝协作，这影响企业潜力的发挥和企业成长。为适应高科技市场迅速变化的特点和扩大资源利用范围，高科技企业之间需要联盟合作、资源互补，由竞争转为合作；企业内部员工之间也要进行生态位的分离，实现生态位互补搭配，促进员工间协同。

4. 调节与稳定性

生态系统依靠反馈调节保持系统稳定性。这种反馈调节能力包括抵抗力和恢复力。对于较小的扰动，系统通过反馈调节功能来抵抗，实现自稳定；而对生态系统形成缺口性破坏的大干扰，系统则通过引进新物种，构建物种新结构，通过巨涨落进行系统恢复。

高科技企业技术知识管理系统也需要调节反馈机制。对于较小的干扰，企业通过改良式创新，保持系统的自稳定；对于变革性的、替代性的技术干扰，企业要抛弃已有的技术，进行突变式创新，形成新的创新路径和方式，形成系统的巨涨落。

5. 进化与发展

生态系统存在物质新陈代谢规律，不断地将无机物合成有机物质，使其成为生物生存的物质来源，同时将有机物分解为简单化合物，送回环境中，使其重新被植物吸收，不停地进行新陈代谢。生态系统之所以能够永续地保持生命力，不停地产生新生命，其中重要的原因之一就是物质在系统内不同层次之间进行代谢循环，将旧物质不断转化为新物质。

高科技企业也存在新陈代谢规律，一个成功企业的发展轨迹实际上是新产品代替老产品、新技术代替落后技术的动态演变过程。高科技企业技术知识管理加快了高科技企业这一新陈代谢的演替过程。企业通过技术知识管理系统不断从外界吸取新的技术知识，将选定的新技术投入物质生产，转化为创新产品，同时将创新过程中的知识经验积累起来供以后生产使用，如此就形成了企业知识代谢循环。高科技企业通过不断地推出新技术、新产品和发展新市场延续企业的生命力。

3.4.4 高科技企业技术知识管理系统与生态系统的差异

尽管从系统论角度进行分析，高科技企业技术知识管理系统与生态系统类似，但两者仍然存在差异。

1. 经济（技术）系统比生态系统更复杂

虽然现代生态系统以人为研究中心，强调人对自然环境的影响，将生态系统的研究范围从"生物与自然环境"的关系拓展到"人与自然环境、经济与自然环境"的关系，但经济（技术）系统与之比较，不仅涉及这两方面的内容，还涉及人与人之间的复杂关系。例如，在高科技企业的技术知识管理系统中，存在部门间关系、员工间关系、团队领袖与团队成员之间的关系、企业高层管理者与中层管理者之间的关系等，如何协调管理这些复杂的关系为技术创新工作服务是技术知识管理系统的研究重点，而在生态系统的研究中则不涉及该内容。再者，经济（技术）系统结构比生态系统的结构更复杂。生态系统的结构包括生物的化学同一性、生物的多层次结构，以及由生物系统与非生物环境之间、生物（生产者、消费者、分解者）之间存在的形态结构和营养结构。生产者基本上是绿色植物，消费者基本上是动物，分解者基本上是微生物，内部组成单一。而经济（技术）系统结构中生产者、消费者、分解者内部又包括许多具体的结构形式。如生产者结构可以划分为产业结构、产品结构、技术结构、生产性投资结构等。另外，经济（技术）系统功能也比生态系统的功能更复杂。生态系统的功能在于与外界不断地进行物质和能量的交换以及信息的输入输出，不断进行反馈调节。经济（技术）系统的功能不仅包括实现社会生产过程的物质循环、能量流动、信息传递和反馈调节，还包括价值增殖功能。由此可见，经济（技术）系统是比生态系统更为复杂的系统。

2. 经济（技术）系统中富含生态系统所不具备的知识资源

技术知识管理的灵魂是知识。而知识是随着人类发展逐步发现、揭示、总结和积累起来的。人类通过有目的的经济活动将知识资源与自然界的物质资源结合起来，转化为能满足人们需要的产品和服务，实现价值的增殖。在经济系统中不仅存在物流、能流、信息流的运动，还存在实现价值增殖的知识流的运动。在知识向产品价值转化的过程中，技术知识管理起着重要作用。

3.4.5　高科技企业技术知识管理可以借鉴生态系统原理

如前所述，知识已经成为人类社会重要的生产要素和经济增长源泉，高科技企业作为成长性产业正在成为国民经济的支柱性产业。由于技术是高科技企业的核心，技术创新是高科技企业发展的驱动力，高科技企业必须加强对技术知识的管理。虽然高科技产业是在传统工业的基础上发展起来的，但是知识密度高，知识管理十分复杂，与传统工业的知识管理存在很大的差异，作为一个新兴产业，自身积累的经验也很不充分。

根据人类的认知、学习规律，常常借鉴、模仿类似事物的知识进行创新。知识包括"知其然（know-what）"和"知其所以然（know-why）"等类型。对于"知其然"方面的知识，人们可以通过学习与模仿，按照其行为模式行事，并通过自身的感官意识，使自己的行为和环境相协调，这就是"生态理性"。尽管学习模仿者可能不知其所以然，甚至难以完全预料行为后果，但他们可以在学习模仿的过程中，根据效果不断修正自身的行为，直到逐步认识客观世界。这样一个学习、选择和进化的过程，也是人类认识、理解客观世界的认知模式之一。比如，在社会交往中，人们往往遵循某些祖辈承续下来的习俗，这些习俗逐步成为交往中共同遵守的行为模式，给人与人之间带来越来越有益的影响，使得完全互不相识的人为了各自的目标形成相互合作的局面，这样逐步形成的一些规则，可以弥补人类对某些领域的无知。

在经济活动中，随着分工与贸易的发展和产权制度的确立，个人获得越来越多的私人知识（其中许多是隐性知识）以及利用这些知识的能力。这些知识的分散性、多样性和易变性，决定了没有任何一个机构可以随时全面地掌握它。为了让个人知识服务于社会，就要利用市场这个超越个人的信息收集机制。在市场机制下，不仅能够有效利用个人知识，还可以不断扩大参与的社会成员之间在天赋、技能和情趣上的差异，促进一个多样化世界的形成。这样，进一步增强了合作的群体力量，使它超出个人努力的总和。

与经济系统类似，生态系统经过长期的演进，成为结构复杂、功能强大的生命系统，具备有序、稳健、资源利用最有效等特点。尽管人类尚未完全认识生态系统的规律，但"知其然"的知识十分丰富。从系统论的角度看，高科技企业技术知识管理系统与生态系统有许多相似的特点，借鉴生态系统的某些规律，研究高科技企业技术知识管理系统，是一条可行之路。

如图 3-3 所示，从人的认知规律来看，对于经济人理性假设，"生态理性"对感知事物来说属于高程度编码、低程度抽象，所以也处于认知平面的左上部分；"二手货"市场的不对称信息则属于少量类别的高程度抽象，处于认知平面的右下角；完全理性的编码程度较高，抽象程度也较高，位于认知平面右上部分。与图 2-5 相比较大家可以清楚看出，借鉴生态学的有关规律研究高科技企业的技术知识管理，在认知行为方面是同构的。

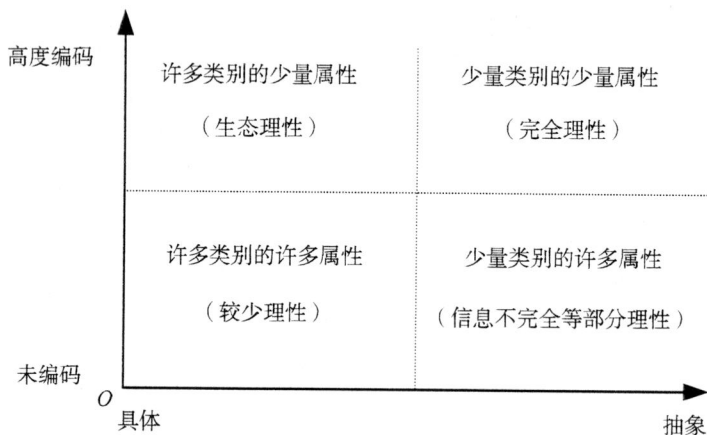

图 3-3　认知平面的分区二

第 4 章　高科技企业技术活动管理

如第 3 章所述，高科技企业的技术活动管理包括技术知识的获取和选择、技术知识的转移和吸收、技术知识的整合和创新、技术知识的扩散和共享、技术知识的学习和积累、技术标准管理、知识产权保护七项内容。基于这七项内容，高科技企业形成了技术创新能力。研究这些技术活动的目的是提出管理这些技术活动的对策，提升技术活动水平，增强高科技企业的技术创新能力。

4.1　技术知识的获取和选择

4.1.1　技术知识的获取

生态系统存在着物质新陈代谢规律，不断地将无机物质合成有机物质，同时将有机物分解为简单化合物，这些化合物重新被植物吸收。自然系统之所以能够保持生命力、不停地产生新生命，是因为物质在系统不同层次之间进行代谢循环，并将旧物质不断转化为新物质。借鉴这一生态原理，高科技企业要想获得稳定和持久的生存和发展，必须保持新陈代谢的演替过程，新技术代替落后技术，新产品代替旧产品。因此，企业不断从外界吸取新的技术知识，将新技术快速转化为生产力和新产品，并在生产中不断获得新的知识和总结经验，从而获得知识补充。由此可见，技术知识获取是技术知识管理活动的首要内容。

1. 从企业外部获取技术知识

在企业外部，技术知识获取的目标主要在于获得技术颁布机构、客户、供应商、竞争对手的相关技术知识。这些技术知识隐含在技术专利文献、行业信息、调查资料，以及客户、供应商和竞争对手的头脑之中，对外部信息进行搜索处理，促进企业与外部交流，确保企业获得外部技术资源。具体来说，这些来源包括以下几个方面。

（1）技术颁布机构。新技术的颁布者一般包括大学、政府、技术转让组织和独立的研究机构。这些组织在公开它们的技术时，通常会为可利用的技术建立可查询的数据库，如美国联邦政府机构的技术转让办公室的可查询数据库、美国联邦研究发展奖获得者的数据库等。高科技企业要想获取这些技术，必须建立发达的信息网络，定期搜索，尽早发现对企业有价值的新技术。

（2）技术专利文献。通过发达的信息网络，企业可以查询技术专利文献，获取公共领域的专利信息。通过专利信息，企业还可以查找到发明者和代理人，他们有可能成为有价值的合作者。此外，专利文献查询还可能连接上相关的交叉学科领域，这常常是基础研究和技术革新的来源。

（3）技术刊物、会议。特别重要的技术信息还可从定期刊物、产业报告和在线数据库这样的渠道中精选出来。新技术发展信息、有价值信息的来源还包括贸易会议、科学会议、技术论坛、新技术产品推广会等。

（4）竞争对手。竞争对手处的技术知识获取有三种途径。第一种是竞争对手自行泄露技术秘密。一些企业的顾问经常在试图帮助另一家企业时泄露一些技术信息，或在显示自己的技术水平和专业技能时不知不觉地泄露技术诀窍。企业的供应商、技术承包商、技术合作者在提供技术服务时也可能提供一些技术线索。虽然道德规范不允许企业公然要求这种信息，但是企业要善于发现和分析这些蛛丝马迹，并从中获取有价值的技术知识。第二种是通过反向工程获取竞争对手技术。通过研究竞争对手的新产品，解剖其技术方法和工艺，仿制并改良其技术。第三种是从合作中获取竞争对手的技术。与竞争对手建立利益共享机制，从而形成合作关系，在合作中观察、分析、学习对手的技术诀窍和经验。

（5）客户、供应商处。客户和供应商的技术需求、产品改进意见、产品创新建议、技术支持都是企业技术知识的来源。这些意见是企业确定技术创新的方向、内容和水平，以及改进技术、完善产品的重要依据。为了长期获得这些知识，企业应与客户、供应商保持长期的联系，并采取一定的奖励措施，鼓励他们积极提供意见和建议。

（6）知识联盟。知识联盟是企业快速获取技术的有效形式。企业利用知识联盟合作方的技术优势，补充自己技术资源的不足，降低开发风险和开发成本，缩短开发时间，促进业界推行统一的技术标准。尤其是当企业涉足新市场时，知识联盟在技术资源获取方面更能发挥出明显的作用。

（7）人才引进。企业通过引进掌握新技术和拥有创新成果的人才，快速、低成本地获得新技术。例如，韩国的高科技公司雇佣具有博士学位的人员比例达到50%，这些具有博士学位的人员很多是在美国获得学位的。因此，韩国公司可以通过这些人才快速汲取来自美国的技术，快速赶上世界先进水平。美国公司从大学雇佣员工，这些人具有完成紧急任务和实现研发项目特殊目标所必需的特定专门知识。例如，美国公司常从斯坦福大学招聘计算机仿真方面的人才，从麻省理工学院招聘平版印刷方面的人才。技术贡献能使企业长期受益，技术知识的传播将使新技术扩展为企业集体知识财富。因此，企业应制定吸引人才、留住人才的相关政策和制度。

2. 从企业内部获取技术知识

一般来说，企业内部技术知识有三种来源。第一种是员工个人实践所形成的技术知识和经验。企业要做的是通过制度引导尽可能地挖掘员工个人知识，将零散分布在每个员工头脑中的知识聚合成能够解决业务问题的系统性技术知识。第二种是企业长期积累的技术知识。这些知识常常储存在企业的知识库、文档库中，要想获取和运用这些知识，技术人员必须搜索企业的数据库、专利应用、公开发明和技术报告，根据市场需求选择新技术。第三种是员工个人的技术发现、技术突破和技术创造。技术创造是难以把握的，创造意味着培育、创新，而不是简单的搜集或积累。因此，企业在开发新产品和新服务的过程中，应采取有效措施，促进知识交会和碰撞，激发出新知识。

4.1.2　技术知识的选择

在生态系统中，适应自然选择是所有生物得以生存的条件。从遗传结构上说，生物个体发生突变，对选择有利的基因可能在群体中保留和扩散。突变组合成新的基因，新基因型取代旧基因型。环境条件的自然选择就像一个筛子，从种群成分中筛选出适合生存的基因型。与生态系统的自然选择一样，高科技企业也时刻接受市场环境的选择。仿效生态原理，企业也需要根据市场环境的变化更新技术，制订科学的评估方案，从新技术中筛选出适合市场选择的技术。

1. 确定技术知识评估方案

确定技术知识评估方案包括两方面内容：确定评估小组成员和确定技术知识评估标准。评估小组应是一个同时具备技术知识和市场知识的多功能小组。这个小组除了要有技术专家和技术工程师外，还要有具备生产、营销、培训、服务等经验的人员。确定技术知识评估标准的目的是为潜在的新市场和新技术设立某些限制。评估标准是：是否存在技术缺口，是否满足战略目标，是否具备适用性、可靠性和获利性。在评估过程中，小组人员广泛征求意见，反复协商，尽可能地避免偏见和不足。

2. 确定技术知识缺口

企业选择的技术知识必须是企业所缺少的。企业要对内外环境进行分析，明确企业目前所具有的优势、劣势，外部环境中存在的发展机会和威胁。某些方面的先进技术促成了企业的竞争优势，某些方面的技术欠缺导致了企业的竞争劣势。当外部环境中出现机会，而企业处于技术知识欠缺的劣势时，企业就出现了知识缺口，需要及时补充技术知识，从而赢得机会。当企业具备某种技术优势，而外部环境中出现了替代技术威胁时，企业同样出现了知识缺口，需要尽快补充新知识，革新技术，摆脱威胁。

3. 确定技术知识评估目标

技术知识评估限制在企业战略目标范围内才有意义。战略目标是一个生机勃勃的"梦"。技术不能抽象地被考察，它必须用来回答某个问题或者应对某个挑战。如果企业为了满足新需求、进入新市场或改善产品新性能，选择某项技术，那么这项技术就必须满足企业的某项战略目标。然而，高利润的诱惑、新市场的幻想会使企业忽略战略问题。因此，评估小组的成员在选择技术时必须把企业的战略目标放在第一位。

4. 确定技术知识的适用性

新技术是否符合企业需求的关键在以下几个方面：新技术是否适合企业原有的技术体系？企业对新技术是否有吸收、消化和运用的能力？新技术是否与企业当地的政策导向、技术基础和科技条件相适应？

一般来说，每个高科技企业都具有自己的技术体系，企业选择技术时必须保证该技术与自己的技术体系能融为一体。此外，新技术与企业现有技术之间的差距不能过大，否则企业容易陷入技术困境。如果技术差距过大，企业技术能力、知识存量积累不足，那么企业就消化不了新技术，必须长期依赖技术引进，从而陷入"落后—引进—再落后—再引进"的被动局面。企业要想摆脱这种怪圈，必须对引进的技术进行变革，这样必然会打破企业原有的组织结构、技术结构，使原来有序的企业变得无序。要想重新变得有序，企业必须经历一个自组织过程，这个过程的长短取决于技术差距的大小。当技术差距过大时，企业将遭受很大的破坏，其负效应将会导致企业处于动荡的风险之中。因此，高科技企业在选择外部技术时，必须牢牢把握技术差距的"度"，切不可脱离自己的实际技术能力，选择过高的技术，最终导致"揠苗助长"的结果。此外，高科技企业在选择技术时还要考虑当地的技术设施条件和科技环境，考虑当地政府对发展该项技术的态度。如果该技术发展不能得到政府的良好支持，或者缺乏支持该项技术发展的相关科技能力和环境，那么该技术今后的发展空间将受到限制，企业在选择时应慎重。

5. 确定技术知识的可靠性

为了避免新技术的未来风险，企业应重点评估新技术的可靠性，确保该技术是经过验证、行之有效、可推广应用的，是拥有合法知识产权的。可靠成熟的技术不仅可以降低今后发展中的风险，而且可以形成技术体系和技术规模。

6. 确定技术知识的获利性

高科技企业选择新技术的最终目的是从中获利，以最小的投入获得最大的产出。因此，企业在选择技术时应注意考察该技术的市场需求和获利空间，该技术是否有利于企业技术资源的合理配置、企业成本的降低及劳动生产率的提高。企业应对各种备选技术的投资回报率、投资回收周期进行估算，并将估算结果作为技术选择的重要评价指标。

4.2　知识联盟

生态原理揭示：单一物种之间会产生大量的内耗，其演化常常是退化大于进化；而不同的物种共存则形成了多样化的系统关系，既相互制衡又共生互补，从而形成有利于最优利用资源的群落结构。其原因是：如果物种间完全无差异，则生态位相似，为争夺生态位，物种间的竞争将会极为激烈和残酷，其结果是某几个占据较大优势的物种生存下来，而大多数不具备优势的物种则被淘汰，这种情况与种内竞争类似；而如果物种之间有差异，物种间会在竞争中扩充资源利用范围，产生生态位分化，避开激烈的竞争，有的物种之间还产生共生关系，在交互作用中彼此互补，增强生存能力和产生新的能量，在协同中共同进化。

在共生关系中，最常见的是互利共生关系和寄生关系。互利共生关系中的物种之间存在着生态位的分化，从而扩大了资源的获取范围。物种之间以分工为基础形成共生界面，通过共生界面进行着双边或多边的能量交流，在能量的交互中产生新能量。由于这种新能量是共生单元之间分工与合作的集体成果，因此新能量的大小除了与共生单元有关外，主要取决于共生界面的性质与功能。共生界面质量越高，产生的新能量越大。寄生关系中不产生新的能量，但寄生者依附于寄主，从寄主身上获得能量和养分，依靠寄主维持生存和发展。由此可见，不论是互利共生还是寄生，都使物种在共生关系中得到了维持生存与发展的物质和能量，在相互协同中增强了物种的生命力。

根据上述生态原理，我们应得到以下启示：在瞬息万变、竞争激烈的高科技产业，企业最好不要限制在同一领域竞争，这可能导致资源与市场的激烈争夺，造成成本的增高和利润的降低，其结果可能是实力不强的企业被淘汰出局。而要避开激烈的竞争，企业必须仿效自然界的生物，选择不同的经营领域和细分市场，扩大资源的利用范围和获得专门市场的优势；与此同时，企业应走出孤立交易的小圈子，仿效自然界生物建立共生关系，在竞争中注重协同，结成相互影响、相互依赖的"生物依存链"，在合作中提升企业竞争能力。高科技企业知识联盟就是具备这一功效的"共生界面"。

4.2.1 知识联盟概述

生态系统中的物种都存在生态位。一般意义上，生态位是指物种在生物群落中的地位和作用。生态位也指群落种群在以环境资源或环境条件梯度为坐标而建立起来的多维空间中所占据的位置。在捕食和竞争的环境中，物种能在广阔的环境内获取资源，这种理想中的生态位称为基础生态位。但是，实际上物种的生态位时刻受到捕食与竞争的影响，因此，这种受到竞争影响的生态位称为实际生态位。一般实际生态位比基础生态位狭窄。但是在互利共生中物种却存在实际生态位扩大的现象。因为互利共生导致了生态位的分化，使物种间资源竞争减弱，资源获取空间增大。在高科技产业中，每个高科技企业也具有自己的技术生态位，在一定的领域获取知识、能力、装备、工具等各种技术资源。高科技企业之间如能仿效生态系统形成互利共生关系，也可使企业可利用的技术资源范围得到拓展。因此，众多高科技企业纷纷与其他企业或其他组织机构如大学和科研机构建立起合作伙伴关系，以借助外部技术资源来增加企业核心知识，提高企业竞争力，共同实现技术创新目标。这就是高科技企业知识联盟。

高科技企业知识联盟分为垂直联盟、水平联盟、创新网络等多种形式。垂直联盟指企业与供应商、用户（尤其是领先用户）建立紧密联系，实现专业分工和信息共享，使产品更好地适应市场需求、降低开发成本。水平联盟指企业围绕自身的核心知识，与大学、科研机构及其他企业就某些互补性技术进行共同攻关、合作开发，其主要目标是获取互补性技术和市场诀窍。创新网络则综合垂直联盟、水平联盟的优势，整合企业内外研究开发力量，全方位进行科技合作，实现技术互补。技术合作的具体形式有以下几种。

1. 任务分包

企业为降低成本和风险，缩短开发时间，常常将非核心领域的产品（元器件）的生产制造乃至研究开发任务，以分包的方式转让给具有优势的企业和其他机构。这种生产方式在制造业中成为"虚拟制造"。

2. 外购技术使用权

当外部企业或机构已有的成熟技术对本企业产品研制有用时，企业就直接购买该项技术的使用权，以降低开发成本，缩短产品化时间，加快进入市场速度。

3. 合作研究开发

合作企业针对某项具体研发项目，建立一定的组织，设定未来技术标准，集中稀缺设备和技能进行合作研究。合作研究的方式有两种，一种是双方共同投资，建立共同的研究机构或新企业；另一种是在各合作企业内部展开相关性合作研究。合作研究开发使企业共同分担开发成本和开发风险，缩短开发时间，丰富企业知识。

4. 并购企业和股权

收购、兼并拥有本企业所需要技术的其他企业、机构或它们的股份，达到技术整合的目的。

5. 技术创新网络

诸多相关企业和机构基于技术需要结成网络，每个企业和机构都是网络上的节点，企业从网络中接触其他组织的知识资源，进行技术交易和合作。

4.2.2　知识联盟的动机

1. 获得接触和获取新技术的网络途径

在生态系统中，物种之间相互依存、相互作用，结成食物链和食物网，通过这个四通八达的网络，物种不断获取生命所需资源，生物群落实现物质循环、能量转化和信息传递。在技术日新月异的知识创新时代，高科技企业也需要时时关注获取外部新技术，不断与外界进行技术信息交流。知识联盟就是高科技企业接触获取新技术的知识生态网络，如柯达公司利用联盟获取技术知识的例子就是如此。在新技术发展的早期阶段，技术和市场有相当高的不确定性，高科技企业利用通过知识联盟跟踪新技术并了解它们。企业一旦认为某项技术的开发时机已经成熟，迅速与持有该技术的企业形成合作关系，抢先进入新市场。

2. 借助其他企业获取互补性技术资源

技术创新通常使用大量资金、设备、人才、专利和专有技术等多种资源。对于单个企业来看，技术创新资源常显不足。如果企业自己培养这些技术资源，可能要花费很长时间，错失技术开发的良机。生态系统中的互利共生关系原理提示，两物种间彼此进行直接的营养物质的交流，相互提供对方所需，可在协同中同时增强两物种的生存能力。根据这一原理，具有互补性技术资源的企业如能把联盟方的技术专长嫁接到自己的技术上，弥补自己的技术不足和空白，将有效提高企业的竞争能力。如施乐公司和富士公司合资生产影印机的案例就充分说明了这一点。另外，处于弱势地位的高科技企业由于不具备与强势企业相抗衡的技术能力，为了求得生存，它们不得不"寄生"于强势企业，加入强势企业的联盟，接受强势企业的技术标准，通过兼容强势企业的技术来积蓄自己的技术实力，跟上技术的发展，通过技术引进和变革来扩大自己的生态位，以获取生存和发展的机会。

3. 降低创新风险和成本

在生态系统中，物种结成的网络越复杂，能流途径越多，越能抵抗外界的冲击，降低风险。在高科技领域，技术开发的不确定性和市场变化也使企业技术创新常常伴随着技术、商品化的高风险。技术创新中常碰到难以突破的技术障碍，使产品研发拖延或终止；有时即使技术开发上成功，市场变化也使新产品商品化状况不尽如人意，最终形成巨大的财务负担。在这种情况下，仿效生态网络，多企业结成联盟是分摊风险和成本的好方法。英特尔公司利用知识联盟降低互联网开发的成本和风险就是一个很好的例子。

4. 促进新技术进入新市场

新产品被消费者认可和接受需要发达的销售网络和营销力量，而并非所有的产品开发企业都具有这样的实力。知识联盟向开发企业提供了一条借助其他企业的销售网络快速实现新产品商品化，扩大企业"生态位"的有效途径。

5. 促进技术标准的建立

在生态系统中，群落中的优势种凭借数量多、个体大、生存能力强、投影盖度大、生物量高等优势控制群落环境。借鉴这一生态原理，高科技企业一旦在市场上建立技术标准，也将取得"一招鲜、吃遍天"的优势地位。但由于技术标准的高覆盖率要求，仅凭企业单一的实力往往很难在市场上形成绝对的垄断优势，需要借助知识联盟排斥竞争对手（捕食），兼并弱势企业技术（形成技术寄生），使技术标准在上下游企业、竞争对手间广泛扩散，才能形成稳固的技术标准。飞利浦公司和索尼公司联合拓展 CD 技术标准就是一个典型案例。

6. 赢取竞争优势地位

生态系统中，群落具有分层现象，不同的生物占据不同的空间，获取特定空间的资源，以避开激烈的资源争夺。与此类似，高科技市场的激烈竞争导致市场细分，企业选择某一细分的市场作为自己的战略目标。而知识联盟可以成为高科技企业市场定位战略的重要组成部分。企业通过知识联盟可以从合作伙伴处获取专门技术和服务，如韩国三星电子公司从日本电器公司获得制造晶片的半导体顶尖技术，从而取得某目标市场独有的竞争优势地位。此外，知识联盟还可以帮助企业缩短研发周期，降低产品成本，影响市场结构，区别产品供应等，提供赢取市场竞争优势的多种途径。

7. 实现创新规模经济

研发具有收益递增效益。一般来说，大规模的研发项目常常比小规模的研发项目产生相对更多或更有价值的创新。因为知识联盟有多个参与者，其技术创新实力强于企业单独创新的实力，所获得的创新成果自然要多于单个企业的成果。在技术知识外溢的作用下，联盟企业在已有成果的基础上进一步创新，进一步发展新的知识联盟，逐渐形成创新的规模经济。国外研究表明，一个企业所建立的研发合作关系越广，它所获得的专利就越多。

4.2.3　知识联盟管理

知识联盟对企业发展的重要作用，吸引了全球企业的关注和加入。20 世纪 90 年代以来，企业之间各种各样的合作协议每年以超过 25% 的速度增长。全球 500 强企业平均每家拥有 60 个主要的联盟关系。但知识联盟的过程又充满了风险。大量研究表明，联盟的失败率很高，在对900 家合资企业展开的一个研究中发现，只有不到一半的企业达到预期目标。造成合作失败的因素有很多种，归纳起来，失败的主要因素集中在联盟目标不明确，合作伙伴不相适宜，在联盟中位置选择不当，合作者彼此不能互相信任，组织管理、行为习惯、企业文化难以融合等。这些因素直接影响到知识联盟合作效果和联盟预期目标的实现，严重的导致联盟的解散。高科技企业在建立知识联盟时应重视这些问题，针对这些问题加强管理，图 4-1 简单描述了高科技企业解决这些问题采取的具体的管理步骤和措施。

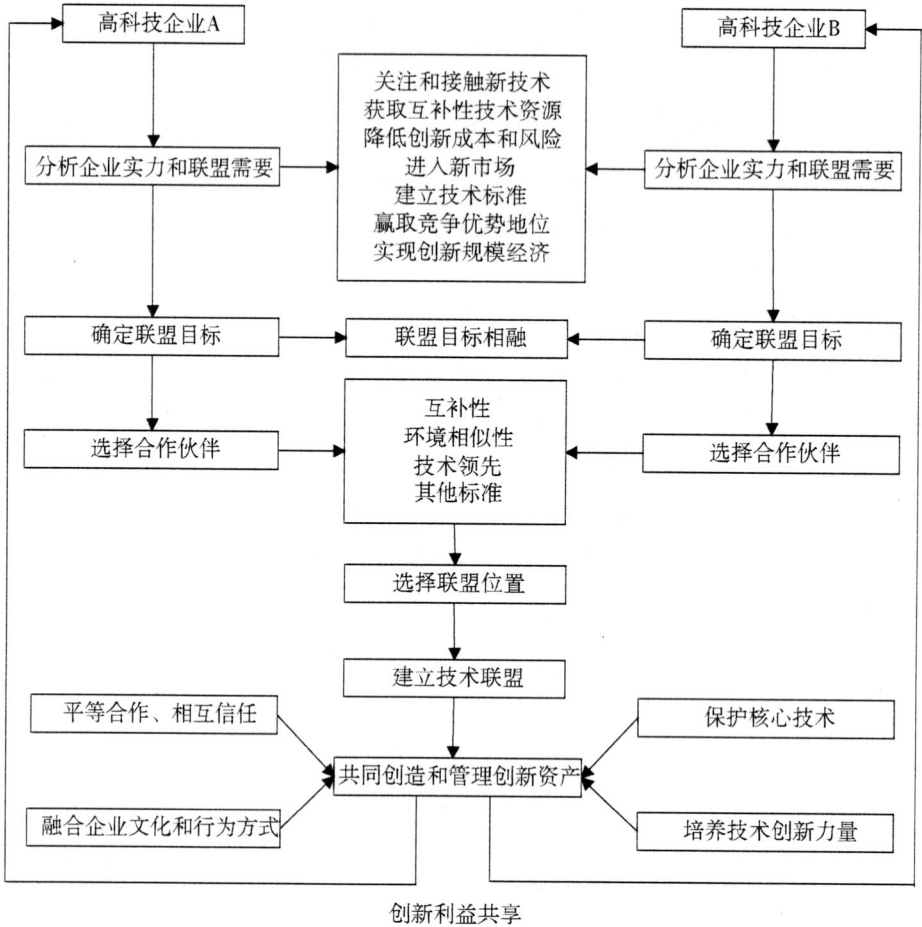

图 4-1 高科技企业知识联盟管理步骤和措施

1. 明确知识联盟目标，避免盲目联盟

任何企业在建立知识联盟的初期都必须有一个明确的目标，联盟目标是定位于获取互补性技术资源，还是为了快速进入市场，或者是为了分摊创新成本和风险，等等。不论目标是什么，企业都必须对自己有一个正确的认识，明确自己的核心知识和能力是什么，自己技术优势和劣势在那些地方，还需要在联盟中获取哪些技术资源，哪些潜在合作者具备这些技术资源，潜在合作者希望在联盟中获得什么，自己的联盟目标与潜在合作者的目标是否相合，等等。明确了这些问题的答案，才知道与谁联盟和如何联盟。企业切不可为解决某些燃眉之急，没明确自己的真正需要就匆忙与别人达成协议，引起日后纠纷。当企业之间联盟目标能相互融合时，就具备了建立联盟的基础。

2. 选择适宜的合作伙伴

高科技企业选择知识联盟伙伴的标准有多项，主要有合作互补性、技术领先性、环境相似性、潜在伙伴的财务状况、信用状况、企业规模、市场状况等。企业需就这些条件进行比较选择。

（1）合作互补性。合作互补性包括两方面内容，一是技术资源互补性，二是组织管理互补性。一般来说，联盟中所涉及的各方技术资源互补性越大，联盟所产生的绩效就越大。因为当联盟各方带来的不同的技术资源结合在一起时，将产生协同效应，最终获得的资源财产将比它们结合在一起之前更有价值、更稀有、更加难以模仿。但并不是所有潜在合作者的技术资源都是互补的，这就需要企业评估潜在合作者技术资源的互补性，评估其提供资源的潜在价值。互补性的另一个要求是组织管理的互补性。联盟的成功还要以合作双方的兼容性为条件。尽管技术资源的互补性为联盟创造了可能性，但联盟也只有在企业之间拥有兼容足以便利合作行为的组织系统才能顺利实现。因此，企业在选择合作伙伴时还要注意考察对方企业战略、合作愿景、组织管理理念、行为方式、企业文化等是否与本企业相融合，尽可能选择融合程度高的企业做合作伙伴。

（2）技术领先性。企业选择合作者时还必须把技术国内外领先作为选择的重要条件，借助优势技术带动企业的技术水平上到一个新层次，快速与行业领先水平及国际领先水平接轨，我们所熟悉的日本企业与欧美企业合作最后赶超欧美企业就是如此。此外，合作方丰富的技术知识和经验的积累，可供企业长期学习和借鉴，有利于企业全方位深层次提高自己，有利于企业和联盟的长期发展。

（3）环境相似性。所谓环境相似性是指联盟各方社会文化背景、市场发育程度等企业发展环境相似。这些方面的相似方便了合作各方正式和非正式的知识交流和相互理解；便利了企业员工近距离地观察对方的技术方法和管理经验而加以模仿；有利于促进双方人员频繁交流，获取对方技术人才；有利于促进与同行、供应商、销售商、客户更加及时地协调和互动。环境相似性直接促使很多企业纷纷就近选择合作者，美国硅谷某些知名的企业就是其中的代表。

（4）其他标准。除了上述条件外，潜在合作伙伴的财务状况、信用状况、对方的承诺、企业规模、市场状况等也是选择的标准。企业在选择伙伴时还要多方面收集资料，阅读对方的财务报表，了解对方的经营业绩、资产负债情况、现金流量情况、资金周转情况，以及信用状况、产品和行业市场前景、各候选者的承诺等。在综合考虑这些因素的基础上，还要根据当时的机遇条件挑选合适的伙伴。

（5）知识联盟伙伴选择的三阶段模型。知识联盟伙伴选择机制可以按照下述三阶段模型进行。

第一阶段：对潜在合作伙伴进行初选。按照上述条件和标准确定评价决策指标，从诸多有合作意向的伙伴中筛选出可供评价选择的候选人系列。

第二阶段：对单目标进行评价。在这一阶段，对影响伙伴选择的主要评价决策目标因素进行分目标的讨论与量化计算，对潜在的伙伴企业进行单目标的评价与分析，同时为第三阶段的多目标综合评价及优化提供依据。

第三阶段：多目标综合评价及优化。影响伙伴选择的决策因素有很多，而且这些因素往往是相互矛盾的。在实际操作中，为了达到最优化的选择，可以采用多目标规划的方法，加入权重因子进行考虑。企业碰到的机遇不同，进行伙伴选择的侧重点也不同。在进行伙伴选择时，根据机遇的要求决定各决策因素的相对重要性，进而确定各决策因素的权重，实现多目标评价最优化的选择，以确定最佳的合作伙伴。

合作伙伴的评估的数学模型如下：

$$P = Rw = \begin{bmatrix} r_{11} & r_{12} & \cdots & r_{1n} \\ r_{21} & r_{22} & \cdots & r_{2n} \\ \vdots & \vdots & & \vdots \\ r_{m1} & r_{m2} & \cdots & r_{mn} \end{bmatrix} \begin{bmatrix} w_1 \\ w_2 \\ \vdots \\ w_n \end{bmatrix} = \begin{bmatrix} P_1 \\ P_2 \\ \vdots \\ P_m \end{bmatrix} \tag{4-1}$$

式中，P 为合作伙伴的评估向量，$P = (P_1, P_2, \cdots, P_m)^{\mathrm{T}}$，$P_i$ 表示第 i 个合作伙伴的评估值；R 为合作伙伴的测度值距阵，$R = (r_{ij})_{m \times n}$，$r_{ij}$ 为第 i 个合作伙伴的第 j 个指标测度值，w 为指标权重向量，$w = (w_1, w_2, \cdots, w_n)^{\mathrm{T}}$，$w_j$ 表示第 j 个指标的权重。

最后将计算出来的各评估值进行从大到小的排列，就可以得出合作伙伴选择的优先顺序。

一般来说，经过以上三个阶段的选择，发起企业可以找到适合的知识联盟伙伴企业或企业群。如果在经过以上三个阶段的选择后，选择出的企业或企业群仍然不太适合与发起企业组合成最优化的动态联盟，可以采取以下措施来进行调整：放松初选过程中的关键能力需求约束条件，以扩大可供选择伙伴的范围；调整多目标评价模型中各决策因素的权重因子，构造更为优化的选择模型；要求较为符合条件的伙伴企业进行重组，以达到动态联盟的要求。

3. 选择知识联盟中的最佳位置

知识联盟是一个由多个节点相互联系构成的、内部充满知识流动的网络，每个企业就是网络上的一个节点。每个节点上的企业获得的知识量不同，因而每个企业在网络上获取的技术利益也就不同。那么，如何评估每个节点上的可获得的知识和利益呢？这里引入三个测量指标：中心集中度（Degree Centrality）、关联集中度（Between Centrality）、紧密集中度（Closeness Centrality）。

中心集中度是指每个节点上的企业所保持联系的数量。由于"度"的测量要考虑网络联系的方向性，因此把指向节点的弧线数量称为向心度，离开节点的数量称为离心度。对于联盟企业来说，更看重的是可获得的知识量，因此中心集中度的计算以向心度的计算为基础。中心集中度说明了每个节点企业所能接触到的知识数量的多少，也在一定程度上暗示了企业可获得的技术利益的多少。用公式表示为：

$$C_D(K) = \sum_i \frac{E_{iK}}{n-1} \qquad (4-2)$$

式中，n 表示联盟中的企业总数，E_{ik} 表示与 K 企业直接相联系的企业数。

该公式表示一个企业的中心集中度等于与它直接向心方向联系的企业总数除以可能取得联系的最大企业数。中心集中度代表企业获取联盟中其他企业知识的能力。现以图 4-2 为例计算节点企业的中心集中度。联盟中的企业数为 7 个，图 4-2 中知识流流向 A 的节点有 B、E、F，那么 A 的向心度为 3；A 可以取得联系的最大企业数为 $n-1=6$ 个，那么 A 的中心集中度 $C_D（A）=1/6+1/6+1/6=1/2$。以此类推，B、G 的中心集中度为 0，C、D、E、的中心集中度均 1/6，F 的中心集中度为 1/3。按照中心集中度大小排列，A 企业具有最高的中心向心度，一般来说加入联盟的企业占据这一位置最有利，能获得最大的知识量和潜在的技术利益。虽然中心集中度能直观地说明节点企业能接触到的知识量，但这个指标的测量并非绝对准确，因为它还受到知识来源企业重要性的影响。也就是说，来自行业领先企业尤其是掌握技术标准的企业的知识将比一般企业的知识更有价值。因此企业要在公式中根据情况作加权处理。例如，假设 A 企业是掌握技术标准的企业，E 企业是一般性企业，那么 A 的中心集中度的权重就要增加，比如说为 3，而 E 企业的中心集中度权重可能减至 1/3，那么 C 企业的中心集中度 $C_D（C）=3×1/6=1/2$，D 企业的中心集中度 $C_D（D）=1/3×1/6=1/18$。因此，在高科技产业中企业应尽可能与行业标准企业结盟。

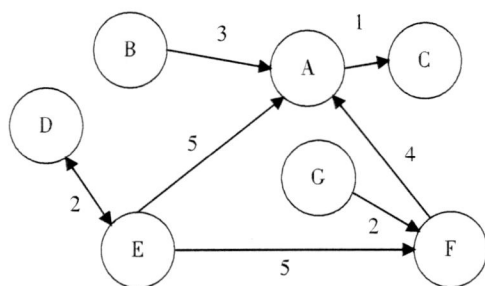

图4-2　测度联盟中节点位置的集中度

关联集中度是指一个节点企业处于另外两个节点企业之间的最短路径上的次数。如果一个节点在最短路径上将原本不相干的两个节点联系起来，那么这个节点就是一个关联节点。一个节点上多个关联之和就构成了关联集中度。用公式表示为：

$$C_B(K) = \sum_i \frac{R_{ij}(K)}{R_{ij}}, \ (j<i) \qquad (4-3)$$

式中，R_{ij} 表示 i 与 j 之间的最短路径数，$R_{ij}(K)$ 表示企业 K 处于某路径的次数。

关联集中度的大小反映了某节点企业在联盟中控制知识流的能力强弱。仍以图4-2为例计算各节点企业的关联集中度。以 A 企业为关联节点的知识流动路径有 B—A—C、E—A—C、D—E—A—C、F—A—C、G—F—A—C 共 5 条，A 的关联集中度 C_B（A）=1/1+1/1+1/1+1/1+1/1=5。按照此种算法，B、C、D、G 的关联集中度为 0，E、F 的关联集中度为 4。A 的关联集中度最大，它在联盟中控制知识流的能力最强。这提示企业在参与联盟时应尽可能选择关联集中度大的位置，尤其当中心集中度不占优势的时候，把握住了知识流动的关键节点，一样可以取得知识联盟中的优势位置。

紧密集中度是指某企业节点的位置与联盟中其他企业节点位置之间的紧密度。计算公式为：

$$C_C(K) = \frac{n-1}{\sum_i dR_{iK}} \qquad (4-4)$$

式中，dR_{ik} 表示从 i 企业到 K 企业最短距离的长度。

节点企业的紧密集中度越大，越有利于发挥环境相似性的优势。现以图 4-2 中 A 企业和 D 企业为例，计算两个企业的紧密集中度。图中数字分别表示各路径的长度，A 的紧密集中度 $C_C(A)=(7-1)/(3+1+5+7+4+6)=3/13$，D 的紧密集中度 $C_C(D)=(5-1)/(2+7+8+7)=1/6$，$C_C(A) > C_C(D)$，说明 A 企业与联盟中其他企业的联系比 D 企业更紧密。企业在参与联盟时可依据这种算法尽可能选择与联盟近距离的位置。

上述三个指标为高科技企业选择联盟中的位置提供了测度依据，企业可根据自己的实际情况，综合考虑偏重运用哪种测度指标，选择联盟网络中可获最大知识量和技术利益的节点。

4. 保持知识联盟的和谐稳定和持续发展

生态原理揭示，互利共生关系中产生的新能量大小主要取决于共生界面的性质与功能。互利共生的稳定性也与共生界面的性质与功能密切相关。共生界面的功能越全，性质越稳定，共生单元之间交流与合作的频率越高，成本越低，对共生单元的稳定作用越强。共生界面的高质量体现在物种之间高度的互补性和协同性，这种互补和协同促使物种间关系保持和谐稳定，在稳定和谐中产生高能量，并得以不断进化。仿效生态系统，高科技企业在建立知识联盟之后，管理工作重点应集中在如何健全联盟的功能，保持联盟的和谐稳定和发挥联盟的协同效用上，使之发挥出最大的效用，得到持续的发展。为此管理者要着重完成以下工作。

（1）共同创造和管理创新资产。随着知识联盟研发成果产生，合作研发获得的新资产将越来越被各方关注。因为共同创造的新资产是合作各方的目的和利益的来源，如果各合作方为新资产的利益分享发生纠纷，将严重影响联盟的和谐和稳定发展。因此，知识联盟需要重视和规范对新资产的管理，保证联盟各方利益共享。首先，企业在联盟前应使用严密的语言签订详细的联盟协议，明确各方权利义务、成本分摊方法、创新成果价值核算方法、利益分享方法等，为以后分配新资产利益以及解决纠纷提供依据。其次，在联盟进展中，在董事会领导下成立专门小组监督联盟运作和资产管理。最后，取得创新资产后，将联盟协议作为分享利益的准则，任何违例行为付诸仲裁法律解决。

（2）平等合作、相互信任。平等合作、相互信任是促进协同作用发挥的重要因素。联盟是依靠合作各方的力量来完成的，合作各方都希望从对方那里学到一些知识或与对方共同创造新知识。但很多知识是蕴含在工作实践之中的，很难用简单的语言表达出来，只有各方平等相待、相互信任，在一种没有沟通限制和心理障碍的共同工作中，合作者才有可能慢慢领悟和学习到有价值的知识，创造出新的知识。任何一方的轻视、怀疑、戒备和封锁消息都不利于沟通和协作。

（3）融合企业的文化和行为方式。世界上没有两个文化背景、行为习惯完全相同的组织，联盟企业在长期的合作过程中不可避免地会产生各种冲突。冲突给合作造成障碍，影响协同效果和联盟稳定。这就要求企业之间、管理人员之间相互理解、相互尊重对方的文化和行为方式，对方好的文化理念和行为方式要积极学习吸收；不适合自己的文化和行为，要充分理解，必要时大度地做出让步，积极推动双方的融合。

（4）保护本企业核心技术，培养技术力量。联盟中保持信任和沟通，并不意味着可以泄露核心技术。技术的泄密不仅会使企业丧失生存的依托，还会导致企业之间的猜忌和矛盾，最终导致联盟的解体。因此企业对涉及自己核心技术的知识联盟必须保持高度戒备，对于哪些知识可以用来交流，哪些知识必须严格保密，企业必须有明确的规定，不仅要告知每个相关人员，还要用严格的保密规定和协议约束相关人员。此外，企业也不可过分依赖联盟的合作方，因为过分依赖会导致对方提出过于苛刻的条件，或使企业陷入被动。企业必须尽力培养起自己的技术力量，在合作中时刻牢记，任何合作者都不是永远的朋友，也不是永远的敌人，他们看重的只是永远的利益。

4.3 技术知识的转移和吸收

　　生态系统种群之间存在物质循环、能量转换和信息传递。物种吸收的物质和能量是适合自身要求的特定形式的物质和能量。例如，植物吸收来自外界环境的水、氧、氮、磷等各种营养元素，一方面，将它们转化为果实，供动物食用；另一方面，进行光合作用，释放出氧气，供动物呼吸。动物通过自身的生理系统将物质和能量在体内消化、吸收，一部分用来呼吸代谢和维持生命，另一部分用来生长繁殖，并存储于体内。生物摄取适合自己的能量，并在体内将其转化为生命所需的物质，这是生物维持生命的基本能力。物种之间传递的信息，如声音、气味、颜色等，都可对其他类群的生存和进化产生影响。例如，鸟类婉转多变的叫声是人们熟悉的声音信号，很多鸟类生活在一起，其鸣叫声很相似，这样每一种鸟都能从其他鸟的鸣叫声中受益。在知识联盟中，高科技企业可以仿效生物的这种生存方式，获取符合自身要求的技术知识和经验，并将其以特定的形式转移到企业。企业通过知识学习和经验借鉴吸收这些技术，同时与本企业原有的技术相结合，通过内外技术交叉渗透，融合为自己的技术，从而获得自主技术创新能力。

4.3.1 技术知识转移和吸收的意义

　　技术知识的转移和吸收是指企业获取、转入、消化外部的技术知识和信息，并用它实现商业化的能力。这是企业技术创新能力的关键。

　　通常来说，研究开发最终只产生一个产品：新的信息。而 W. M. 康海（W. M. Conhen）和 D. A. 利文索尔（D. A. Levinthal）认为科学研究与试验发展（Research and Development，R&D）除了产生新的信息外，还能促使企业提高对现有信息的消化吸收和利用能力，这就是"R&D 双重作用论"。另外，也有许多从事技术变革研究的学者观察到，企业在R&D 上的投入同样有助于提高其利用外部信息的能力。

现代企业明显地意识到，单纯依靠自身的技术创新能力去获取持续竞争变得日益困难，甚至是不可能的。通过大量的创新源调查，从组织层次来看，更多的创新来源于技术借用，而不是发明。20 世纪 90 年代初，"或创新，或死亡"的口号被指出将为"或合作，或死亡""或综合，或死亡"所取代。虽然这三个口号在提法上的正确性值得商榷，但是这也反映了一种趋势，即未来的竞争不再只是依靠企业自身的力量获得，而是通过知识联盟引入，利用外部的知识和信息，并结合自身原有的知识存量，实现自主创新。

因此，随着技术知识的多元化和高科技市场竞争的加剧，高科技企业不再单纯依靠自身的研究开发去实现竞争优势，而应最大限度地利用外部知识，不断提高外部知识的吸收能力。我国企业由于长期以来在技术引进方面偏重硬件技术，而忽视了对引进技术的消化吸收，难以在引进技术的基础上实现自主创新，也就难以形成持续的创新能力，最终阻碍了持续竞争力的实现。要想在引进技术的基础上实现自主创新，企业必须提高技术知识的转移和吸收能力。

4.3.2　技术知识转移和吸收的过程

了解技术知识转移和吸收的过程是研究技术知识转移和吸收的基础。这个过程大致可以分为技术知识引入、技术知识消化、技术知识调整和本土化、改良创新、自主创新五个阶段。

1. 技术知识引入阶段

根据知识传播规律，新知识被普及前需要经专业人士消化吸收，这是学习吸收的重要部分，也是知识得以扩散的重要阶段。因此，高科技企业的技术知识引入任务应由技术桥梁人物和技术专家组成的技术引进小组来完成。技术桥梁人物是了解外部技术发展动态和前景、企业内部技术状况、技术部门之间技术衔接及企业技术管理的高水平技术中介人士。企业内部大多数员工由于受到知识面、技术水平、工作性质和工作范围的限制，不能获取新的技术知识，难以有机会与企业外部进行深层次的技术交流。因此，企业需要几个高水平的、经常与外界接触的技术桥梁人物完成技术知识的获取和传递任务。企业要求桥梁人物具备密切跟踪外界技术变化，基本把握外部技术的价值和应用精髓，将外部技术转化为企业员工能理解接受的技术语言的综合能力。然而，由于高科技发展的快速性和复杂性，单纯依靠技术桥梁人物的力量，难以完成这项庞大而艰巨的任务，企业需要一个团队——技术引进小组辅助完成此项任务。技术引进小组一般由外部专家和各部门选派的技术水平高、知识面广、有群众号召力的技术骨干组成，他们在沟通和协作中合力帮助技术桥梁人物完成技术引进和推广工作。

2. 技术知识消化阶段

在接触初期，许多新技术在认知水平上还处于数据、信息的阶段，尚未转化为技术知识，因此企业员工难以掌握新技术的原理和诀窍，这就需要桥梁人物和引进小组进行全员技术培训，将新技术转变为知识，并广泛传播，使每个层次的员工接受、理解和消化。培训坚持理论与实践并重的原则，除了传授技术原理外，企业还要请技术专家讲解和示范操作方法，使员工在模仿操作中熟练掌握生产规程和产品技术标准，并转化为员工自己的技术操作能力。

3. 技术知识调整和本土化阶段

新技术进入企业时，其障碍常常并不是技术本身，而是运行这些技术的环境。原有技术环境的运作理念、方式和习惯在很大程度上限制了新技术的生长。因此，企业要从一种技术范式向另一种技术范式过渡，调整技术环境，如流程再造、组织重构、文化重塑等，使之与新技术相匹配。此外，企业还要根据技术现状和当地市场需求重新调整技术的内容和标准，将新技术扩展到外部，发展与新技术接口的供应商、销售商和客户，得到供求双方的支持，建立一个完整的商业网络，从而促进新技术在本地的推广和应用。

4. 改良创新阶段

不同于技术调整阶段，改良创新是一种专门的创造性活动，是企业基于技术调整和产品本土化阶段积累的经验，根据自身原有的数据、信息、知识和经验，并结合深刻的市场了解，对技术原理和设计方法进行的局部创新。在此阶段，企业成立专门项目小组从事产品的研发和市场推广工作。

5. 自主创新阶段

与前四个阶段不同，自主创新是一次技术上的根本性飞跃。在自主创新阶段，企业不再单纯地模仿和局部改造技术，而是全新设计规划和实现技术研发。企业在一个更广阔、更长远的社会经济发展、技术发展和市场需求的框架中考虑研究开发活动。这时，没有可供模仿的领先者，没有可供援引的技术内容和规范，面对复杂多变的高科技市场，企业必须尽可能地集中组织内部乃至外部世界的智慧，更好地把握技术发展与市场演化规律。

4.3.3 技术知识转移和吸收的影响因素

技术知识的转移和吸收受到诸多因素的影响，如技术供求企业之间的环境差异、技术知识的性质、技术供给企业传递知识的能力和意愿、技术引进企业的学习能力等。厘清这些因素，有针对性地采取管理措施，从而有效地提高知识转移和吸收的质量。

1. 技术供求企业之间的环境差异

技术知识的转移意味着技术从一种企业环境转移到另一种企业环境。某种技术与原企业环境匹配，并不意味着与新环境相适应。根据知识传播规律，新知识的转移和吸收程度受到人们所熟悉的或珍视的环境状态、性质，以及人们的看法、态度和价值观的影响。这些影响表现在企业技术的水平、内容、组织、流程、文化等多个方面。一般来说，企业环境相异程度越高，技术知识转移和吸收的变故程度越高，成功率越低。

（1）技术水平和内容的差异。在信息与知识的传播中，并不是所有的信息和知识都能被接收者接收，接收者会进行审视，尽可能地选择熟悉的代码，然后采用带有个人特点的方法吸收和内化。熟悉的代码是建立在共同知识背景上的，传递者和接收者之间的共同知识越多，技术知识的理解和吸收越顺畅。企业吸收能力是企业原有的相关知识水平的函数，企业对外界信息、知识、技术的引进吸收和应用能力与企业本身拥有的知识水平和内容密切相关。技术知识在日积月累中获得，当某方面的知识有一定积累，且能用大家所接受的术语来表达时，技术知识转移和吸收的速度和质量就能得到提高。技术知识的积累性体现在知识的深度和宽度两方面。积累性在知识深度方面体现为技术水平，在知识宽度方面体现为知识内容。技术知识引进方与供给方的技术水平差距必须控制在一定的范围内。引进企业的知识内容决定了引进技术类型的判断和选择，如果企业拥有大量技术，那么员工在选择新数据、新信息的过程中会依赖已有信息和知识的积累，倾向于选择与现有技术相关联的新技术，而排斥与之相竞争的技术，关联技术有利于企业在已有基础上进一步深入研究、发展和创新。

（2）技术流程和组织结构的差异。技术不是孤立的，它依托于技术流程，与企业的组织结构紧密相连。技术转移双方在技术流程和组织结构上的差异，迫使引进企业改变已有的流程和结构，以适应新技术的要求。技术流程和组织结构的改变不可避免地导致企业内部权力结构、管理方式、员工行为习惯等一系列变化。剧烈的变化常常引发企业内部动荡，这在很大程度上影响着员工对新技术的学习态度和情绪。有时，员工的消极抵制情绪甚至会迫使技术推广工作终止。

（3）企业文化差异。根据知识传播规律，知识传播的有效性受文化因素的影响。发送者和接收者如果有共同的理想、信念、思维方式、处事习惯，彼此信任，就容易在新编码知识和提供解释的未编码知识之间找到切合点。如果供求企业双方存在文化差异，员工间的技术沟通和理解就会受到影响，这使新技术难以被转移、扩散和利用，甚至被拒之门外。例如，东方通信股份有限公司引进了摩托罗拉生产线，在推广生产程序和严明生产纪律的过程中，新技术管理体系与旧技术管理体系的思维模式和行为惯性产生了很大冲突，这使新技术管理体系的推行遇到了很大困难。

2. 技术知识的性质

外部的技术知识分为两种形式：显性知识和隐性知识，经过潜移默化（隐性—隐性）、汇总组合（显性—显性）、外部明示（隐性—显性）、内化解释和内部升华（显性—隐性）这几个过程的显性知识和隐性知识逐步被企业消化吸收。由于显性、隐性的特性不同，技术知识转移和吸收的方式也不同。显性知识以语言、文字、数字、图形、符号等编码形式传递，可以借助于信息网络和书面资料实现转移，克服知识转移模式在时间和空间上的困难，满足技术知识的远距离转移要求。隐性知识隐藏在个人头脑里，或者融化在产品中，很难用形式化和编码化的语言表述，企业需要不断地从工作中观察、反思、提炼、总结、抽象。因此，隐性知识的转移一般比显性知识的转移困难得多，干中学、思中学和面对面的沟通是隐性知识转移和吸收的有效方式。因为隐性知识难以转移，所以基于隐性知识的技术能力是企业竞争优势的重要基础。

3. 技术供给企业传递知识的能力和意愿

技术供给企业传递知识的能力影响着知识能否准确地传播，以及知识能否准确地表达发送者的确切意义，进而影响引进企业的技术接受效果，以及技术知识的扩散和使用。显性知识通过信息网络、文字资料等途径传递，知识供求双方无须面对面交流，但技术供给企业的知识表述能力和方法直接影响着显性知识的准确传播和表达，以及接受者对技术知识的理解和掌握。隐性知识的传递需要供给者在培训指导中言传身教，并借助一定的实物工具反复演示。供给者的演示能力、讲解能力，以及对接受者反馈的把握能力、指导能力，直接影响隐性知识的准确传播和表达，进而影响接受效果。此外，技术供给企业传递知识的意愿也是影响技术知识转移和吸收的重要因素。供给者对关键技术诀窍的保密会使知识展示得不完整、不准确，迫使接受者花费大量的时间和精力寻求答案，这在很大程度上影响着技术知识消化吸收的效率和效果。

4. 技术引进企业的学习能力

技术引进企业的学习能力是影响技术知识转移和吸收的重要因素。这里所说的"学习"是一种"有组织的学习"活动，即企业有计划、有组织地开展新技术培训工作，员工有目的地学习、模仿新技术，并与自己原有的知识融合，从而研发出新技术。技术知识的学习效果取决于员工的学习能力。学习能力包括两方面内容。一方面是技术桥梁人物和引进小组成员的新技术接受和推广能力。他们对新技术的理解能力及传播能力决定了员工对新技术的理解消化程度，该能力的高低是技术引进能否成功的先决条件。另一方面是员工对新知识的消化能力、调整能力、改良能力和再创新能力，这些能力决定了引进技术的价值能否实现。员工学习能力的提高依赖于企业的学习机制，如技术培训机制、团队学习机制、知识积累机制、知识扩散和共享机制等。根据技术知识转移和吸收各阶段的特点、技术知识的隐性和显性性质，有的放矢地采用有效的学习机制，这将在很大程度上促进员工学习能力的提高和学习效果的改善。

4.3.4 技术知识转移和吸收的管理方法

1. 缩小技术供求企业之间的环境差异

企业技术内容和水平、企业文化、组织结构、技术流程四个维度上的影响因子共同构成了技术知识转移的环境影响因素圈。当技术供给企业的待转移技术与技术需求企业的环境因素不相适应，且处于环境因素圈外时，技术需求企业为了使技术更好地被引进吸收，需要借助人为力量，从而使两个环境因素圈靠近，使本企业的环境因素与供给企业的环境因素逐步趋同，如图4-3所示。这一重要任务由技术桥梁人物和引进小组来完成。一方面，技术引进企业做好新技术"引"的工作，邀请技术供给企业里精通该技术的专家和经验丰富的管理人员加入技术引进小组,对本企业员工进行培训和辅导,并介绍供给企业的技术流程、组织结构和企业文化。另一方面,桥梁人物和引进小组牵头,在企业最高领导层的支持下联系企业各部门对引进企业的技术、组织、流程、文化进行调整和改革,模仿供给企业的环境圈,建立与新技术相匹配的新环境,把环境圈"拉"向供给企业,并尽可能地使两者交叉重合,如图4-4所示。当引进的技术落在重合区时,供求企业双方环境差异缩小为零,这时技术吸收的环境状态最佳,新技术渗透力最强,技术吸收的障碍最小、时间最短、成本最低、效果最好。

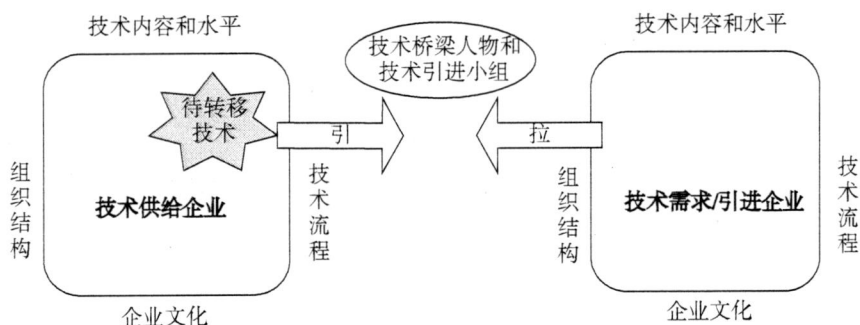

图4-3 缩小技术供求企业之间的环境差异模型(一)

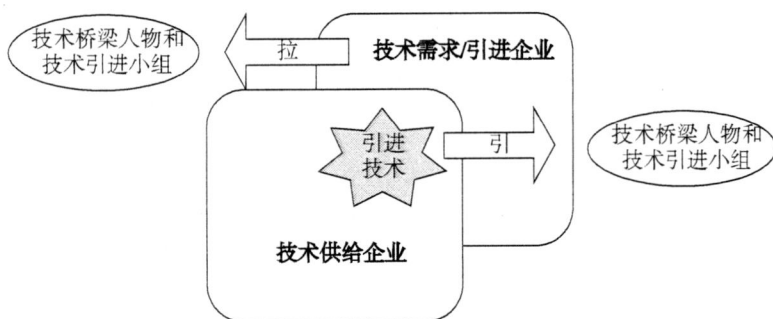

图4-4 缩小技术供求企业之间的环境差异模型(二)

2. 增强技术供给企业传递知识的能力和意愿

技术供给者的知识传递能力表现为显性知识的表述能力和隐性知识的讲解演示能力。技术引进企业作为知识被动接受者，在供给者传播知识能力有所欠缺时，直接干涉供给者或要求替换供给者的方式是不明智的，这容易导致供求企业之间的冲突，影响技术知识转移的后期工作。需求者可以通过学习反馈和真诚的沟通提醒供给者，供给者感知到需求者的困惑，以及传授能力和方法的不足，从而主动改进。

出于核心技术保密的考虑，技术供给者往往不愿意提供内隐的技术诀窍，而这恰恰是引进企业想获得的。引进企业要想获得技术诀窍，需要留意技术供给者的演示和讲解，认真模仿供给者的操作，在实践中细心推敲，揣摩内隐的技术诀窍，勤于向供给者请教不明之处，直至弄清每一个技术环节。对于通过观察请教还无法获取的技术诀窍，引进企业需要采取有效的利益共享措施给促使供给者主动提供技术诀窍，如有偿使用、允许技术供给者入股、资产共享等。

3. 采用适宜的技术学习方法和机制

在技术知识转移和吸收的过程中，显性和隐性知识的转化循环贯穿于整个过程，随着显性和隐性知识的转化循环，企业完成技术知识的学习吸收。因此，高科技企业提高技术消化和吸收能力的重要途径之一就是在每个阶段针对不同性质和转化方式的知识，采用不同的学习方法和机制，加快显性和隐性知识的转化进程，促进显性和隐性知识的完整吸收。

（1）技术知识引入阶段的技术学习。技术知识引入任务由技术桥梁人物和技术专家来完成，他们将新知识引入已有的认知范畴，并对新知识进行过滤，直到引进知识与他们的认知结构良好地适应为止。在这一阶段，技术学习以技术桥梁人物和技术引进小组为主。供给企业提供知识资源的方式包括技术资料、现场参观、讲解交流等。从认知水平来看，有些资源属于数据，有些资源属于信息，有些资源属于隐性知识，有些资源属于显性知识。桥梁人物和小组成员必须在短时间内掌握资料中的理论内容，把这些显性的技术标准、原理、数据铭记于心，快速捕捉和领悟技术诀窍，并加以提炼、归纳，然后将其转化为自己的隐性知识。在个人学习的基础上，小组所有成员聚在一起探讨学习所得，把各自的隐性知识关联起来，形成组织知识的融合，这时知识分享成为主要的学习机制。接下来，引进小组成员必须逐字推敲研究新技术与企业现有技术的衔接关联，将新技术翻译成企业员工能够接受的技术语言，并编写成培训推广教材，以扩大编码知识的传播范围，如图 4-5 所示。

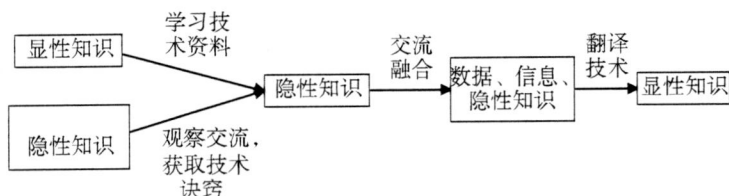

图 4-5　技术引入阶段的学习方法和机制

（2）技术消化阶段的技术学习。技术消化是指将引进的技术进行传播，让员工接受和掌握，从而达到运用自如的程度。培训是实现这一目标的重要手段。培训分为书面培训和演示培训。书面教材和网络教材培训可使员工将显性知识转化为隐性知识；外部技术专家的操作演示和讲解可使员工深化对隐性知识的理解。在此阶段，员工必须认真观察，勤于向外部专家请教，建立方便的信息交流途径，扩大与外部专家的互动范围，善于归纳、总结、推理、抽象所学内容。基于隐性知识的积累，员工在模仿实践中要进一步消化，逐渐加深对原理的理解，掌握其中的要领，从而使数据、信息和隐性知识得到升华。当新技术系统试运行时，企业可通过制度建设和文化倡导引导员工交流心得、协作配合，在知识共享中形成协调一致的整体运行方式和规则。这时，员工个人的隐性知识融合升华为企业整体的隐性知识，充分发挥知识分享机制的作用是知识升华的关键，如图 4-6 所示。

显性知识 —— 学习书面教材和网络教材 —→ 隐性知识 —个人心得→ 数据、信息、隐性知识 —交流协作→ 团队隐性知识

数据、信息、隐性知识 —观察、交流、互动→ 隐性知识

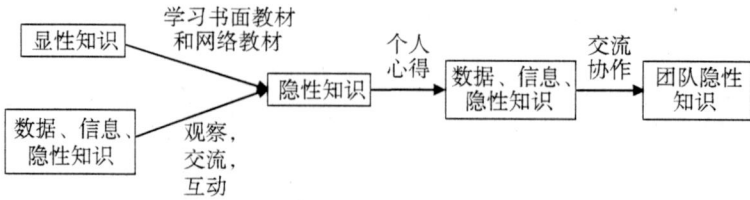

图 4-6   技术消化阶段的学习方法和机制

（3）技术调整和本土化阶段的技术学习。企业推出新产品后会得到来自技术人员、营销人员、代理商、客户等多方面的意见反馈。对于这些宝贵的数据、信息或隐性知识，企业应组织相关团队讨论研究，层层汇总后，将结果提交给高层决策者。决策者需要从实际出发，对新技术进行调整，增加或删除技术环节，修改技术标准，使之更适应当地市场。为了实现加速本土化扩展，企业还可通过技术资料供应、上门培训、售后服务等方式发展供应商、销售商和客户，将显性技术标准扩散到外部，同时在服务过程中注意积累意见，如图 4-7 所示。

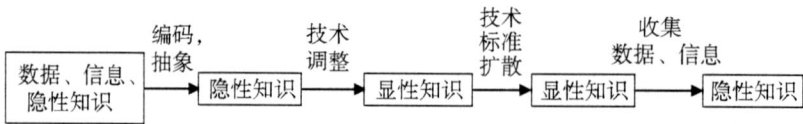

数据、信息、隐性知识 —编码，抽象→ 隐性知识 —技术调整→ 显性知识 —技术标准扩散→ 显性知识 —收集数据、信息→ 隐性知识

图 4-7   技术调整和本土化阶段的学习方法和机制

（4）改良创新阶段的技术学习。改良创新阶段的技术学习是从隐性知识的积累开始的。随着员工个人知识的增长和新产品的生产、销售，员工对设计原理的理解、对产品构架的整体把握，以及对客户需求的了解不断加深。这些逐步积累的知识在员工彼此的交流和反思中激发为创新设想、创新方案。企业需要建立良好的知识积累机制和学习沟通机制，促进知识的储备和转化，如知识库、网上学习系统、团队学习等。由于高科技创新常常基于多种高、精、尖技术的整合，高科技企业应成立跨部门项目小组。在创新实施过程中，项目小组应将各方面知识整合在一起，倡导员工在反复测试实验过程中思考讨论解决问题的方法。无论是

研发人员、营销人员、生产人员，还是培训服务人员，都将在研发实干和反思中得到学习和锻炼，得到解决问题的思路、经验和能力。知识的汇聚转化形成新产品样板，开展客户测试工作，收集客户的意见，进一步丰富和完善新产品的特性和功能，如图4-8所示。

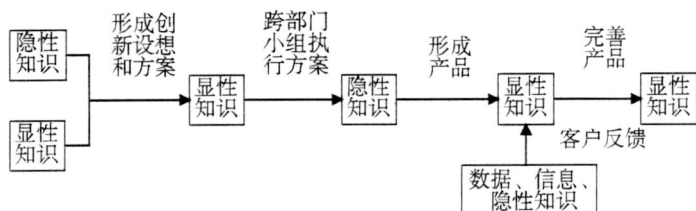

图4-8　改良创新阶段的学习方法和机制

（5）自主创新阶段的技术学习。与改良创新不同，自主创新更注重考虑长远的社会经济发展、技术发展趋势和企业长期战略。因此，此阶段的学习强调利用信息网络和创新网络广泛、充分地收集数据、信息和知识，预测分析企业未来的市场环境，确定企业未来的战略定位和生存发展策略。网络学习要求企业调动一切可以调动的知识资源，充分发挥各方面才智，在知识的碰撞整合中形成整体智慧，提高未来环境变化预测的准确率，从而使企业未来设计更趋合理。以此原则为指导，企业应选择具有长期战略意义的创新项目，并尽可能地与现有技术资源相衔接，如图4-9所示。

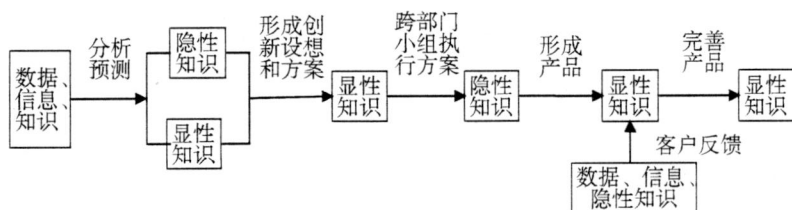

图4-9　自主创新阶段的学习方法和机制

4.4 技术知识的整合和创新

生态系统是一个由不同部分组成的高度协同系统。由于各部分之间差异的多样性，以及各个不同部分的相互协同作用，产生系统整体功能大于部分之和的效果。生态系统中存在的共生现象就是如此，不同的物种相互帮助才能生存。例如，蜜蜂依靠花蜜为生，同时也四处奔波传播花粉，为使植物更加茂盛而操劳；一些鸟飞到鳄鱼张开的口中，"清理"鳄鱼的牙齿；蚂蚁把蚜虫当"乳牛"。从这些例子中可以看出，大自然过程是牙碴牙似的联系着的一个高度复杂的协同系统。另外，群落交错区的"边缘效应"还说明，生物体之间相互作用越复杂，协同作用越频繁，交错区中的群落越能得到发展。由此可见，生态系统中生物之间的协同作用对提高系统整体功能有重要作用。同样，高科技企业的技术创新也依靠部门之间、员工之间的协同作用。高科技企业如果能仿效生态系统的整体运行机制，将各部门的技术人才和知识经验整合起来，通过员工之间非线性的协同作用实现知识共享，则有利于获得整体大于各部分之和的创新协同效应，即创新成本降低，企业在生产、营销或其他领域更好地运转，创新成功率提高。正如熊彼得在"经济发展理论"中所提及的，企业创新源泉之一是组织内资源的重新整合，而这种资源在高科技企业里重组应由不同知识背景的个体之间经过知识面的碰撞、共享和升华产生。

4.4.1 技术知识整合概念

所谓技术知识整合就是高科技企业在技术创新中对企业内外的信息、

知识和经验进行广泛收集和整理，用以提炼和选择在新产品研发、生产、营销、服务整个创新流程中所使用技术和协作方法，在员工并行协作中通过知识的互补融合，形成整体效应，促进整个创新流程协调运转和顺利完成，提高创新效率和成功率。

技术知识整合为技术创新服务，依托于技术创新流程，技术知识整合的方式和路径必须与创新流程各部分的方式和特点紧密耦合，才能将技术整合深入细致地融入创新工作的每一个细节，真正发挥出知识整合的整体效应。下面以计算机软件开发企业为例阐述创新中的技术知识整合。

4.4.2　技术知识整合模式

如图4-10所示，高科技企业技术创新过程分为研究密集阶段、开发密集阶段、生产密集阶段、营销密集阶段和客户服务密集阶段。创新工作由研究、开发、制造、营销、服务各部门选派骨干组成跨部门的多功能项目小组负责组织和管理，他们将技术创新的研究、开发、制造、营销、服务等过程一体化。每个阶段小组成员共同商讨解决问题，完成不同形式的技术知识整合。

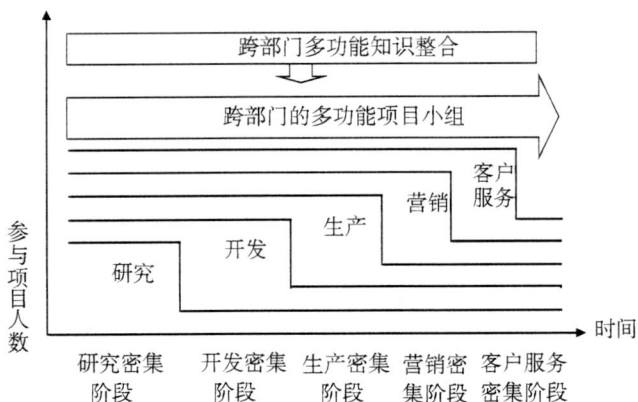

图4-10　技术创新各阶段知识整合模式

1. 研究密集阶段的技术知识整合

技术知识整合始于创新项目的研究密集阶段。企业针对提出的创新设想，组织各部门骨干员工对创新设想进行评估，必要时还邀请供应商、代理商和顾客参与讨论。讨论通常采用头脑风暴法的方式，因为有效知识和新模式的产生取决于传播区域中数据、信息和知识的密度。因此管理者常常让相关员工聚在一起各抒己见，通过相互阐述意见、反驳补充等多次循环性的探讨，充分挖掘各方知识资源。这种多思路、超循环的讨论方法，有利于多角度的观点和多方面的知识形成多路径的联系，增加传播中的信息、知识密度，在高密度的知识整合中提高创新决策的科学性。创新项目一旦决定就开始正式成立项目小组，制订创新方案。创新方案的制订过程和知识整合方式与创新设想研究阶段相似，项目小组在十分宽泛和自由的讨论交流中整合各部门、供应商、客户、代理商甚至海外分支机构的知识和经验，确定产品的基本概念，选择所需要的技术，提供各创新阶段路线图，确定员工协作衔接方法，以及突发性问题的应对处理方法（如图 4-11 所示）。研究密集阶段通常要花费企业较多的时间，投入较多的资源。因为研究初期蜂拥而至的各种观点、意见和备选技术常使技术知识整合的进程比较缓慢笨拙，甚至出现混沌状况，这需要管理者提供较清晰的创新目标和框架，将满足市场需求、实现产品功能的核心技术以及主要部件的主要技术性能作为序参量，来引导技术知识沿着清晰的思路聚合，从而尽快结束混沌状况而转为有序状况。

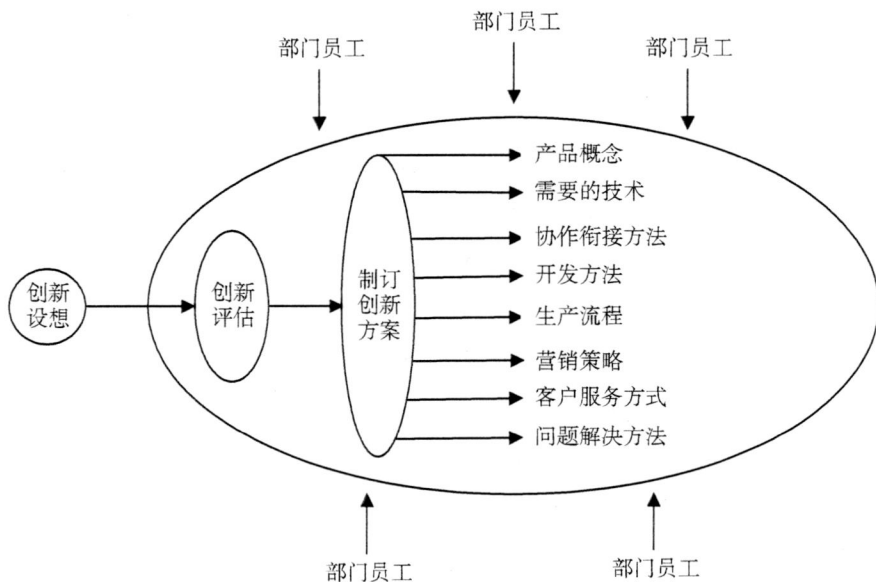

图 4-11　研究密集阶段知识整合模式

2. 开发密集阶段的技术知识整合

高科技企业的产品开发工作分成若干个子项目和模块同步并行。每个模块或子项目内分工细密，几乎每种分工都需要较高水平的专业技术，开发中出现的问题常常需要员工之间相互帮助、专业知识互补才能解决。在项目开发进程中，员工之间必须不间断地保持沟通和衔接，以保证技术之间的融合。项目组需要不断根据客户意见调整产品开发方案，以保证新产品顺利被客户接受。高科技企业的这种研发方式，要求开发小组在横向上实行专业分工、合作集成和客户需求一体化，在纵向上并行协作、同步稳定，技术知识整合在这两个维度上随着开发进程的推进得以实现。在开发密集阶段，保证分散的各项工作协调一致运转的序参量是其他各项技术与核心技术的融合、协调和联结，以及核心技术与相关技术的相互修正、补充和完善。

（1）横向技术知识整合。分工专业化、合作集成化和外部需求集成化是产品开发密集阶段的三个基本要素。分工专业化是指根据开发任务中工作类型和专业难度对员工分派不同的工作，使员工在长期专门化的工作锻炼中技术精湛化和精细化，并逐渐形成工作经验和技术秘诀。项目小组人员的分工主要包括：程序经理、开发经理、开发员、测试经理、测试员、产品策划人员、市场营销经理、生产经理、用户培训人员和客户支持专家。合作集成化是指专业人员和专业小组在开发中承担各自的工作任务，保持沟通交流，在知识的共享中找到解决问题的最佳方法。外部需求集成化是指产品开发始终与顾客期盼保持一致。以这三项基本要素为基础，在序参量——技术标准的指引下，项目小组各成员在各自岗位上发挥专业职责，加强信息交流、保持工作衔接，实现技术知识的整合（如图 4-12 所示）。

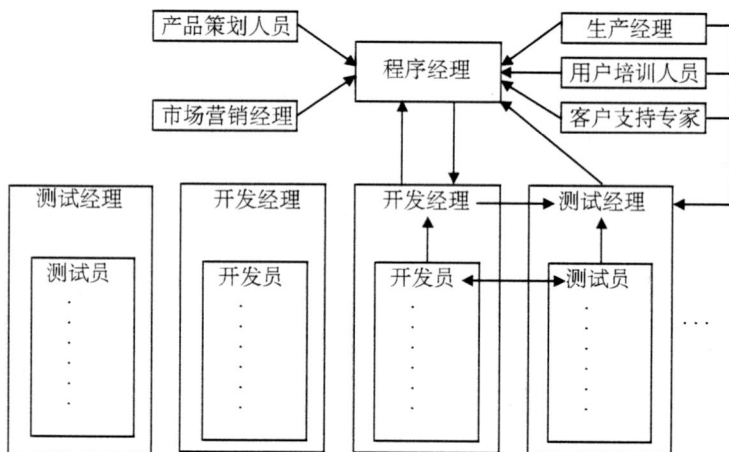

图 4-12　开发密集阶段知识整合模式

①程序经理工作中的技术知识整合。程序经理的职责包括产品策划，制定产品规格说明书，确定各个环节的输入、输出数据、信息和知识的技术标准、接口方式，管理产品开发的全过程，协调产品开发工作等。程序经理在产品策划中提出新的特性构思，定义产品的各方面特性，解

决产品内容和结构方面的问题。这项工作的完成基于产品策划人员、营销经理、开发员、生产经理和客户的知识经验的整合。产品策划人员和营销经理向程序经理提供市场营销说明书，分析顾客真正需要的产品用途，说明产品定价、目标客户、市场定位等众多问题，分析竞争对手的情况和市场发展趋势。开发员向程序经理提出许多特性构思，设计产品内容和结构，对未来开发工作向程序经理提出建议。生产经理从生产的可能性和难易程度的角度向程序经理提供特性选择分析。程序经理通过客户支持工程师调研获得客户对产品特性的想法意见以及对某一特性的确认程度。基于这些知识和信息的整合，程序经理确定产品哪些特性需要保留，哪些特性要排除在外。接下来程序经理负责制作产品规格说明书，以及确定子系统或模块的基本功能、接口方式和规格、能量传输、信息传递的输入、输出的要求、方法或格式。这些技术标准和规格保证了来自不同子系统的数据、信息和知识的兼容。程序经理和开发员并肩工作，他们的想法和技术知识的汇入使创新产品随着产品开发过程得到不断发展完善。在新产品开发过程中，如果产品信息在各自系统（或模块）的开发员之间、开发小组与测试小组成员之间、小组成员与顾客之间得不到很好的交流，就会导致产品各部分脱节、产品与市场脱节。而程序经理作为小组的领导者和帮手，可以促成不同功能领域的技术知识和信息的交流整合，并使这种交流整合贯穿开发周期的始终。

②开发员和测试员工作中的技术知识整合。开发员的职责是根据产品特性和输入、输出的技术标准或规格的要求创造产品特性的细节，测试员的职责是检验开发员刚完成的产品特性。由于新开发出的产品特性在录入中央主版本之前必须经过测试员的检验，因而开发员和测试员常常配对同步工作。测试员在检查中如发现错误，立即与开发员沟通，在相互交流意见和知识经验的整合中找到修正错误的办法。

③开发经理工作中的技术知识整合。开发经理除了自己承担一定高难度的开发任务外，另一项职责是对开发员的工作提供指导。因此，开发经理常常由高级开发人员担任。当开发员遇到问题时，开发经理将提

供技术支持，将自己的设计思想、技术经验传授给开发员。当发现预先制订的技术要求、各开发环节输入输出结构、标准不协调或难以完全实现时，开发经理负责组织全体开发员共同讨论研究，在知识的共享整合的基础上寻求对策，包括修订原来的技术要求和规格、标准。

④测试经理工作中的技术知识整合。测试经理有三项主要任务：一是把握各个开发环节的中间产品是否达到输入、输出标准，其性能是否达到技术要求；二是指导管理测试员，听取他们的工作汇报，指导他们工作，为测试小组寻找筛选最好的测试方法，在全项目组推广；三是发现所测试产品达不到技术要求与输入输出标准时，向开发经理或开发人员（小组）及时反馈结果。为此测试经理必须经常通过各种非正式途径如午餐会与各方面精英交流，了解他们所知和对研发中产品的看法以及顾客可能关注的问题等，再将这些知识综合起来制订最佳测试方案。

⑤生产经理、营销经理、用户培训人员和客户支持专家提供的知识帮助。在开发密集阶段，项目小组的工作以程序经理、开发经理、开发员、测试经理和测试员的工作为主，以生产经理、市场营销经理、用户培训人员和客户支持专家的工作为辅。他们负责向开发员及时提出对产品新特性的意见和建议；提供市场变化信息和客户反馈信息；帮助提高开发产品对市场的适应性；在开发人员遇到开发困难，需要修改技术方案或标准时，提供是否影响市场和用户需求的信息、判断等。

（2）纵向技术知识整合。高科技产品开发中员工和子项目组各自独立工作，这种松散的结构易导致各子项目之间无法衔接，产品新特性进度不一、互不融合。系统设计、统一技术开发语言和每天同步运行调试是解决这些问题的有效方法。

①系统设计。在开发工作开始时，项目组对开发全过程进行系统设计，根据市场对产品性能、功效的需求，以及研发阶段开发的核心技术，将开发产品分解成若干个模块或子项目，确定各模块或子项目的基本功能、物理结构的接口方式与规格，能量传输和信息传递的输入和输出的要求、方法或格式等，在各子项目或模块完成后进行系统集成。

②统一技术开发语言。除规定技术标准外，注重与上、下游产品的配合、协调十分重要。因此，统一技术开发语言也是关键的一步。开发员来自不同的部门、项目组或其他公司，他们的知识背景和经验不同，因而擅长使用的技术语言也不同。项目组根据企业技术体系的要求，确定一种共同的"语言"——一小套开发语言、惯例和工具，以保证员工之间的知识交流和整合。

③同步运行调试。在产品开发中，许多不同的人每天都在改变产品的特性，每个人对产品的改变是否被其他人所知，是否与其他人所做的改变相融，是否与产品中央主版本相融，是技术知识整合要解决的重要问题。产品的同步运行调试——每日构造是解决这一问题的有效办法（如图4-13所示）。

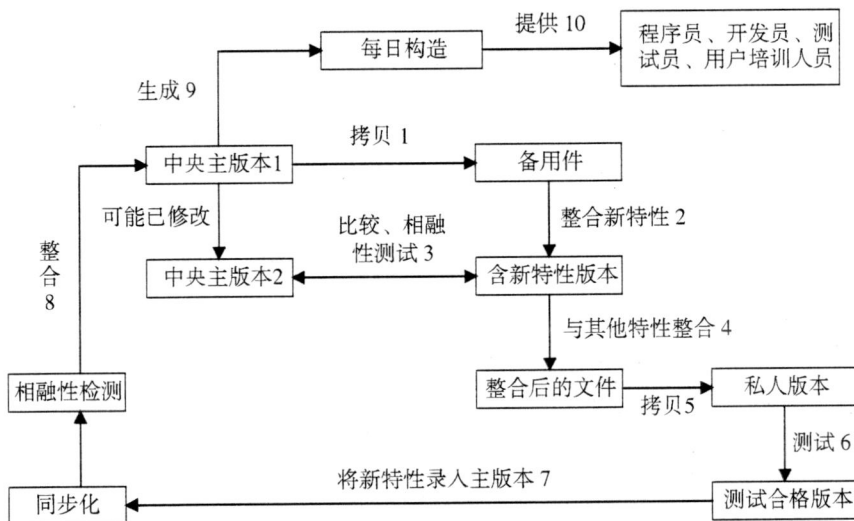

图4-13 每日构造技术知识整合模型

开发员在开发产品某一特性之前，需先从中央主版本源文件上拷贝一个备用件，开发员将自己开发的新特性整合进此拷贝，形成自己的一个私人版本。在测试私人版本中的新特性工作良好后，开发员将包含新特性的私人版本与源文件当前的中央主版本进行比较，识别确定差异。

这时中央主版本可能与最初拷贝源文件时的中央主版本不同，因为可能有完成其他特性的其他开发员已改变和录入了新内容。因此企业一般需要规定每天某一时刻为改变中央主版本的最后时点，这样开发员在这一时间之后把他的私人版本与当前的主版本进行比较时，就可以肯定他是在使用最新的中央主版本。由于中央主版本中存在多个不同的开发员输入的特性，因此企业需要设定专门的测试程序，测定开发员所做的新特性与其他文件之间是否存在冲突。如有冲突，开发员必须修改。如果新特性与其他文件相融，则将其他开发员所做的特性也整合到私人版本中。开发员对整合后的文件再做一份私人拷贝，构造第二个私人版本，对这个私人版本再一次进行测试，以确定开发员完成的新特性工作良好，不会与产品的其他特性冲突，也不会间接地引起错误。此次测试通过之后，开发员可以正式地把他的私人特性记录入中央主版本的源文件，并再次检查和私人版本与中央主版本之间是否存在冲突。因为其他开发员可能在他把新特性录入主版本源文件之前改写了源文件，所以还需在此步骤中再次检测融合性，把它作为记录过程中必不可少的一部分。此时中央主版本包含了新的特性改变，是一个完全更新的版本。在一天当中，如果开发员要修改已录入的记录，就必须重复上述流程。在每天记录的最终时限之后，主管项目构造的开发员将改变后的中央主版本源文件生成一个完整的产品构造，这样就完成了新特性的"每日构造"。

在每日构造形成的时刻，各开发小组开发员创造的新特性都整合在一起。构造中的多次检测，保证了录入的各项新特性技术的相融，从而保证了开发密集阶段每一天都能形成纵向的动态连续的技术知识整合。这是在不断提升开发产品功能的过程中拍的一张张相对稳定的快照。不管有多少开发员在一天内记录他们对源文件的改变，项目组都必须在当天生成每日构造。构造完成之后，构造主管执行一系列测试，确信产品功能运作良好、构造基本稳定之后，把每日构造提供给所有项目人员，尤其是程序经理、开发员、测试员，以及用户培训人员，供他们使用和评价。

3. 生产密集阶段、营销密集阶段和客户服务密集阶段的技术知识整合

莱奥纳多·巴顿认为，创新过程实际是一个技术和组织相互不断适应的循环过程，按照这个观点，创新中的生产、营销和服务过程也应将各职能部门知识和专业技术结合起来。生产、营销与服务过程实际上也是各部门的合作过程。

（1）生产密集阶段的技术知识整合。产品开发完成后即进入试生产阶段。由于产品的试生产状况决定新产品的质量和上市时间，进而影响新产品在市场的拓展情况，因而试生产阶段也是创新流程中重要的一环。但知识的有限性使生产人员对产品的技术原理和结构、制造流程细节设计的领悟能力，以及对关键技术环节的把握能力不足，因此项目小组常派遣技术研发人员加入生产部门，利用技术人员的知识补充生产人员技术知识的不足，协助生产人员选定新设备、设计生产流程系统及部件，厘清各单个产品部件之间的互动关系，帮助解决试生产运转中生产线上的重大技术难题，把握产品质量以及检测产品质量是否达到预定标准。

（2）营销密集阶段的技术知识整合。新产品的营销包括向客户推荐产品、寻找产品代理、建立分销网络等多项工作。向客户、代理商、分销商介绍产品的性能和特点，进行技术交流必不可少。而这项工作仅靠营销本部人员很难完成，他们在技术知识方面的不足难以进行深层次的产品介绍，不利于新产品被了解和接受。因此企业的新产品营销小组中常有少数研发人员辅助营销工作，帮助回答客户深层次的技术问题，向客户进行新产品的技术和功能的演示与讲解，同时收集客户对产品改进方面的意见、建议，为下一步开发或改进产品，扩展市场作准备。

（3）客户服务密集阶段的技术知识整合。客户服务的主要工作包括用户培训和处理客户反馈。培训用户工作由市场营销人员和技术研发人员联合开展。市场营销人员发挥商业交际联络的能力和经验优势，负责培训组织工作；研发人员发挥技术优势负责技术原理和操作维护知识的讲解工作。两者优势互补，相得益彰。处理客户反馈由客户支持工程师负责。客户工程师通过电信电话方式回答客户的问题，向客户提供可能

的解决方案，上门为客户维护产品和升级产品。在为客户服务的过程中，客户工程师将发现的产品问题和客户意见收集起来，提供给程序经理、开发员、测试员，作为改进产品的依据。对于客户使用中的失误，客户工程师将它们整理编入知识库工具文件，上传至用户服务网站供用户查询。

4.4.3 技术知识整合实例分析

技术知识整合是高科技企业在研发中，使知识从分散到集中、从个人或部门知识到集体知识，从而促成创新的重要环节。为了更清晰地展示在技术知识管理过程中组织的技术知识整合过程，现以调研实例——远景公司电子病历（EMR）产品的研发为例，作进一步的阐述和说明。

案例：电子病历（EMR）研发过程中的技术整合分析

远景公司是一家留学生创办的软件公司，电子病历（EMR）产品主要面向美国和中国医疗市场，该产品研发过程和方法如下：

（1）创新项目研究中的知识整合。远景公司的管理层首先根据医疗产品部员工提出的创新设想组织技术支持部、技术研究部、市场营销部的骨干员工对创新设想进行讨论评估，在评估过程中还聘请了来自客户、代理商、系统技术供应商等方面的资深人士做顾问，参与评定。创新评估中整合了技术、市场、客户等多方面的知识和第一手的信息，最大限度地对创新的可行性进行判断。

创新决定形成后，远景公司即开始组建承担创新工作的跨部门项目组。为了保证项目的总体协调，远景公司设立了EMR项目总体组，总体组下设产品组、系统组、支持组三个主要小组。项目总体组由医疗产品部派出的程序经理负责，其他成员为产品组、系统组、支持组的负责人，总体组的主要工作是负责EMR项目的总体计划、方案制订、产品设计、资源调度、项目管理和决策。产品组的成员主要为市场营销人员，主要负责产品的市场定位和产品建议工作，产品组广泛收集整理来自各方面的需求，为产品创新提供市场信息、线索和依据。系统组成员主要为软件开发人员和技术研究人员，负责产品的开发工作，系统组根据确定的产品创新方案，结合当前的技术状况，从产品特性、功能、性能等方面提出产品的设计方案并开发产品。支持组成员主要为测试人员、实施人员、用户培训人员和客户服务人员，主要负责产品的测试、实际运行环境模拟、为客户提供安装、培训和技术服务等工作。值得一提的是，远景公司实行主管双负责人制，保证来自美国和中国的员工的工作协调一致。

创新决策做出和项目组成立后，接下来的工作就是创新方案的制订。由于创新方案工作直接决定了创新产品是否有市场，创新工作能否顺利进行，最终关系到项目的成败，因此项目组要整合组内各方面人员、客户、代理商和技术厂商所拥有的涵盖对产品的业务需求、产品概念、核心技术、主要部件的主要技术性能、开发管理、市场定位、营销策略等多方面的知识和信息，形成创新方案。

（2）产品开发过程中的技术知识整合。EMR 产品的开发主要由系统组承担。系统组根据公司决定的创新方案开始产品的设计工作。产品的设计内容包括产品功能设计、界面设计、数据库设计、运行环境设计、开发环境设计、数据接口设计等内容。系统组形成设计方案后交给总体组的程序经理。为保证产品对市场的适应性和产品开发的协调配合，产品组和支持组的成员也必须参与到产品设计的工作中。因此，程序经理要整合 IT 技术、人体工学、技术标准、行业标准、客户和市场等多方面的知识和信息。

在产品开发过程中，系统组根据产品设计方案将内部员工划分为若干工作单元，每个单元负责一部分功能模块的程序开发工作，每个模块完成后，由系统组总设计单元负责集成总体产品。因此，各工作单元间的工作整合决定了最终产品的完整性。在 EMR 的产品的开发过程中，系统组的总设计单元便是各单元的枢组核心。总设计单元制定和开发了称为"UNIPIPE-EMR"的中间部件，该部件定义了各工作单元所负责模块的数据输入和输出接口，保证了各模块间数据共享并形成整体。同时，"UNIPIPE-EMR"的中间部件封装了 HL7/DICOM 等国际医疗行业信息标准和 XML 等 IT 工业业界标准，保证了同其他公司产品的数据接口衔接。

系统组在负责开发工作的同时，开发员需要向支持组提交测试产品，支持组根据产品设计方案要求，提出测试方案。有时为了提高测试模拟环境的真实性，支持组还邀请客户代表和相关系统技术厂商的专家共同参与测试。支持组知识与系统组产品的整合，保证了开发产品的质量达到设计要求。在产品开发中，系统组保持与产品组和支持组的沟通交流，及时将市场、客户信息融入开发工作，修正、完善产品特性和开发流程。

以上工作保证了开发产品中知识的横向整合。但由于EMR开发工作延续了数月时间，每个工作单元每天都有可能改变产品的特性。为使每个开发员所做的程序改变能使他人知晓，并使每个人的修改与程序经理控制的主版本相融，EMR系统组采用"每日构造"的方法，保证程序模块修改及时汇入主版本并与主版本相融，从而保证各工作单元纵向上的协调一致。

（3）面向客户和服务的知识整合。面向客户和服务的知识整合坚持"以客户为中心"的原则。EMR产品研发完成后系统组向产品组提交完整产品。产品组寻找试点客户进行试用，系统组协助支持组对客户进行系统安装、使用等方面的技术培训，并将客户的意见反馈回项目组用于完善新产品。待EMR产品正式投入市场后，支持组和产品组将客户意见、市场信息及时反馈回项目组，用于EMR产品的改进升级以及衍生产品的开发。

（4）充分发挥沟通交流在知识整合中的作用。EMR产品研发包括组织内部与外部知识整合、内部工作单元间的知识整合等多种情况，良好的沟通交流是保障技术知识整合效果的关键环节。除上述管理办法外，远景公司还在EMR产品开发过程中建立了网上知识交流系统、面对面沟通和方案研讨制度，针对面临的问题提出不同的议题，组织各小组的员工、客户、供应商、系统技术厂商充分沟通交流，保证产品开发中各环节决策的科学性和专业化。同时在具体工作中，项目组的成员随时根据需要组成临时跨部门工作单元，根据不同工作需要整合知识，实现创新。

4.5 持续技术创新

生态系统具有反馈调节能力，通过反馈调节使系统趋于动态的平衡。这种反馈调节能力包括抵抗力和恢复力。对于外界环境较小的扰动，系统经过调节自身功能，抵抗小干扰，实现自适应和自稳定。对生态系统形成破坏的较大的干扰，系统则通过引进新物种，构建物种新结构，形成巨涨落，进行自重组。与此同时，生物也发生变异以适应环境的变化。生态系统凭借反馈调节得以适应外界环境变化，不断进化发展。借鉴这一生态原理，高科技企业也需要不断调整变化以应对瞬息万变的市场变化，这种变化就是持续的技术创新。对于较小的市场干扰，高科技企业需要进行改良渐进式创新，在微涨落中保持系统的自稳定，持续稳定地获得创新利益；对于变革性的、替代性的技术干扰，高科技企业要抛弃已有的技术，进行"变异"或采用新技术，形成新的技术创新路径和方式，即突变型创新，在系统巨涨落中求得新的生境。

4.5.1 渐进式创新

由于技术创新具有积累性和路径依赖性，企业在原有的技术模式规定下，沿着原技术轨道进行技术创新活动就形成了渐进式创新。这种创新活动是技术人员根据用户等各方面建议对创新不断改进的结果，是原技术模式不断调整的自稳定过程。在原有的技术创新模式下，研发人员在共同积累和共同分享技术知识和研发经验的过程中，形成了相近的思维方式和行为习惯，形成了相对稳定的创新制度和规则，在企业应对市场上的微变化时，时刻影响和指导着研发人员思考和判断，确定哪些产品改进是可能的，哪些创新方法是可以成功的，哪些创新方式是可以接受的，等等。企业通过渐进式创新逐步积累成功经验，在不断制造微涨落、促进涨落回归的过程中，逐渐完善原有的技术创新模式，在企业未遇到根本性冲击的条件下，在一定程度上可有效提高创新的成功率和产品的竞争力。

渐进式创新用于高科技企业就是企业在某产品创新成功基础上逐步完善技术和更新技术，在主产品平台的周围陆续开发衍生产品。在竞争激烈的高科技产业，某创新产品一经推出，竞争对手就能迅速通过反求工程发现该产品平台周围的缺口，推出衍生产品抢占市场，分走创新产品的利润。因此，高科技企业要从创新产品中获得持续利润，必须有效抵御竞争对手的这种进攻。生态原理提示：当干扰因素导致群落出现缺口、为其他物种提供入侵机会时，如果先锋种入侵缺口后长时间没有干扰，则先锋种能发展到顶极期，完全占领这一缺口；如果干扰频繁，则先锋种不能发展到演替中期，不利于先锋种的生长；如果干扰为中度，多种物种将纷纷进驻缺口与先锋种共生，共同分享缺口资源。根据这一原理，高科技企业在创建新产品平台后，应迅速开发出衍生产品填补平台空间，形成强大完整的新产品体系，不给竞争对手留下任何可乘之机。

1. 产品体系及其作用

所谓产品体系即企业围绕某主产品开发出的相互兼容的系列产品群。以微软公司为例，它的很多产品的一个优势特征就是用户能"即插即用"，也就是说，给计算机配上的任何外围设备都可以在整个系统中顺利地工作，WINDOWS 视窗操作系统所使用的每种技术都必须与多得不可思议的硬件和软件非常和谐一致地工作。这要求微软在开发每种产品时，必须满足各方面技术要求，所选择的技术和开发方式能够很好地融入整个技术体系，与企业其他产品协调连贯地工作。这就是实力雄厚的高科技企业绩效竞争的关键之一——产品体系。

产品体系具有控制某一技术生态环境，抵御竞争对手入侵，保障产品群取得长期利润的重要作用。

2.高科技企业的新产品体系战略

（1）制订新产品体系计划，用以规划新产品及衍生产品的开发活动

高科技企业在计划中应明确框定企业在未来两年内决定开发的产品系统，包括平台主产品和衍生产品，规定各新产品的特性、对应的目标市场，以及各新产品开发顺序、开发时间和人员安排。新产品体系计划一旦确立，企业各项技术、资金、人力资源紧紧围绕计划调度。

（2）实行交错式开发流程，使主产品开发和衍生产品开发衔接紧凑

以软件开发企业为例，企业开发系统产品一般采用顺序式开发流程。即在产品开发初期，程序经理负责产品策划、制定产品规格说明书，营销经理、产品策划人员向程序经理提供市场营销说明书、分析顾客需求，他们的工作较为繁忙；而开发人员、生产人员和客户支持工程师的工作只是辅助性地提供知识经验和建议，工作较为轻松。但随着进入产品开发阶段，大量的开发工作落在开发人员身上，开发人员工作十分繁忙；而客户服务人员只需提供客户意见反馈，营销和产品策划人员只负责观察市场上客户和竞争对手的变化，他们的工作较轻松。当产品进入生产制造阶段，主要工作又转向生产人员，而研发人员只需提供技术支持，他们和营销、策划、服务人员的工作这时都较轻松。此后，进入新产品推出阶段，营销人员、客户服务人员的工作变得非常繁忙，他们要为推广、分销、客户培训做大量工作，而研发人员仅从事推广培训的技术辅助工作，生产和产品策划人员这时工作量也较小。在这种顺序式的创新流程中，当某阶段的主要职能人员工作繁忙时，而其他人员较清闲，出现某种程度的"窝工"现象，没有充分利用开发时间，新一代衍生产品开发要等整个流程结束后才能开始，拉长了衍生产品推出周期，给竞争对手留出了充裕的时间抢占市场。因此，高科技企业要加快衍生产品推出速度，需要采用一种交错式开发流程。如图4-14所示，在 A 点，当主产品进入开发阶段，营销人员和产品策划人员工作量减轻的时候，即开始根据新产品体系计划和市场新变化着手衍生产品的定义。当主产品进入试生产阶段，在 B 点，主产品开发工作完成后，衍生产品立即进入开

发阶段。这时开发人员刚刚熟悉了主产品的技术规格，总结了开发经验，进行衍生产品的开发将更加得心应手，完成迅速。当主产品进入营销阶段，在 C 点，生产人员空闲时，衍生产品开始进行试生产；当主产品进入培训服务阶段，营销人员工作量下降时，在 D 点，衍生产品开始进行产品推广；当主产品开发流程完成时，在 E 点，衍生产品进行培训服务。以此类推，第二种、第三种，甚至更多种衍生产品的开发流程都与前一种开发进程交错进行，使衍生产品的推出紧凑而密集，不给竞争对手留下任何入侵产品平台的时间和机会。

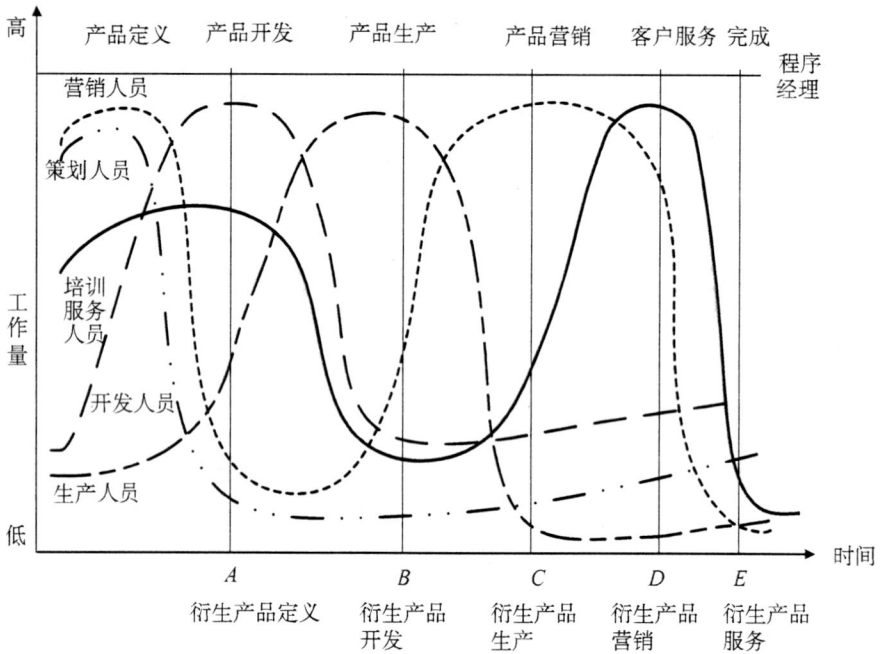

图 4-14 衍生产品交错式开发流程

（3）充分利用市场信息，满足市场需求。衍生产品开发成功与否首先取决于产品是否满足市场需求，目标市场定位是否准确。因此，高科技企业在推出新平台产品时，必须不断与客户、供应商、销售商、代理商以及潜在客户保持持续、开放的对话，从他们对产品的看法、意见和要求中识别捕捉那些可能将产品特性进一步拓展的信息。此外，对潜在客户的需求进行调查，如"目前的产品还需要哪些新特性？""目前产品哪些功能不够完善？""您能够接受的产品价位是多少？""如果以低价位满足您的价格要求，哪些产品特性可以删除？"等。这些问题的回答是定义衍生产品的重要线索。除了重新定义衍生新产品外，还要注意对现有产品不断完善、不断技术升级，这也是防止对手技术赶超的重要措施。

4.5.2 突变式创新

当市场环境变化对企业原有的技术创新模式形成根本性威胁，如替代技术和替代产品的出现，使原有技术模式不再适应新变化时，企业创新系统为适应市场选择将产生剧烈动荡，超越微涨落和自稳定的临界点，出现系统失稳现象。这种失稳现象导致分叉，出现多种新技术模式的选择，企业通过环境选择机制的非线性放大作用促成系统的巨涨落，在系统的巨涨落中确定新的技术模式，从而形成突变式创新。由于技术创新中诸要素存在连续性和非线性的相互作用，企业要顺利完成突变式创新，必须打破既定的制度、规则和习惯性的思维与行为方式，形成适应现在或将来环境的新规则和新方式。然而，企业原技术模式在形成和发展过程中，一方面提升了企业的技术创新能力，另一方面又排斥着新模式的形成，成为阻碍技术变革的核心刚性。

1. 核心刚性的概念及成因

所谓技术创新核心刚性就是依托于技术创新而形成的、对渐进型创新能力产生强化作用，而对突变式创新形成阻碍的因素。追溯核心刚性的形成过程，剖析核心刚性形成的原因，主要表现在以下几个方面。

（1）技术知识的积累特性。技术创新能力的形成和发展过程，也是企业技术知识积累的过程，积累过程第一步是企业对所接触到的新技术的筛选。根据新知识传播规律，与企业现有技术相关联、能融入现有创新模式的新技术知识常被企业关注，而不具备这些条件的新技术知识则被企业忽略。这种选择偏好有利于技术创新能力的加强，但同时也使企业丧失了认知更广阔领域的潜在可能性。当技术创新模式在竞争中奏效后，企业行为更明显地具有路径依赖性和边际搜寻倾向。其表现是研发人员倾向于寻求边际上的改进，在原有方案的"附近"寻求新的方案，而不愿进行根本上的突破；员工知识的增长只限于与企业核心技术相关的知识，而不是行业领域最新的技术概念；企业管理者更关注当前利益，而不是长远发展。随着企业技术创新模式不断成长、强化和巩固，与创新模式相匹配的技术工艺、行为习惯、组织结构、管理方式以及文化和价值观都得以强化和稳定，正是这些得到强化的因素构成了技术创新的核心刚性。

（2）技术转换的高成本。高科技企业技术创新的高投入和高风险使企业一旦创新成功就尽可能地利用衍生产品和技术升级最大限度地获取利润、回收成本。在成本回收之前，企业尤其是中小高科技往往不愿意投入巨资进行新的技术创新，以免造成技术转移成本和退出成本的产生以及创新收益的下降，给企业带来财务负担。

（3）权益阻力和行为惯性。在与技术创新相匹配的组织结构形成的同时，也导致了与结构相伴生的权力和利益结构的形成。创新项目小组成员往往由各部门管理者和技术核心人员组成，变革创新模式，往往意味着损害管理者既定的权力和利益，让技术人员放弃得心应手的技术专长和早已习惯的工作方式，而重新学习陌生的新技术和新流程，增加巨额的工作量。根据认知理论，人们能否接受新事物与接受新事物所造成的收益、风险、物质或心理密切相关，因此对管理者权益的损害和对员工行为惯性的影响将成为推行新创新模式的巨大阻力。

（4）对新技术的获取和吸收能力不足。突变式创新的产生过程，实质上是在创新系统产生的多样性中进行选择。而可供选择的创新多样性来源于多种新技术的获取和掌握。但企业对新技术监测和吸收能力的不足，会使新技术概念不能顺利进入企业，对企业技术体系产生新的影响，从而阻碍了创新变革的发生。

（5）成功经验主义、过分的自信和对核心能力的追求。技术创新一旦成功，企业总倾向于用过去证明有效的方法来解决当前面临的问题。对于原有成功经验的迷信使得企业下意识地不断应用和强化这些技术模式，固守于自认为是优势的技术和经验不放，而对外界环境变化带来的挑战反应迟钝。有成功历史的企业尤其如此，管理者对变化和挑战视而不见，认为自己是最好的，无人能向他们挑战。另外，人类常存在一种行为倾向，即专注于一直在做的事情，并力求将其做得更好。企业对技术创新能力的追求也是如此，企业一旦获得某种技术创新优势，就力求将其发展为行业第一。这在某种意义上也构成了对变革的抵制力。日本汽车制造业正是由于这些导致竞争优势的丧失。

由以上分析可以看出，核心刚性的形成源于多种因素，企业要抵制核心刚性的形成，须针对这些成因多方面入手采取策略，建立新的创新模式。

2. 克服技术创新核心刚性的管理措施

（1）保持企业内部创新多样性。生态原理提示：群落多样性有增进群落稳定性的功效。当一个群落具有很多物种，而且物种的个体数成比例均匀地分布时，物种之间就形成了比较复杂的相互关系，结成一个网络状的反馈系统。当群落受到外部环境变化或群落内部波动冲击时，通过反馈系统使冲击得到缓和，而且群落内部多样性越高缓冲效果越好。其原因是群落多样性越高，食物链和食物网越复杂，群落内能流途径就越多，如果某一条途径堵塞不通，还有其他的路线予以补偿。那些物种数目多而个体数量并不太多的稀有种，在保持群落稳定性中起着重要作用。这个原理说明保持多样性是生物适应环境变化的重要方式。借鉴这一原理，保持创新思想多样性也是高科技企业适应环境变化的有效措施。保持创新思想的多样性，能使各种思想在相互碰撞中产生多种交叉催化，产生多种分叉，为选择新的创新模式提供了最大限度的可能。可以说保持创新多样性是克服技术创新核心刚性的有效措施。对此，企业应建立起学习型组织，建立共同愿景，激励员工突破自我，超越现状，勇于创新；鼓励员工突破原有的心智模式，采用新的思维方式；引导员工系统地考虑问题，从企业发展的内外环境系统地、多角度地研究创新路径；在企业文化的营造上鼓励创新，鼓励尝试，容忍创新失败；等等。与此同时，企业还应在人力资源管理上采取有利于创新产生的措施，如建立创新考核和激励机制、引进掌握新技术新成果的人才、重视新技术培训等。这些措施将有利于消除自负、经验主义以及过于追求领先心理的影响，形成创新思想多样化。需要强调的是，在鼓励创新多样化的同时，企业要注意对创新进行管理。因为当创新分化程度很高，就会陷入混乱而变得无序，这时需要管理而使之平衡，将创新保持在混沌的边缘，既保守又激进，既激发创新又制定规则。

（2）加强对组织的调整。加强对组织的调整，是清除权益阻力和克服行为惯性的重要环节。而清除权益阻力和改变行为习惯，势必引发员工不满。在"以人为本"管理的今天，成功的变革要求企业必须注意保持员工队伍稳定。根据知识传播规律，新知识得以传播要求接收者对新知识主题具有兼容性，有足够数量的潜在接收者愿意接纳它，这是心理学的要求。所以，接收者学习吸收新知识时需要事先进行"投资"，使接收者从"局外人"转为"局内人"。如果新知识不能与接收者的内在系统恰当结合，新知识就会被当作外来的异体对待，会被拒绝。根据这一原理，要使企业接受新的创新模式，首先需要调整组织系统，将员工转化为"局内人"，以促进组织系统与新模式顺利地结合。人员导向型变革模式和组织导向型变革模式是满足这一要求的两种方式。人员导向型变革模式是指企业主动引导人的观念和行为转变，使员工对创新变革从被动接受变为主动参与（如图4-15所示）。该模式的步骤为：思想动员、端正认识，使员工认可变革要求的行为改变；发动员工参与讨论变革方案，听取大多数人的意见，使员工感到变革方案是他们思想和智慧的结晶，使员工接受行为改变；对员工进行培训，使其掌握新模式所需的知识和技能，为接受新模式、适应新行为奠定基础；制定规章制度和行为规范，营造企业文化，将新行为纳入绩效考评和奖惩制度，强化巩固新行为，防止回复现象发生；员工在长期行为改变中形成个人习惯，个人习惯进而发展为组织习惯。组织导向型变革模式是指依靠组织力量清除权力障碍，在组织权力保障中改变员工行为（如图4-16所示）。其步骤是：高层管理者亲自领导成立创新变革实施小组，高层以身作则，树立典范，各部门负责人保证落实变革，相互协作；对抵制态度难以转变的管理者，企业高层应调整其工作岗位，重新任命拥护的人员接替其职位，在组织上保证变革政令畅通无阻；新模式实施接受群众监督，如管理者实施不力，群众可向实施小组反映，督促管理者改进；调整组织结构、改造创新流程、制定新制度，营造新文化，使新模式要求成为组织行为规范，成为每个员工的行为准则，从而促使员工主动融入新创新模式。

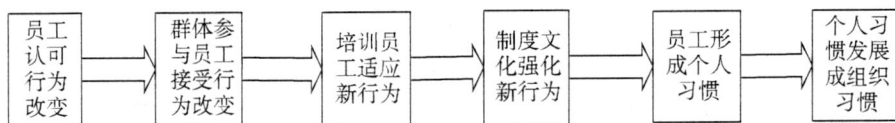

| 员工认可行为改变 | 群体参与员工接受行为改变 | 培训员工适应新行为 | 制度文化强化新行为 | 员工形成个人习惯 | 个人习惯发展成组织习惯 |

图4-15　人员导向型变革模式

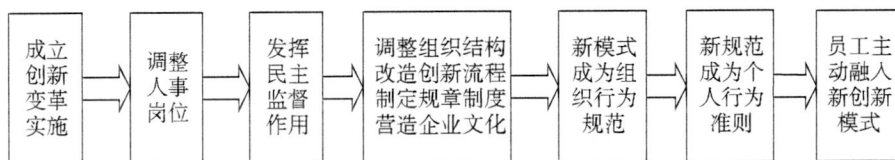

| 成立创新变革实施 | 调整人事岗位 | 发挥民主监督作用 | 调整组织结构改造创新流程制定规章制度营造企业文化 | 新模式成为组织行为规范 | 新规范成为个人行为准则 | 员工主动融入新创新模式 |

图4-16　组织导向型变革模式

（3）增强与外部的联盟合作。知识联盟是企业获取外部创新思想和创新意识的重要途径，在联盟合作中亲身体验的创新方式将对员工产生深刻的影响，对克服核心刚性有重要作用。此外，知识联盟中的"虚拟制造"和"合作研究"等形式，使传统意义上的企业边界由清晰的和确定的转为柔性的和多途径的。边界泾渭分明的刚性组织结构会阻碍知识的转移，形成高转移成本，而柔性的组织结构使企业之间知识转移和共享成为可能，使企业可以低成本地进入或退出某技术模式，从而削弱组织边界对技术转移和退出的约束作用，减少技术转移成本对创新变革的限制作用。

（4）积极建立新技术的获取和吸收机制。核心刚性的产生源于路径依赖性，而创新路径选择取决于初始条件的敏感性，即对初始条件的微小差异产生的敏感反应。新技术知识的获取和吸收就是一种重要的初始条件，它引导产生新的创新路径。因此企业应拓展外部新技术的引进途径，加强对新技术的学习和吸收，尽可能实现新技术的利用转化，这对于改变企业对原有创新路径的依赖性，克服核心刚性的产生有重要作用。

3.克服核心刚性管理策略的效果演示和验证

以上克服核心刚性管理措施是否有效以及效果如何，仅从文字叙述上难以判定和验证，以下将利用系统动力学流率基本入树建模法建立仿真模型（如图4-17所示），对各措施克服核心刚性的灵敏度进行分析和演示，对措施的有效性进行验证。

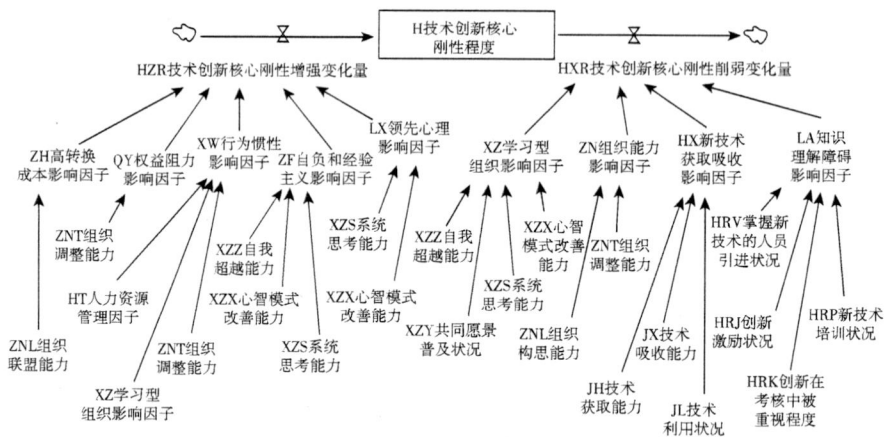

图4-17　技术创新核心刚性流位流率基本入树模型

（1）确定入树模型基本结构。在技术创新核心刚性流位流率基本入树模型中，将技术创新核心程度确定为流位，它受到两个流率影响，一个是导致核心刚性形成的核心刚性增强变化量，另一个是阻止核心刚性形成的削弱变化量，这两个流率共同作用形成了技术创新核心程度这一流位。核心刚性增强变化量分别受到技术高转换成本影响因子、权益阻力影响因子、行为惯性影响因子、自负和经验主义影响因子、领先心理影响因子五个分量的影响。其中，技术高转换成本影响因子受到组织联盟能力变量的影响；权益阻力影响因子受到组织调整能力变量的影响；行为惯性影响因子受到人力资源影响因子、学习型组织影响因子和组织调整能力变量的影响；自负和经验主义影响因子受到自我超越能力、心智模式改变能力和系统思考能力三个变量的影响；领先心理影响因子受到系统思考能力和心智模式改变能力两个变量的影响。核心刚性削弱变化量受到学习型组织影响因子、组织能力影响因子、新技术经验获取吸收影响因子和人力资源管理影响因子四个分量的影响。其中，学习型组织影响因子受到自我超越能力、共同愿景普及状况、鼓励创新程度、系统思考能力、心智模式改变能力五个变量影响；组织能力因子受到组织联盟能力和组织调整能力两个变量影响；新技术获取吸收影响因子受到技术获取能力、技术吸收能力和技术利用状况三个变量影响；人力资源管理影响因子受到掌握新技术的人员引进状况、创新激励状况、创新在考核中重要程度、新技术培训状况几个变量的影响。以上这些与核心刚性相关的流率、分量、变量相连，构成了基本入树模型。

（2）建立变量方程。H 技术创新核心刚性程度 =HZR 技术创新核心刚性增强变化量 −HXR 技术创新核心刚性削弱变化量；　　　　　　（4−5）

HZR 技术创新核心刚性增强变化量 =ZH 高转换成本影响因子 +QY 权益阻力影响因子 +XW 行为惯性影响因子 +ZF 自负和经验主义影响因子 +LX 领先心理影响因子，此式表示技术创新核心刚性增强变化量是这五个因子共同影响的结果；　　　　　　（4−6）

HXR 技术创新核心刚性削弱变化量 =XZ 学习型组织影响因子 +ZN 组织能力影响因子 +HX 新技术获取吸收影响因子 +HR 人力资源管理影响因子，此式表示技术创新核心刚性削弱变化量是这四个因子共同影响的结果；　　　　　　（4−7）

ZH 高转换成本影响因子 $=1-\alpha_1\times$ZNL 组织联盟能力，1 表示高转换成本影响达到的最大状态，α_1 表示组织联盟能力对高转换成本影响因子的抵消率，此式表示组织联盟能力对高转换成本障碍有抵消作用；　　　（4-8）

QY 权益阻力影响因子 $=1-\alpha_2\times$ZNT 组织调整能力影响因子，表示组织调整能力对权益阻力影响有抵消作用，α_2 为抵消率；　　　（4-9）

WX 行为惯性影响因子 $=1-$（$\alpha_3\times$HR 人力资源管理影响因子 $+\alpha_4\times$XZ 学习型组织影响因子 $+\alpha_5\times$ZNT 组织调整能力），表示行为惯性影响的消除主要依靠人力资源管理，依靠学习型组织建设和组织对行为惯性的调整能力，α_3、α_4、α_5 分别为根据变量的重要性确定的权重；（4-10）

ZF 自负和经验主义影响因子 $=1-$（$\alpha_6\times$XZZ 自我超越能力 $+\alpha_7\times$XZX 心智模式改变能力 $+\alpha_8\times$XZS 系统思考能力），表示自负和经验主义影响可通过自我超越、改变心智模式、系统思考的作用来抵消；　　　（4-11）

LX 领先心理影响因子 $=1-$（$\alpha_9\times$ZS 系统思考能力 $+\alpha_{10}\times$XZX 心智模式改善能力），表示系统思考能力和心智模式改善能力有抵消追求领先心理影响的作用；　　　（4-12）

XZ 学习型组织影响因子 $=\alpha_{11}\times$XZZ 自我超越能力 $+\alpha_{12}\times$XZY 共同愿景普及状况 $+\alpha_{13}\times$XZC 鼓励创新程度 $+\alpha_{14}\times$XZS 系统思考能力 $+\alpha_{15}\times$XZX 心智模式改变能力，表示学习型组织因子的影响力由这五个变量共同构成，α_{11}、α_{12}、α_{13}、α_{14}、α_{15} 分别为根据各变量的重要性确定的权重；（4-13）

ZN 组织能力影响因子 $=\alpha_{16}\times$ZNL 组织联盟能力 $+\alpha_{17}\times$ZNT 组织调整能力，表示组织能力因子的影响力由两个变量共同作用形成，α_{16}、α_{17} 为变量的权重；　　　（4-14）

HX 新技术获取吸收影响因子 $=\alpha_{18}\times$JH 技术获取能力 $+\alpha_{19}\times$JX 技术吸收能力 $+\alpha_{20}\times$JL 技术利用状况，表示新技术获取吸收因子的影响力由这三个变量共同作用形成，α_{18}、α_{19}、α_{20} 为各变量的权重；　　　（4-15）

HR 人力资源管理因子 $=\alpha_{21}\times$HRY 掌握新技术的人员引进状况 $+\alpha_{22}\times$HRJ 创新激励状况 $+\alpha_{23}\times$HRK 创新在考核中被重视的程度 $+\alpha_{24}\times$HRP 新技术培训状况，表示 HR 人力资源管理因子的影响力由这四个变量共同作用形成，α_{21}、α_{22}、α_{23}、α_{24} 为各变量的权重。　　　（4-16）

为确定变量权重 $\alpha_1...\alpha_{24}$ 的取值，特制定调查问卷向远景科技公司的十位主要管理者发放，经打分后计算出各权重的平均值，从而确定 α_1，...，α_{24} 的取值如下：

α_1=0.4，α_2=0.5，α_3=0.4，α_4=0.3，α_5=0.3，α_6=0.3，α_7=0.4，α_8=0.3，α_9=0.5，α_{10}=0.5，α_{11}=0.1，α_{12}=0.1，α_{13}=0.4，α_{14}=0.2，α_{15}=0.2，α_{16}=0.5，α_{17}=0.5，α_{18}=0.3，α_{19}=0.3，α_{20}=0.4，α_{21}=0.1，α_{22}=0.3，α_{23}=0.3，α_{24}=0.3；

根据权重 α_1，...，α_{24} 的取值，流率方程（4-5）至（4-16）表示为：

ZH 高转换成本影响因子 =1-0.4×ZNL 组织联盟能力；　　　（4-17）

QY 权益阻力影响因子 =1-0.5×组织调整能力影响因子；　　　（4-18）

WX 行为惯性影响因子 =1-（0.4×HR 人力资源管理影响因子 +0.3×XZ 学习型组织影响因子 +0.3×ZNT 组织调整能力）；　　　（4-19）

ZF 自负和经验主义影响因子 =1-（0.3×XZZ 自我超越能力 +0.4×XZX 心智模式改变能力 +0.3×XZS 系统思考能力）；　　　（4-20）

LX 领先心理影响因子 =1-（0.5×XZS 系统思考能力 +0.5×XZX 心智模式改变能力）；　　　（4-21）

XZ 学习型组织影响因子 =0.1×XZZ 自我超越能力 +0.1×XZY 共同愿景普及状况 +0.4×XZC 鼓励创新程度 +0.2×XZS 系统思考能力 +0.2×XZX 心智模式改变能力；　　　（4-22）

ZN 组织能力影响因子 =0.5×ZNL 组织联盟能力 +0.5×ZNT 组织调整能力；　　　（4-23）

HX 新技术获取吸收影响因子 =0.3×JH 技术获取能力 +0.3×JX 技术吸收能力 +0.4×JL 技术利用状况；　　　（4-24）

HR 人力资源管理因子 =0.1×HRY 掌握新技术的人员引进状况 +0.3×HRJ 创新激励状况 +0.3×HRK 创新在考核中被重视的程度 +0.3×HRP 新技术培训状况；　　　（4-25）

（3）确定各变量取值范围。由于各变量均为表示能力和程度的因素，定量比较困难，因此，将各变量分为优、良、中、差四个等级，每个等级用固定的数值表示，如表 4-1 所示。

表 4-1　变量取值范围

等级	数值
优	1
良	0.7
中	0.4
差	0.1

（4）观测各变量与技术创新核心刚性程度之间的作用。采用定性与定量结合方法进行灵敏度分析，分别对不同变量按优、良、中、差取值，观测不同的取值对技术创新核心刚性程度的影响。当对某变量取值时，其他变量不变，均假设为中等表现程度，取值为 0.4。各变量取值及相对应的技术创新核心刚性程度 H 变化如表 4-2 所示。

表 4-2　各变量与技术创新核心刚性程度 H 之间的灵敏度测试

XZZ	HZR	HXR	H
0.1	0.25094	0.02368	0.22726
0.4	0.21289	0.02560	0.18729
0.7	0.17643	0.02752	0.14891
1	0.14157	0.02944	0.11213
XZY	HZR	HXR	H
0.1	0.21821	0.02368	0.19453
0.4	0.21289	0.02560	0.18729
0.7	0.20757	0.02752	0.18005
1	0.20225	0.02944	0.17281

续 表

XZZ	HZR	HXR	H
XZC	HZR	HXR	H
0.1	0.23418	0.01792	0.21626
0.4	0.21289	0.02560	0.18729
0.7	0.19160	0.03328	0.15832
1	0.17031	0.04096	0.12935
XZS	HZR	HXR	H
0.1	0.25706	0.02176	0.23530
0.4	0.21289	0.02560	0.18729
0.7	0.17191	0.02944	0.14247
1	0.13412	0.03328	0.10084
XZX	HZR	HXR	H
0.1	0.26824	0.02176	0.24648
0.4	0.21289	0.02560	0.18729
0.7	0.16180	0.02944	0.13236
1	0.11496	0.03328	0.08168
ZNL	HZR	HXR	H
0.1	0.24330	0.01600	0.22730
0.4	0.21289	0.02560	0.18729
0.7	0.18248	0.03520	0.14728
1	0.15206	0.04480	0.10726
ZNT	HZR	HXR	H
0.1	0.25281	0.01600	0.23681
0.4	0.21289	0.02560	0.18729
0.7	0.17297	0.03520	0.13777

XZZ	HZR	HXR	H
1	0.13306	0.04480	0.08826
JH	HZR	HXR	H
0.1	0.21942	0.01984	0.19958
0.4	0.21289	0.02560	0.18729
0.7	0.20636	0.03136	0.17500
1	0.19983	0.03712	0.16271
JX	HZR	HXR	H
0.1	0.21942	0.01984	0.19958
0.4	0.21289	0.02560	0.18729
0.7	0.20636	0.03136	0.17500
1	0.19983	0.03712	0.16271
JL	HZR	HXR	H
0.1	0.22160	0.01792	0.20368
0.4	0.21289	0.02560	0.18729
0.7	0.20418	0.03328	0.17090
1	0.19547	0.04096	0.15451
HRY	HZR	HXR	H
0.1	0.21821	0.02368	0.19453
0.4	0.21289	0.02560	0.18729
0.7	0.20757	0.02752	0.18005
1	0.20225	0.02944	0.17281
HRJ	HZR	HXR	H
0.1	0.22886	0.01984	0.20902
0.4	0.21289	0.02560	0.18729

续　表

XZZ	HZR	HXR	H
0.7	0.19692	0.03136	0.16556
1	0.18096	0.03712	0.14384
HRK	HZR	HXR	H
0.1	0.22886	0.01984	0.20902
0.4	0.21289	0.02560	0.18729
0.7	0.19692	0.03136	0.16556
1	0.18096	0.03712	0.14384
HRP	HZR	HXR	H
0.1	0.22886	0.01984	0.20902
0.4	0.21289	0.02560	0.18729
0.7	0.19692	0.03136	0.16556
1	0.18096	0.03712	0.14384

根据专家咨询确定的 α_i 取值，得出表4-2中的运算结果。该结果显示，各变量对技术创新核心刚性程度 H 均有不同程度的影响，这些变量状况越好，技术创新核心刚性越小。按照影响力的大小各变量依次排序为：XZX 心智模式改善能力、ZNT 组织调整能力、XZS 系统思考能力、ZNL 组织联盟能力、XZZ 自我超越能力、XZC 鼓励创新程度、HRJ 创新激励状况、HRK 创新在考核中被重视的程度、HRP 新技术培训状况、JL 技术利用状况、JH 技术获取能力、JX 技术吸收能力、HRY 掌握新技术的人员引进状况、XZY 共同愿景普及状况。在这些变量中，心智模式改善能力、组织调整能力、系统思考能力、组织联盟能力等几个变量对创新核心刚性程度影响最显著。针对这个结果，高科技企业在克服技术创新核心刚性的工作中，应通过管理将这些变量调整到最好状况，特别要将影响力较大的几个变量作为重点调整改善对象，充分发挥这些变量对

创新核心刚性的抑制作用，力求将核心刚性降到最低程度。

由于各企业情况千差万别，每个人对变量的权重取值也各有不同，因此 α_i 的取值可以根据各企业的实际情况和管理者的理解进行调整，使之尽可能符合企业实际，从而得出较准确的验证结果。

4.6 技术知识的扩散和共享

在生态系统中，群落由植物、动物、微生物等各种群共同组成。种群内的各生物不是孤立的，相互之间存在物质循环和能量传递的复杂联系。种群与种群之间、个体与个体之间、生物与环境之间都存在着传递信息、物质、能量的网络，这个网络就是食物链和食物网，它们把生态系统各部分连接成一个整体。一般来说，食物网络越复杂，能流途径越多，生物抗干扰能力越强，系统稳定性越强，资源利用率越高。借鉴这一原理，高科技企业能形成发达的技术知识扩散和共享网络，将知识快速传递给每一个员工，让员工进行充分的知识交流和共享，并在员工的协同作用中有效地提高企业的创新能力和市场反应能力。

4.6.1 技术知识扩散和共享的概念

技术知识扩散就是技术知识通过一定的渠道在员工之间传播、推广和应用的过程。通过扩散，技术知识逐渐被员工采用，这增加了员工的技术积累，提升了员工的技术水平，从而为技术知识共享提供条件和基础。技术知识共享是指在技术知识扩散的基础上，员工公开分享彼此的技术知识，取长补短，共同提高。根据知识传播原理，当知识局限于个人所有时，其对本人的效用会增加，但对其他人不会产生社会效用。通过抽象和编码来延伸知识的运用范围，这样知识可以取得更大的社会效用。由此可知，在高科技企业里，技术知识的扩散和共享可以取得知识的社会效用，在扩散中对知识进行抽象和编码，将个人或团队的知识转化为组织整体的知识，将隐性知识转化为显性知识，从而促进高科技企业整体认知能力和集体智慧的发展，促进企业技术创新能力的提高。比尔·盖茨（Bill Gates）在《未来时速》中论述知识共享的重要性时指出："力量不是来源于保密的知识，而是来自共享的知识。一家公司的价值观和奖励制度应该反映这个观念。"

4.6.2　技术知识扩散和共享的途径

企业扩散和共享技术知识主要通过两种途径：正式扩散和共享机制、非正式扩散和共享机制。

1. 正式扩散和共享机制

正式扩散和共享机制是通过正式的组织行为完成技术知识扩散和共享的过程，其常用的方式有培训、人员轮换和知识管理信息网络建设。

培训是传播者通过专业化的符号和语言准确地传递知识，接收者通过程序、规则清晰地获得知识的一种有效方式。在信息与知识的传播中，传播者与接收者距离越小，传播效果越好，因此培训是知识传播速度较快、效率较高的一种方式。然而，传播的有效性是通过接收者的适合程度来度量的，对接收者既合理又有用的信息与知识的传播才是有效的。要想保证所培训的知识合理、有用，高科技企业必须将培训内容与实践紧密结合起来，将实践作为培训的目标，细化培训内容，针对每个部门、每个项目小组、每个专业岗位的工作内容进行专门培训。例如，施乐公司组织每个小组把学到的知识运用到实际问题中，并力求问题得到很好的解决，这个方法有效地促进了培训内容的掌握和传播。

人员轮换也是知识扩散的有效方法。在高科技企业里，不同技术领域之间、不同部门之间的人员轮换，有助于员工将自己积累的知识介绍给其他部门，并在亲身体验中从多个角度理解企业各部门的业务特点，这使企业内的知识传播变得更容易。例如，日本花王公司的研究人员一到40岁便从研究部门"退休"，然后被调到其他部门工作，如营销部门、生产部门。公司要求员工在任何一个 10 年期内从事的岗位都不能少于 3 个。

在信息传播过程中，某种时空距离会导致人们从感觉传播渠道转向人工传播渠道，借助技术力量增加传播距离。知识管理信息网络就是这样一种促进知识扩散和共享的人工渠道。依托于知识管理内外部网络和知识管理软件，员工可以远距离、快捷地获取知识，加快知识扩散和共享的速度。施乐公司的知识管理信息网络建设就是一个促进知识扩散和共享的成功例子。施乐公司建立了名为"知识地平线"的内部网络和知识库，这个网络连接了与知识管理有关的 20 个站点，通过这些站点，员工可以搜索到施乐公司的相关知识产品、技术和服务信息；施乐公司还建立了网上交流室，员工可以在网上相会，交流彼此的知识和经验。

2. 非正式扩散和共享机制

非正式扩散和共享机制是通过非正式组织的交流完成知识扩散和共享的过程。该机制包括多种形式，如与客户、供应商和研究院所的拜访和交往，合作中的相互研究探讨，午餐会、周末聚会中随意的交流和讨论等。一项研究结果显示，在高科技企业研发中通过正式扩散渠道获得的技术知识占 40%，而通过非正式扩散渠道获得的技术知识占 60%。

首先，隐性技术知识是高科技企业成功的关键因素。许多在长期实践中积累下来的经验和诀窍难以用语言表达，许多超前的未形成文字阐述的感受都存储在人的大脑中，难以通过正式渠道传播。认知理论揭示，在难以表达的领域里，感知的传播需要通过同时在场和与可能的传播者长时间的实际接近实现。非正式交流中的共同感受和体验、近距离观察具备这一条件，因此可有效地实现经验、诀窍的顺利传播。

其次，非正式交流的知识传播效率高。非正式交流通过人际网络来传播知识，在面对面的接触和交流中，知识需求者一旦提出知识要求，传播方很快就能针对要求进行讲解和演示，知识需求者可以很快通过传播者的语调、表情、手势等多种渠道接收多种信息，弥补知识在编码传播过程中造成的数据损失，准确抓住其中的要领和诀窍，节省了查找资料、苦思和摸索所花费的时间，这对要求快速反应的高科技企业来说尤其重要。

最后，非正式交流的知识共享质量高。非正式交流一般在比较宽松、随意的环境中进行，知识传播者不会拘谨。也不必担心自己的语言表达方式和介绍的内容是否经过严格的科学验证，知识传播者可以畅所欲言，谈论自己的心得和未经验证的思想，并通过平行的感觉渠道及时得到对方的反馈，使传播意图在不断的代码和信息调整中变得清晰，从而修正观点，使知识更新颖、更丰富、更完善。很多创新设想和解决方案就隐藏在那些未经验证的信息中，因此非正式交流有利于员工在知识共享中解决问题、自主创新。

非正式交流的优越性决定了高科技企业知识扩散和共享工作的重点内容。高科技企业应在知识扩散和共享的基础上，积极倡导非正式的人际交流，使两种知识机制相互补充，共同发挥作用，以达到良好的知识扩散和共享效果。

4.6.3　技术知识扩散和共享的障碍

尽管从理论上讲正式和非正式机制可以有效地促进技术知识的扩散和共享，但是实际上知识的扩散和共享不是轻而易举发生的，而是存在着诸多障碍，如正式扩散机制中的信息系统传播障碍，非正式共享机制中的组织结构障碍、知识独享障碍、知识理解障碍和求知障碍，这些障碍限制了技术知识的扩散和共享。

1. 信息系统传播障碍

知识管理信息系统的建设和应用水平决定了知识扩散和共享是否便捷、顺畅。当前，我国很多高科技企业知识管理信息系统网络建设投入不足，缺乏辅助沟通交流的软件系统和用于积累知识的数据库系统，如知识库、群件、专家系统、电子社区、视频会议等，这使知识共享行为受到限制。

2. 组织结构障碍

传统的金字塔形递阶式组织结构容易在上下层间造成交流的阶层障

碍，严格的部门划分也使同一层次员工之间沟通不畅。这种层级间隔、部门分割的刚性组织结构使员工难以畅所欲言，知识常常在传递过程中损失、失真或扭曲。知识共享需要宽松、自由的交流环境，而这种刚性的界限森严的组织结构阻碍着知识共享的实现。

3. 知识独享障碍

知识独享障碍是指知识拥有者为了保护个人利益，不愿意将知识公开出来，或控制知识的传播和扩散。其中的原因包括以下三个方面。

（1）知识共享成本与收益的不对称。知识的获得是要付出代价的，无论是长期积累下来的经验还是创新的技术知识，都需要有关人员耗费大量的精力，付出艰辛的努力。当个人知识具有效用并保持稀缺性时，其就产生了价值，而知识扩散侵蚀了其稀缺性。因此，知识拥有者扩散知识的前提条件是获得相应的补偿。然而，知识共享使他人从知识拥有者那里无偿获得这些知识资产并从中获益，知识拥有者却不能获得与知识等值的回报。于是，知识拥有者就限制知识的扩散，以获取更多的利益。

（2）员工自身竞争优势的维持。建立竞争机制，实行优胜劣汰是企业提高效益的常用管理手段。然而，这在一定程度上限制了知识共享的形成。员工担心专有知识共享会使自己的地位受到威胁，进而影响到自己的前程和利益。为了减少威胁，人们通常会有意隐藏知识，以增强其不可或缺性。因此，员工为了减少威胁，对自己拥有的技术专长、具有商业价值的技术信息和创新思想进行控制，以确保或提升自己的地位。

（3）员工对威望和权力的执着追求。高科技企业员工多为知识型员工，他们不仅追求成功，而且渴望威望和权力。在崇尚知识权威的高科技企业里，保持某一特殊专长的权威或垄断地位是获得威望和权力的重要途径。因此，技术专家对知识共享有强烈的抵制情绪，害怕失去知识权威和专家声誉。这种情绪倾向在很大程度上阻碍了技术知识在组织中的自由流动。

4. 知识理解障碍

技术知识积累路径的依赖性决定了人们的认知能力受到先验知识的

影响。人们在多年的知识积累中形成了思维规律和潜意识，这决定着人们看待新知识的视角，以及对技术知识的取舍。对于处于思维规律和潜意识内的新知识，人们往往乐于接受，而处于思维规律和潜意识外的知识，人们往往持怀疑态度，这就造成了不同知识背景的员工在知识共享中的知识理解障碍。

5. 求知障碍

高科技企业员工通常具有很强的自尊心，常常不敢轻易向别人发问，害怕别人认为自己无知，进而否定自己的能力。为了避免这样的结果，员工宁愿自己埋头钻研，也不愿意请教他人。这种意识限制了技术知识的流动和共享。

4.6.4 技术知识扩散和共享障碍的克服措施

1. 加强知识管理信息系统建设，构建知识扩散和共享的网络平台

网络是知识流动的渠道，知识管理软件是知识传递和共享的工具。要想克服信息系统传播障碍，企业在加强内部网和外部网建设的同时，还要重视软件系统平台的建设，将网络和软件工具构建成一个知识协同系统，使各方面的知识和经验得到汇合和交流，最大限度地实现个人知识集体化、隐性知识显性化、外部知识内部化，最终达到企业知识量倍增、知识质量提升的效果。促进知识扩散和共享的信息系统建设主要包括以下几个方面：建立知识存储系统，为员工提供知识储备；建立知识搜索系统，使员工快速获取知识，使隐性知识显性化；建立适时交流系统，为员工提供讨论问题和交流经验的空间，实现即时知识共享；建立视频系统，使分处不同地域的人面对面交流，使知识共享跨越空间限制；建立网络培训系统，实现知识随时随地地高效扩散。

2. 转变企业组织结构，使之扁平化、柔性化、网络化、灵活化

知识扩散和共享需要便于交流沟通的自由宽松的组织形式，因此企业要使递阶式刚性组织结构向扁平化、柔性化、网络化、灵活化方向转变。组织扁平化就是减少组织层级，这样的结构能有效地提高上下层之

间交流的质量，避免知识的中途流失和扭曲。组织柔性化指模糊部门之间、企业之间的边界，相互渗透彼此之间的知识。组织网络化指员工之间、部门之间，甚至与外部企业之间形成正式的和非正式的知识交流网络，彼此间可以平等真诚地交流。组织灵活化指企业内部可以组成一定的临时性项目组、动态团队等，实现知识的跨部门交流融合。具备这些特性的组织结构将有助于营造宽松、民主的环境，有利于知识的自由扩散和共享。

3. 建立学习型组织，促进非正式交流和知识共享环境的形成

学习型组织中的建立共同愿景、开展团队学习、改善心智模式、倡导系统思考这四项内容对非正式交流环境的形成、知识理解障碍和求知障碍的克服有重要作用。在共同愿景的引导下，员工个人的目标与组织目标高度统一，组织强有力的凝聚力和向心力使员工在共同目标的激励下主动与他人交流合作，主动与他人分享自己的知识财富。团队学习促使组织成员公开表述自己的观点、意见，并学习他人的知识和经验，组织内部形成良好的知识交流和共享环境，并使交流共享行为发展为组织习惯，从而有效地克服求知障碍。心智模式的改善引导员工突破原有的思维方法，系统思考教会员工从多角度考虑问题，这有助于员工理解和接受新事物和新知识，克服知识理解障碍。

4. 作好内部考核和激励，用制度引导知识共享行为

知识独享心理使员工的行为方式与知识共享要求相对立，而制度化的考评激励方法可有效地克服这一主观障碍。一是承认知识的价值，对知识成果给予补偿，在物质上进行激励。二是突出知识提供者的贡献，满足他们对威望的追求，在精神上给予激励。三是晋升激励，对于知识成果贡献突出的员工，给予提拔的优先权。四是对考核指标进行修正，将员工传播和共享知识的表现列入考评指标，并与员工的工资收入挂钩。调整考核重心，建立有利于知识共享的激励机制，抵制知识独享障碍的产生，促进技术知识的扩散和共享。

4.6.5　技术知识扩散和共享障碍克服措施的效果演示和验证

运用系统动力学流率基本入树建模法建立仿真模型，对克服技术知识扩散和共享障碍的各项措施的效果进行灵敏度分析和演示，对其有效性进行验证，如图4-18所示。

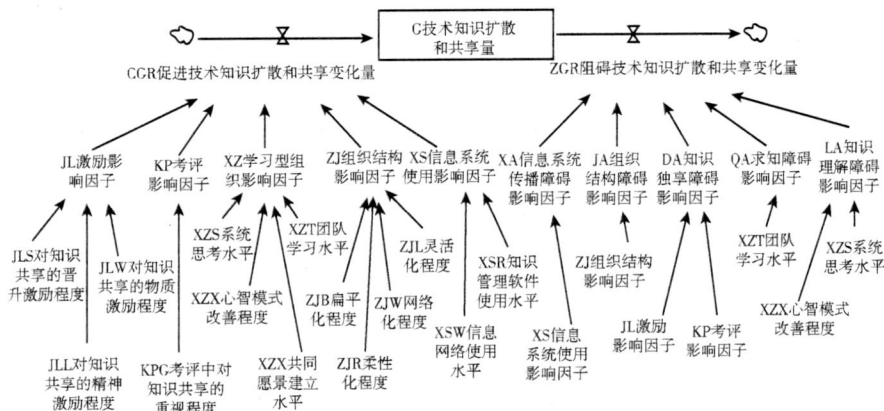

图4-18　技术知识扩散和共享流位流率基本入树模型

1. 建立技术知识扩散和共享入树模型

在技术知识扩散和共享流位流率基本入树模型中，将技术知识扩散和共享量确定为流位，它受到两个流率的影响，一个是促进技术知识扩散和共享变化量，另一个是阻碍技术知识扩散和共享变化量，这两个流率共同作用于技术知识扩散和共享量这一流位。促进技术知识扩散和共享变化量分别受到激励影响因子、考评影响因子、学习型组织影响因子、组织结构影响因子、信息系统使用影响因子五个分量的影响。其中，激励影响因子由知识共享物质激励程度变量、知识共享晋升激励程度变量、知识共享精神激励程度变量共同作用形成；考评影响因子由考评对知识共享重视程度变量决定；学习型组织影响因子由心智模式改善程度、系统思考水平、共同愿景建立水平和团队学习水平四个变量共同作用形成；组织结构影响因子受到组织扁平化程度、柔性化程度、网络化程度、灵活化程度四个变量的影响；信息系统使用影响因子由信息网络使用水平和知识管理软件使用水平两个变量共同决定。阻碍技术知识扩散和共享变化量分别受到信息系统传播障碍影响因子、组织结构障碍影响因子、知识独享障碍影响因子、求知障碍影响因子、知识理解障碍影响因子五个分量的影响。其中，信息系统传播障碍影响因子与信息系统使用影响因子密切相关；组织结构障碍影响因子与组织结构影响因子密切相关；知识独享障碍影响因子受到激励影响因子和考评影响因子的共同影响；求知障碍影响因子受到团队学习水平变量的影响；知识理解障碍影响因子受到心智模式改善程度变量和系统思考水平变量的影响。这些流率、分量、变量与流位技术知识扩散和共享量相连，构成了基本入树模型。

2. 建立变量方程

G 技术知识扩散和共享量 =CGR 促进技术知识扩散和共享变化量 –ZGR 阻碍技术知识扩散和共享变化量 （4–26）

CGR 促进技术知识扩散和共享变化量 =JL 激励影响因子 +KP 考评影响因子 +XZ 学习型组织影响因子 +ZJ 组织结构影响因子 +XS 信息系统使用影响因子 （4–27）

ZGR 阻碍技术知识扩散和共享变化量 =XA 信息系统传播障碍影响因子 +JA 组织结构障碍影响因子 +DA 知识独享障碍影响因子 +QA 求知障碍影响因子 +LA 知识理解障碍影响因子 （4–28）

JL 激励影响因子 =$\beta_1 \times$ JLS 对知识共享的晋升激励程度 +$\beta_2 \times$ JLJ 对知识共享的精神激励程度 +$\beta_3 \times$ JLW 对知识共享的物质激励程度（4–29）

式中，β_1、β_2、β_3 分别为变量的权重。

KP 考评影响因子 =KPG 考评对知识共享的重视程度 （4–30）

XZ 学习型组织影响因子 =$\beta_4 \times$ XZS 系统思考水平 +$\beta_5 \times$ XZX 心智模式改善程度 +$\beta_6 \times$ XZY 共同愿景建立水平 +$\beta_7 \times$ XZT 团队学习水平 （4–31）

式中，β_4、β_5、β_6、β_7 分别为变量的权重。

ZJ 组织结构影响因子 =$\beta_8 \times$ ZJB 扁平化程度 +$\beta_9 \times$ ZJR 柔性化程度 +$\beta_{10} \times$ ZJW 网络化程度 +$\beta_{11} \times$ ZJL 灵活化程度 （4–32）

式中，β_8、β_9、β_{10}、β_{11} 为变量的权重。

XS 信息系统使用影响因子 $=\beta_{12} \times$ XSW 信息网络使用水平 $+\beta_{13} \times$ XSR 知识管理软件使用水平 　　　　　　　　　　　　　　　（4-33）

式中，β_{12}、β_{13} 为变量的权重。

XA 信息系统传播障碍影响因子 $=1-$XS 信息系统使用影响因子 （4-34）

JA 组织结构障碍影响因子 $=1-\beta_{14} \times$ ZJ 组织结构影响因子 　　（4-35）

式中：β_{14} 为组织结构影响因子对组织结构障碍影响因子的抵消率。

DA 知识独享障碍影响因子 $=1-$（$\beta_{15} \times$ JL 激励影响因子 $+\beta_{16} \times$ KP 考评影响因子） 　　　　　　　　　　　　　　　　　　　（4-36）

式中，β_{15}、β_{16} 为变量的权重。

QA 求知障碍影响因子 $=1-\beta_{17} \times$ XZT 团队学习水平 　　　（4-37）

式中，β_{17} 为团队学习水平对求知障碍影响因子的抵消率。

LA 知识理解障碍影响因子 $=1-$（$\beta_{18} \times$ XZX 心智模式改善程度 $+\beta_{19} \times$ XZS 系统思考水平） 　　　　　　　　　　　　　　（4-38）

式中，β_{18}、β_{19} 为变量的权重。

为确定变量权重 β_1，…，β_{19} 的取值，特制定调查问卷向远景科技公司的十位主要管理者发放，经打分后计算出各权重的平均值，从而确定 $\beta_1 \sim \beta_{19}$ 的取值如下。

$\beta_1=0.3$，$\beta_2=0.3$，$\beta_3=0.4$，$\beta_4=0.2$，$\beta_5=0.2$，$\beta_6=0.3$，$\beta_7=0.3$，$\beta_8=0.25$，$\beta_9=0.25$，$\beta_{10}=0.25$，$\beta_{11}=0.25$，$\beta_{12}=0.5$，$\beta_{13}=0.5$，$\beta_{14}=0.8$，$\beta_{15}=0.8$，$\beta_{16}=0.2$，$\beta_{17}=0.7$，$\beta_{18}=0.3$，$\beta_{19}=0.3$。

3. 确定各变量的取值范围

由于各变量均为表示水平和程度的因素，定量比较困难。将各变量分为优、良、中、差四个等级，每个等级用固定的数值表示，如表 4-3 所示。

表4-3　变量取值范围

等级	数值
优	1
良	0.7
中	0.4
差	0.1

4. 观测各变量与技术知识扩散和共享量之间的作用

采用定性与定量结合的方法进行灵敏度分析，按优、良、中、差分别对不同变量取值，观测不同的取值对技术知识扩散和共享量的影响。当某变量取值时，其他变量不变，假设表现程度为良，取值0.7。各变量取值及相应的技术知识扩散和共享量 G 变化如表4-4所示。

表4-4　各变量与技术知识扩散和共享量之间的灵敏度测试

变量	数值	CGR	ZGR	G
JLS	0.1	3.320 00	2.274 00	1.046 00
	0.4	3.410 00	2.202 00	1.208 00
	0.7	3.500 00	2.130 00	1.370 00
	1	3.590 00	2.058 00	1.532 00
JLJ	0.1	3.320 00	2.274 00	1.046 00
	0.4	3.410 00	2.202 00	1.208 00
	0.7	3.500 00	2.130 00	1.370 00
	1	3.590 00	2.058 00	1.532 00

续　表

变量	数值	CGR	ZGR	G
JLW	0.1	3.260 00	2.322 00	0.938 00
	0.4	3.380 00	2.226 00	1.154 00
	0.7	3.500 00	2.130 00	1.370 00
	1	3.620 00	2.034 00	1.586 00
KPG	0.1	2.900 00	2.250 00	0.650 00
	0.4	3.200 00	2.190 00	1.010 00
	0.7	3.500 00	2.130 00	1.370 00
	1	3.800 00	2.070 00	1.730 00
XZS	0.1	3.380 00	2.310 00	1.070 00
	0.4	3.440 00	2.220 00	1.220 00
	0.7	3.500 00	2.130 00	1.370 00
	1	3.560 00	2.040 00	1.520 00
XZX	0.1	3.380 00	2.310 00	1.070 00
	0.4	3.440 00	2.220 00	1.220 00
	0.7	3.500 00	2.130 00	1.370 00
	1	3.560 00	2.040 00	1.520 00
XZY	0.1	3.320 00	2.130 00	1.190 00
	0.4	3.410 00	2.130 00	1.280 00
	0.7	3.500 00	2.130 00	1.370 00
	1	3.590 00	2.130 00	1.460 00
XZT	0.1	3.320 00	2.550 00	0.770 00
	0.4	3.410 00	2.340 00	1.070 00
	0.7	3.500 00	2.130 00	1.370 00
	1	3.590 00	1.920 00	1.670 00

续　表

变量	数值	CGR	ZGR	G
ZJB	0.1	3.350 00	2.250 00	1.100 00
	0.4	3.425 00	2.190 00	1.235 00
	0.7	3.500 00	2.130 00	1.370 00
	1	3.575 00	2.070 00	1.505 00
ZJR	0.1	3.350 00	2.250 00	1.100 00
	0.4	3.425 00	2.190 00	1.235 00
	0.7	3.500 00	2.130 00	1.370 00
	1	3.575 00	2.070 00	1.505 00
ZJW	0.1	3.350 00	2.250 00	1.100 00
	0.4	3.425 00	2.190 00	1.235 00
	0.7	3.500 00	2.130 00	1.370 00
	1	3.575 00	2.070 00	1.505 00
ZJL	0.1	3.350 00	2.250 00	1.100 00
	0.4	3.425 00	2.190 00	1.235 00
	0.7	3.500 00	2.130 00	1.370 00
	1	3.575 00	2.070 00	1.505 00
XSW	0.1	3.200 00	2.430 00	0.770 00
	0.4	3.350 00	2.280 00	1.070 00
	0.7	3.500 00	2.130 00	1.370 00
	1	3.650 00	1.980 00	1.670 00
XSR	0.1	3.200 00	2.430 00	0.770 00
	0.4	3.350 00	2.280 00	1.070 00
	0.7	3.500 00	2.130 00	1.370 00
	1	3.650 00	1.980 00	1.670 00

从运算结果可以看出，各项措施对技术知识扩散和共享量 G 产生了不同程度的影响。按照影响力的大小，各变量排序为：KPG 考评对知识共享的重视程度、XZT 团队学习水平、XSW 信息网络使用水平、XSR 知识管理软件使用水平、JLW 对知识共享的物质激励程度、JLS 对知识共享的晋升激励程度、JLJ 对知识共享的精神激励程度、XZS 系统思考水平、XZX 心智模式改善程度、ZJB 扁平化程度、ZJR 柔性化程度、ZJW 网络化程度、ZJL 灵活化程度、XZY 共同愿景建立水平。根据这个结果，高科技企业可从这些方面着手促进知识扩散和共享，注意运用影响力排在前面的几项措施，如绩效考评、团队学习、信息网络使用、知识管理软件使用等，这些变量状况越好，取值越高，技术知识扩散和共享程度越高。

企业对变量权重的取值各有所见，因此各企业可以根据实际情况和管理者的理解调整 β_i 的取值，使之尽可能符合企业实际，从而得出较准确的验证结果。

4.7　技术知识的学习和积累

生物种群的世代延续通过遗传、变异和进化完成。当环境发生变化时，适应环境变化的基因遗传下来，而不适应环境变化的基因会改变固有的遗传方式，发生基因突变，形成适应环境变化的新基因。那些结构、习性和能力相应产生了有益变异的物种生存下来，而产生了无益或有害变异的物种数量则减少。占优势的变种最终使原始物种消灭，变异种代替原始种，成为发展得更完善、组织得更高级的物种。随着物种遗传基础的变化，种群结构也发生变化，种群结构的变化使生境发生变化，被改造的生境反作用于种群本身，如此相互促进。这样，生物系统就由低级向高级发展、由简单向复杂发展。从这一生态现象可以看出，物种产生适应环境的有益变异是物种得以生存发展的关键，而不适应自然选择的遗传方式只会使物种消亡。借鉴这个生态原理，面对瞬息万变的市场环境和自身的竞争缺陷，高科技企业应产生适应性的变化，弥补缺陷，改进不足，不断适应市场的自然选择，并在市场竞争中长期生存下来。高科技企业对自身不足的发现和弥补是通过不断学习来实现的。因此，加强学习是高科技企业完善自己、发展自己的必由之路，管理者对此应高度重视。

自然界的生物在利用能量时，一方面将部分能量用来维持生命；另一方面将能量储存在体内，当身体里的有机物质分解为无机物质时，储存在体内的能量就释放出来。能量的存储功能对生物体的持续生存起到积蓄力量的作用。仿效这一生态现象，高科技企业应不断积累技术知识，在新老知识的交叉重构中获得新的技术创新能力。

4.7.1 技术知识的学习和积累与技术创新之间的关系

技术知识的积累源于技术知识的学习，知识的积累是学习的结果。根据学习的认知过程，从实际工作中获得的具体经验经过抽象和编码形成知识，然后通过实践检验形成新的知识，从而实现知识的飞跃。高科技企业通过学习积累下来的创新经验，经过个人和集体的抽象和编码形成集体知识，新一轮的创新实践使原有知识得到增长，从而使企业的认知能力和创新能力得到提升。如此循环往复，高科技企业的创新能力不断跃上新的台阶。因此，技术知识的学习和积累使高科技企业技术能力持续增强，形成技术创新能力的跃迁式增长轨迹。

"知识平台"思想对技术知识积累和能力转化轨迹做了详细阐述。技术能力发展是一个通过少数几个阶段性台阶实现间断性积累的结果。当多个知识层面相互交叉时，新知识就出现了。知识面的交叉表明多个领域聚集于某一点时所产生的积累知识的综合。因此，知识的积累不单是知识面内部的积累，还是不同知识面的偶然性综合。由此可见，技术的创新源于知识的积累。罗森伯格提出，由于不同知识面发展速度的不一致，有的知识面发展落后于其他知识面，这样就出现了知识发展的瓶颈，知识的成长是不同的知识面在不同时点领先或落后的"强迫过程"，领先的知识面必须被储备与保存。这一观点也论证了组织强调对技术知识储备的重要性。

"知识平台"思想揭示了技术知识的学习和积累与技术创新能力增强的密切关系。企业技术知识的学习和积累是技术能力在不同平台上跃迁的前提条件。在企业的技术能力跃迁到新阶段之前，企业在现有的平台上进行知识的学习与积累，进行知识种类和数量的扩张，从而形成平台产品体系，此时是技术知识学习和积累的静态增长过程；当知识种类和数量积累到一定程度时，随着不同知识面之间的交叉重构，在市场变化外因的诱导下，企业技术创新能力出现动态性变迁，跃升到一个新的台阶。因此，企业的技术创新能力形成"平台扩展—跃迁上新台阶—新平台扩展—再次跃迁上新台阶"的增长轨迹。每上一个新台阶，企业就实现一次技术知识学习和积累从量变到质变的飞跃。

现以瑞典爱立信公司为例，说明技术知识积累与交叉重构形成的技术创新。表4-5回顾了爱立信公司的蜂窝电话和通信电缆的几代产品成功的技术积累轨迹。在这两个例子中，每一个新一代产品都在现有技术基础上向更大领域扩展，只有少数几个是孤立的。技术积累的过程不仅包括企业原有技术的积累、新技术的增加，而且包括新旧技术的交叉重构。

表4-5　爱立信产品升级中的技术知识积累

产品	品种	重要技术的数量			外界所需技术 /%	专利等级 /%
		旧技术	新技术	废弃技术		
蜂窝电话	NMT-450	—	—	—	12	17
	NMT-990	5	5	0	28	25
	GSM	9	5	1	29	29
通信电缆	同轴电缆	—	—	—	30	14
	光纤电缆	4	6	1	47	17

由此可见，企业技术创新能力的提升过程，实际上是一个企业不断学习和积累知识经验、知识存量不断增长的过程。因此，高科技企业要想获得持续技术创新能力，实现长期稳定持续发展，必须建立技术知识的学习和积累机制。

4.7.2　技术知识学习和积累的机制

技术知识的学习和积累是一项系统工作。根据高科技企业的工作特点，这项工作大致可以分为五方面：从当前工作中学习和积累知识、从事后总结中学习和积累知识、对照内部标准学习和积累知识、从客户反馈中学习和积累知识、运用信息系统学习和积累知识。

1. 从当前工作中学习和积累知识

高科技企业的竞争优势主要来源于隐性知识的积累，因此隐性知识应成为员工学习的重点内容。企业应建立培训机制，实际经验和诀窍的传授有利于员工抓住技术要领和关键环节，以便迅速胜任工作。高科技企业研发工作的创新性决定了工作常常无章可循，这时技术难题的解决则依靠员工的边干边学和技术骨干的言传身教。因此，高科技企业应挑选技术骨干担任新员工的指导老师，同时要求新员工培养自学能力。

非正式沟通是员工间相互学习的有效途径，宽松的交流环境有利于深度会谈，使不同员工的知识和经验在扩散中抽象和编码成新的知识，以解决工作中出现的问题。高科技企业应积极倡导这一学习方式，鼓励午餐会议、咖啡会议等各种形式的随意交流。

高科技企业项目开发难免遇到困难，这就需要企业对当前工作反复检查，找到缺陷和问题所在。过程审计就是发现问题、解决问题的有效方法。高科技企业应选择项目负责人担任这一职务，对项目和资料进行深入分析，尽可能多地与项目成员谈话，从而评定哪里有缺陷，哪里表现不错，哪里可以做得更好。审计人员需要提供建议和指导，并将解决问题的方法和成功经验详细记录进知识库，选出典范在企业里广泛传播。过程审计是高科技企业引导学习过程、交流反馈的重要活动，这有利于上下层的沟通，达到团队学习的功效，从而引导团队向更好的方向迈进。

2. 从事后总结中学习和积累知识

温故而知新，学习过去的经验，将经验抽象、编码为可扩散的知识，从而提升认知能力，这也是一种经济有效的学习方式。对企业来说，重新审视企业过去的工作情况，系统客观地对其做出评价，并将经验和教训向全体员工开放，让他们铭记于心。一项新产品调查结果表明，从失败的经验中获取的知识，对后来所取得的成功是非常有用的。简言之，失败是成功之母。例如，IBM 的 360 型计算机系列是该公司有史以来最流行和最盈利的产品之一，而这一系列成功的基础，正是源自研制失败的伸展型计算机。因此，高科技企业应重视事后总结学习，并将其制度化，管理者应随着项目进展定期召开讨论会。管理者在组织上引导员工针对事，不针对人，鼓励员工坦诚相对，说出心中真实的想法。讨论结束后，分析总结报告，并将其记入企业知识库和文档库，报告内容不仅要包括产品开发过程等描述性文字，而且要包括各种问题、解决问题的思路、实验失败的教训、成功的诀窍等。将得出的技巧、经验和教训在全企业广泛宣传，将经典案例记入培训教材。

3. 对照内部标准学习和积累知识

工作质量优劣的评价需要统一的标准，将实际工作与标准进行比较，找到具体问题和差距所在。因此，高科技企业应建立衡量产品开发活动的量化标准，把它作为一种参照系统和信息反馈系统，帮助项目组成员改进工作，达到学习进步的效果。测量系统应涉及产品质量和流程各个方面，在每个项目中，管理者应自始至终运用这些标准进行预测、过程控制和信息反馈。项目完成后，用这些标准进行评估，测度技术的有效性，发现可改进的机会，并确定衍生产品的开发标准。这种内部标准的推广将便于衡量各团队的技术水平和工作技巧，便于员工持续地从不同的项目中共同学习。

4. 从客户反馈中学习和积累知识

客户可以为企业提供丰富的信息，企业从他们那里可以获得最新的产品信息、竞争对手的情况及偏好变化的预测。尤其是在产品投放市场后，企业从他们的反馈中能了解产品使用情况、产品服务的改进意见，从而形成新的数据和信息的积累，使认知得到提升。例如，在摩托罗拉公司，包括总裁在内的管理和决策委员会要定期地与顾客会面；在华新顿钢铁公司，所有机械操作人员都要定期到客户的工厂去了解客户的需求。面向客户的学习通过市场情况反馈系统实现，如产品使用研究、电话信息分析系统、用户满意度调查等。产品使用研究指高科技产品刚推向市场时需要选择试点单位试用产品，检测产品的各项特性和功能，然后根据试用情况对产品逐步改进。建立电话信息分析系统，将客户反映的问题集中起来并进行分析，然后将其传送到各产品项目组经理和其他相关人员那里。定期对客户进行集中调查，了解客户对产品的满意程度，观察客户的需求变化趋势。通过这些反馈措施，企业可以积累大量改进产品的意见，这些意见经过编码和抽象成为产品进一步创新的宝贵知识。

创新研究经典理论强调新产品在开发过程中应努力识别和理解客户的需求。然而，由于表达能力的局限性，有时客户无法说明其具体需求。如果遇到这种情况，项目管理人员必须实际观察客户的产品使用情况，必要时亲自参加产品的使用过程，亲身体验产品的使用效果。国外一些公司在这方面做出了尝试。例如，施乐公司在其帕洛·阿尔托研究中心雇用了一些学者，让他们到各办公室去观察新型产品的使用情况；某数字设备公司发明了一种名为"连贯询问"的内部行为过程，让软件工程师对新技术使用的全过程进行观察。除了满足顾客潜在需求外，企业还要注意引导和教育潜在客户，此过程称为"探索性营销"，通过真实产品市场实验、意见反馈来开发出潜在客户。

5. 运用信息系统学习和积累知识

人的大脑具有遗忘的特性，学习和积累的知识不能仅靠大脑来存储，这不利于知识积累的完整性、系统性，也不利于知识的传播和分享。信息系统具有人脑不可比拟的强大的编码、存储和传播功能。因此，企业在积累知识时应利用信息技术建立知识库，设置专职的知识管理人员负责知识的收集和更新。一方面，将企业的最佳实践、客户意见、技术诀窍、成功经验等整理分类，存入知识库，供员工学习；另一方面，注意更新知识内容，及时删除过时的知识，确保知识积累的有效性和新颖性。

技术知识的学习和积累为高科技企业技术创新提供了宝贵的知识来源。需要注意的是，无论思想来源于何处，学习过程都得在一个善于接受的环境中进行。对于批评和坏消息，管理者不能持反感和对立的态度，而要克服本能的自我开脱倾向，保持开放和反思的态度。企业应保持开放的、积极听取意见的态度，这样才能在不断的知识学习和积累中扎扎实实地增强技术能力和创新能力。

4.8　技术标准管理

在生态系统中，那些凭借体形、数量和活动优势对种群产生重大影响的物种称为群落优势种。优势种具有高度的生态适应性，它常常在很大程度上决定着群落内部的环境条件，对其他物种的生长有很大影响。生态位优先占领假说揭示了群落资源在物种间的分配关系：第一位优势种优先占领有限生境资源的一定部分，第二位优势种占领第一位优势种所余留下来的资源的一定部分，第三位优势种占领前两位优势种所余留下的资源的一定部分，依此类推。物种的个体数量与它所占有的资源量成比例，第一位优势种的个体数量是第二位优势种数量的若干倍，而第二位优势种的个体数量又是第三位优势种数量的若干倍。物种之间的竞争使优等级的物种往往先占据适合的生境，随着密度的增加，没有生境可占的"游荡的贮存者"被排挤出去。借鉴这一生态原理，高科技企业若创新成功，应尽可能地将该创新技术发展为行业标准，使本企业成为高科技产业群落的"优势种"，从而取得优势地位。

4.8.1 技术标准管理的内容

技术标准管理是指高科技企业对核心技术标准进行规范管理，要求外围产品技术标准与核心技术标准保持一致，以此保证产品体系间的兼容性和产品体系的扩展。技术标准管理包括内部标准管理和行业标准管理两方面的内容。

1. 内部标准管理

高科技企业的产品研制和各种服务，需要员工并行、交互工作，并对知识进行收集、辨识、利用、创新和集成。为了充分发挥个人、项目组的创造性，同时达到产品预定的功能和质量要求，产品研制的组织者首先要进行系统设计，将产品分解成若干个子项目或模块。接着，确定各个子项目或模块的基本功能、物理结构的接口方式与规格、能量传输和信息传递的输入输出要求，在此基础上，从事研制的人员或项目组根据系统设计提出的要求，发挥各自的创造性，完成自己承担的任务。各个子项目或模块建设完成后，再进行系统整体的集成、调试、检验或完善。如果系统设计是完善的，并达到了预先规定的要求，系统集成协调了各部分关系，一件复杂的产品就研制出来了。由此可见，系统设计规定的子项目或模块的技术要求是刚性的，谁也不能违背，否则产品就无法集成。产品定型后，这些刚性的技术要求就会相对地固定下来，形成企业内部的标准。

大型的计算机软件开发基本上都是按照上述方式进行的。系统设计人员先将一个需要研制的巨大软件划分为若干部分或模块，并确定各部分或模块的功能输入输出要求、格式等技术标准，各个研制小组在遵循这些标准的前提下，独立从事研制工作，创造性地开发各自的模块，最后统一集成。这一过程还可以在各研制小组内部进一步细化，多层次分解。

2. 行业标准管理

如果一种复杂产品由许多企业共同生产，每个企业仅生产一种或几种部件，那么产品各个部件的基本功能、物理结构的接口方式和规格、能量传输和信息传递的输入输出要求等由技术领先企业制定或行业中主要企业协商制定，并相对严格地固定下来，这就是行业技术标准。生产各种部件的企业都必须服从行业标准，但在服从的前提下，各企业可以进行个性化创造。各个部件可以独立进入市场，也可以直接供应给其他企业，最终产品由某些企业或用户系统集成。

微型计算机常采用专业化生产方式，即使是IBM、COMPAQ、联想等知名公司，也仅生产具有核心技术或自己特色的部件，其他零部件则由世界各地专业化厂商生产，如芯片由美国INTEL等公司制造，内存由韩国生产，硬盘由马来西亚制造。为了顺利地组装一台微型计算机，生产厂商共同制造了一系列技术标准、规范与要求，以使零部件与基本的软件可以在不同品牌的微型计算机中相互兼容。

4.8.2　技术标准管理的意义

技术标准管理对高科技企业意义重大，主要表现在以下两个方面。

1. 技术标准管理促使高科技企业有序生产

由于高科技企业在组织形态上具有较大的柔性、灵活性、松散性和有机性的特点，复杂的生产过程常常由许多员工共同协作来完成，这使得企业难以形成从上到下的指挥链，容易出现内部混乱的现象。对高科技企业而言，知识是根本，创新是灵魂，树立知识权威是高科技企业管理的基本要求。因此，高科技企业对主要技术实行规范管理，制定各种技术规范、标准、要求及协议，用它们来约束、协调生产，有效地保证生产的统一调度和协调运行；在统一严格的技术标准约束下，产品各部分必须达到统一规定的质量要求；在高度协调的生产运行中，各部门的技术资源优势互补，从而降低产品成本。

2. 技术标准管理促使高科技企业形成持续竞争优势

高科技企业的持续竞争优势并不在于某一项创新和设计技术，而在于某个领域里的专有技术体系。任何一种单一的产品都很容易过时，而一个设计良好并可以扩充的技术体系可以随着关键技术一起发展，为客户提供稳定的节点产品，并进一步发展为辐射状的、长期存在的产品家族平台，从而长期赢得稳定的客户。然而，这个产品体系的壮大是通过公布标准、签订接口协议、允许其他产品无缝隙地组合到产品体系中实现的。那些控制专有体系结构标准的高科技企业，将获得更大的竞争优势。因为技术标准对应的是一个技术群落，所以它决定了某一行业的技术路线，并最终决定产品家族的发展方向。高科技企业一旦控制了技术标准体系，将最大限度开发其体系产品功能，引导市场潮流，即使遭受仿制者和技术体系挑战者的"袭击"，也可以通过修改其技术体系标准，摆脱不利的处境。

4.8.3　技术标准管理的运用

高科技企业实施技术标准管理的最高目标就是形成自己的技术标准，然后推而广之。企业内部标准的形成主要依靠企业本身的技术水平、技术能力和技术方法，行业标准的形成主要依靠企业的市场运作能力和技术策略。高科技企业实施技术标准管理需要围绕这两方面进行。

1. 形成企业自己的技术标准

（1）选择具有发展潜力的领先技术。能够发展为技术标准的技术必须具有超前性、先进性和广阔发展前景的特点，不具备这些特点的技术不可能发展成未来的技术标准，这是高科技企业在选择技术标准时必须牢牢把握的前提条件。这种优势技术除了可以通过自主创新获得外，还可以通过合作研究等其他途径获得。不论采用何种途径，企业都必须把握一条原则，那就是采用有效的方式尽快获得有价值的技术。对于微软、思科等发展较快的公司，其优势不在于开发了多少技术产品，而在于采用有效的方式获得所需的核心技术，从而构建技术标准。

（2）保证高水平的制造过程。高水平的制造过程可以保证产品的质量，核心部件的高制造水平常常成为赢取产品体系控制的关键，是促成和稳定技术标准的重要环节。以计算机处理器为例，良好的制造过程可以改进性能，这就是英特尔这样的产品体系领导者自己制造芯片的原因。

美国太阳微系统公司只专注于SPARC微处理器的设计，而将制造分包给部件供应商，供应商低水平的制造技术损害了SPARC的性能，最终影响了这个产品的推广。事实上，越是先进的技术，越需要高水平的制造过程，高水平的制造过程能完美体现技术的先进性。

（3）确保产品的可调用性。对于计算机产品，其兼容性取决于接口方式、能量传输和信息传递的输入输出方法的一致性。留有可调用的接口、规范传输方式是单一产品发展为产品体系的基本条件。例如，计算机软件产品的结构是一种类似洋葱的层化结构，其核心技术部分是内核，内核外面环绕着许多相连的层，客户看到的是最外层。如果想实现该产品与其他产品的相连使用，必须定义每层间的接口，接口是产品结构中每一层的公开进入点，这使得其他产品部分对其的调用成为可能。

（4）使用统一的技术语言和共享构件。要保证自主开发的体系产品之间的兼容性，企业应尽可能地使用共同的"语言"——开发语言、惯例、工具、组件或中间件。对产品进行统一设计，规定各项目组、各部门必须重复利用某些产品构件，这种重复使用保证了产品某些功能的长期稳定，不仅减少了产品开发工作量，而且减少了由于产品的兼容性差而导致客户拒绝的现象。

2. 将技术标准推广为行业标准

（1）加大市场拓展力度，促进行业标准的形成。企业应积极向市场推广其内部技术标准，抢占市场份额。对此，企业可采取以下策略：①同时构造多个版本。高科技企业推出新产品时，应针对世界各地不同的市场和不同的产品平台，准备好每种产品的不同版本。②将点产品发展为产品体系。尽管点产品在某段时间内可以帮助企业赢得市场份额、获得高额利润，但是如果不能将其持续研发成产品体系，企业就不能形成行业标准，长期占领市场。③广泛授予经营特许权。向客户提供特许经营权，这不仅可以收取技术转让费用，加快技术研发成本的回收，而且有助于技术的广泛传播，拓宽技术的使用范围，扩大产品的销售量，提高市场占有率和产品影响力，以便企业在制定行业标准时更有发言权。例如，ADOBE 公司因其广泛发放 PostScript 语言经营特许权，而成为行业标准的设定者。④推动大批量销售，签订独占性供货合同。高科技企业推出新产品时，充分运用低价、促销、授权等方式促进大批量销售。低价策略将快速驱逐同类产品的竞争者，迅速扩展市场份额，从而使企业成为某种产品的独占供货商。⑤整合、拓宽、精简产品延伸市场。高科技企业可通过集成功能分离的产品、拓展原有产品的功能、精简产品，满足新的客户要求，从而进一步延伸企业已经占有的市场。⑥运用联盟战略，推动市场的形成。单个企业在技术、资金上有一定的局限性，其技术标准的形成需要各方面的支持。企业间建立战略联盟，共同制定技术标准，这样既可以取长补短，获得资源和市场的互补效益，达到共同拓展市场的目的，也可以避免企业间的技术标准之争，达到双赢的目的。例如，英特尔公司、戴尔公司等为共同开发一套移动因特网技术标准而组建成知识联盟；三菱公司、索尼公司和东芝公司为建立新一代数码图像电视接收器的加密技术标准而携手合作，结成联盟。

（2）运用知识产权保护促进技术标准建立。随着高科技竞争的不断升级，技术标准与专利之间的联系越来越密切，专利保护圈可以有效地促进技术规范上升为行业标准。很多实力强劲的跨国公司常常认真分析行业的发展状况，将专利的申请管理工作与企业研发工作、标准化工作捆绑在一起，申请有发展前途的专利技术后，要求加入该专利产业的企业必须与自己合作，或者成为非核心产品的代工，从而将专利技术拓展为行业标准。例如，高通公司技术标准的形成就是依靠其拥有的 CDMA 国际移动通信标准的 1400 多项专利实现的。

（3）不断淘汰旧技术标准，推出新技术标准。世界上没有任何一个市场地位是永远安全的，尤其是在竞争残酷的高科技市场，无论多么先进完善的技术标准都会随着社会的发展而过时。不断改进或抛弃旧产品，重建新产品体系，推出新技术标准，否则竞争对手迟早会推出替代性产品，进而发展为新的行业霸主。因此，高科技企业应保持研发热情，不断对产品体系升级和更新，这是长期保持技术标准的有效办法。

4.9　知识产权保护

生态系统的再生资源如果能被人类合理利用、科学管理和严格保护，就可为人类提供源源不断的资源和产品。如果人类用之不当，只用不养，不重视管理与保护，势必加速生态系统的失调、衰退或瓦解。在高科技企业中，知识是企业赖以生存的资源，作为知识结晶的创新产品也需要得到很好的管理与保护，以保持技术创新的持续性和良性发展。

4.9.1　知识产权保护的作用

1. 知识产权保护保证了持续创新的资金来源

高科技企业的创新产品凝聚着大量的知识、信息和开发人员的智慧，知识和信息在使用上具有公共产品属性，尤其是企业的秘密知识，经过了高度的抽象和概括，具有潜在价值，扩散后有广泛的社会适应性。因此，当创新产品进入市场时，信息、知识会在商业活动中溢出。在高利润的驱使下，创新成果常常被竞争对手模仿、复制。创新企业投入了大量资金，并承担了创新不确定性的多种风险，若企业得不到应有的补偿，企业持续创新动力就会严重弱化。知识产权保护授予了创新者在一定时期内独占创新收益的权利，使他们能够通过知识产权转让获取高额利润，以保证持续创新的资金供应及持续创新的热情。

2. 知识产权保护促进了创新成果的商品化

高科技创新产品的商品化常常与技术标准战略捆绑在一起。新产品技术行业标准要求企业对创新产品拥有独占权，如果创新成果被他人使用，新市场被他人瓜分，则行业标准无法形成，创新产品的商品化进程将严重受阻。知识产权保护使企业得到法律保障，为新产品商品化的顺利实现扫除了障碍。此外，专利权规定的保护期限、专利实施的强制许可和必须交纳的专利年费，促使企业积极推广应用自己的创新成果，加快新产品市场化速度。

3. 知识产权保护有利于技术的获取和创新

知识产权保护制度规定创造者在申请知识产权保护时，必须向社会公开自己的智力成果信息，如专利文献内容、技术类型和范围、产品功能、产品附图和详细说明等。这些是高科技企业进行技术创新的重要技术知识来源。通过检索这些信息，高科技企业能够基本把握国内外技术发展的现状，不仅可以直接引进有用的技术，提高企业的技术能力，而且可以从中得到创新启示，促进自主创新。例如，美国的一个小企业在查阅专利文献时发现了静电复印技术，认为这是一项具有广阔应用前景的技术，于是发明了静电复印机。根据世界知识产权组织介绍，在研发中充分利用专利文献信息，不仅能提高研究起点，而且能节约经费、节省时间。

4.9.2 知识产权保护的类型

知识产权的妥善保护和知识产权管理的完善对企业技术创新具有重要的促进作用。根据"国际保护知识产权协会"的划分，知识产权包括创造性成果权、识别性标记权两大类，其中创造性成果权包括发明专利权、技术秘密权、工业品外观设计权、著作权、集成电路布图设计权等，识别性标记权包括商标权、商号权等。

根据《中华人民共和国专利法》的规定，一项技术要想获得专利保护，必须同时满足三项专利申请条件，即新颖性、创造性、实用性。专利权具有法定的时间性和地域性限制，发明专利保护期为20年，实用型专利保护期为10年，超过保护期，专利技术将被公开、被全社会无偿共享。一国授予的专利只在该国法律范围内受保护，企业要想在国外获得技术专利，需要在国外另行申请。从这些规定中可以看出，专利具有社会公开性，这决定了专利产品便于在国内市场推广；专利受法律强制力的保护，这说明当专利权受到侵犯时，企业可依靠司法保护获得补偿。因此，对于生命周期短、希望尽快推广、市场主要在国内、产品技术易通过反求工程获得的创新成果，高科技企业应采用专利方式加以保护。

与专利保护相比，技术秘密的保护范围更广。不为公众所知，且具有经济价值的实用型技术成果可以作为技术秘密加以保护。通常，权利人自行采取技术秘密保护措施，如发现侵犯技术秘密的行为，则利用法律对侵权人进行制裁。技术秘密保护承担着较大的保密风险，保密管理环节的任何疏漏都有可能造成技术秘密的泄露，这使企业丧失技术专有权；当包含技术秘密的产品推向市场后，竞争对手通过反求工程破解技术秘密的行为不视为违法行为。根据技术保密的上述特点，对于那些生命周期长、难以被他人分析掌握、权利人不希望扩散和转让的技术，如技术诀窍、管理经验、技术信息等，高科技企业应采用技术保密的保护方式。

著作权保护是指保护各种形式的具有独创性的文学、艺术和科学作品。工业品外观设计专利是指产品所享有的形状、色彩、图案等富于美感并适用于工业的新设计。商标权是产品所拥有的文字和图形组合成的用于区别商品的标记权。商号权是产品生产厂商的名称权。高科技企业的创新产品既可以单独享有某项知识产权，也可以同时享有这几项知识产权。例如，工程设计、产品设计图、软件产品可拥有著作权，产品外观创新可申请工业品外观设计权，体现产品品质的商标和体现企业声誉的商号可分别申请商标权和商号权。

4.9.3 知识产权保护的完善措施

高科技企业的知识产权保护是一项系统工程，企业应从事前预防、事中控制、事后追究三方面入手，全方位预防和抵制知识产权的侵害行为。

1. 事前预防

建立一个防范侵权行为的防御体系，是知识产权保护工作的重点内容。该防御体系的建立主要包括以下几个方面。

（1）建立知识产权申报制度。知识管理人员应及时收集整理本产业及相关领域的技术发展信息，对于具备申报条件的技术、标志，尽早申请专利，以获得法律上的保护；对于有良好发展前景但还不具备申报条件的技术和商标，做好申请准备工作。

（2）建立技术保密制度。对于与技术秘密相关的技术资料、产品部件、试制样品等，企业要制定严格的保密制度，通过劳动合同、员工守则、劳动纪律等方式明确员工的保密义务和相应的责任；对于企业的核心技术，只允许少数几个核心人员掌握，并与他们签订保密协议，约束他们的保密行为，同时通过股权、期权等方式稳定核心人员，以防他们离开企业后泄露和扩散技术；对于企业知识库和文档库中的知识，分级设定访问权限；对于某些重要技术资料和文档，只允许企业部分主要人员查阅。

（3）做好知识产权保护教育工作。对员工进行知识产权保护培训，其目的是增强全员的知识产权保护意识。培训的内容为《中华人民共和国专利法》《中华人民共和国商标法》等相关法律知识，以及企业保密纪律。培训对象为全体员工，尤其是掌握技术秘密与经营秘密的专业技术人员和管理人员。企业既可以选择会议形式，也可以选择非正式的日常交流形式。

2. 事中控制

随着产品创新进程的加快，把握好各阶段的知识产权保护工作重点。对于新产品设计、开发、生产阶段的技术信息，及时安排人员申请专利；对于产品工艺设计图和计算机软件产品，及时申请著作权保护；对于技术秘诀、管理诀窍，重点叮嘱相关技术和管理人员保密。在营销阶段，将客户、供应商和代理商信息，货源情况，市场预测分析，市场变化信息等作为商业秘密加以保护，监督营销人员的保密行为。此外，尽早注册产品的品牌。在加强事中控制的同时，企业还要建立知识产权保护检查制度，及时发现存在的问题并加以改进。

3. 事后追究

对于侵犯企业知识产权的行为，企业必须依法追究其法律责任。对于侵害专利权、工业品外观设计权、著作权、商标权、商号权的行为，技术专利事先在相关政府部门备案，因此司法诉讼中的举证较易。然而，对于侵犯技术秘密的行为，由于企业事先没有在任何权威部门备案，进行司法诉讼时，必须提供充足的证据，证明被侵犯的技术信息或商业信息是企业商业秘密的构成要素。因此，员工签订的劳动合同中必须详细明确地规定员工的保密责任，并要求员工在保密协议、保密纪律上签字确认，从而对未来可能发生的诉讼积累证据。

4.10　技术知识与资源结合成为高科技产品

前面九节详细论述了高科技企业技术活动管理的各项内容。高科技企业通过实施技术知识管理使技术知识与资源结合成为高科技产品，使知识融入产品使产品价值增殖。企业根据市场需求偏好和自身基础条件，通过搭建产品平台，强化技术知识管理，进行系统集成，实现知识向产品转化和产品价值增殖，在此之后还要进一步完善、拓展、升级产品，保证产品价值持续增殖。

4.10.1　搭建产品平台

梅约与厄特伯克在研究企业技术能力时提出了"产品平台"概念，认为企业产品技术水平不断上档次，是产品平台不断提高的结果。这里所说的产品平台实际是企业产品的核心技术。企业形成了产品平台，也就形成了内生于该平台中的核心技术能力，企业依赖这样的核心能力，以设计思想和能力要素为核心（核心技术）而扩展开一系列产品技术。

　　图4-19大致描绘出了高科技企业的产品平台。该平台包括两个区域，从内到外分别是企业核心技术部分、企业非核心技术部分。企业核心技术部分处于产品平台的中心位置，是企业最具技术优势、具有自主知识产权的部分。核心技术控制在企业最核心的几个成员手中，具有核心技术的平台产品常常由企业自己生产。围绕企业核心技术，企业在非核心技术区域外购零部件，生产附属部件或委托其他企业外包生产，进行纵向一体生产。最后产品各部分再统一集成，形成完整产品。

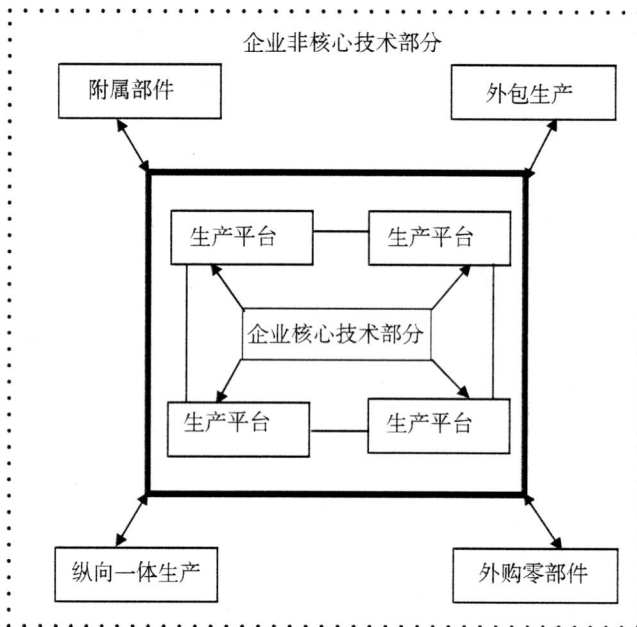

图4-19　高科技企业产品平台

4.10.2　产品在刚性的技术知识管理中形成

　　高科技企业在获取所需技术知识并经过严格筛选，或通过引进、吸收技术形成自己的创新能力，在确保了所需要的核心技术、相关人才、研制资金、劳动资料后，启动项目进入新产品研发阶段。高科技企业新产品研制工作顺利有序进行，依靠的是刚性的技术知识管理。

在技术知识刚性管理下，在各工作小组满足子系统的基本功能、输入输出要求的前提下，也可以进行个性化创造，如可口可乐公司要求它在世界各地的工厂都使用统一的原浆加工生产最终产品的基础上，又允许各个子公司根据各地的习惯调整最终产品的糖分、浓度等其他指标，使可口可乐在不失特色的情况下贴近了消费者的需求。这样既保证了刚性技术管理在管理全局中发挥的作用，又给予局部一定自由度来发挥特色、灵活应对市场。

新产品研制出来后必须经客户试用，根据客户意见改进后形成最终产品，正式投入市场，企业为客户售后服务提供标准、规范的技术支持，稳定并逐步扩大客户群。就这样，在高科技企业刚性的技术知识管理下，知识与资源结合形成了产品，实现了产品价值的增殖。

下面举例来说明刚性的知识管理是如何在新产品的研制过程中发挥作用的。微软公司在开发 WINDOWS 时，成立了职能交叉小组开发该项目。WINDOWS 的核心技术掌握在微软公司几个人手中，这个小组从事WINDOWS 核心模块的编制，其他小组独立从事其他模块的研制，模块之间的接口及输入输出格式用技术标准严格规定，各个研制小组在遵循这些标准的前提下统一协调、并行协作。微软公司的人员几乎都是行业精英，凭借着出色的技术，丰富的技术、营销、服务等多方面知识和经验的积累，依靠渠道畅通的正式的和非正式的知识交流共享，各小组整合各方面知识优势，开发出各自的模块。经反复测试后，各模块由核心小组统一拼装，形成完整产品。产品生产出来并经过客户试用后进行市场推广，通过遍布全球的网点提供技术服务、收集客户意见，并将客户意见反馈回总公司用于修改完善产品。

4.10.3　产品价值持续增殖

1. 产品研制中的交流、学习、总结及评估促进产品价值增殖

高科技企业为快速提高员工的技术水平常常采用培训、人员轮换、

知识管理信息网络建设促进知识的扩散；各子项目组虽然各自研制部件（或模块），但子项目组之间经常进行沟通，根据需要适当交流、公开有关文档资料，员工在工作之余常常进行非正式的交流探讨。这样，就形成了技术知识扩散和共享。技术知识扩散和共享不仅有利于解决产品研制中的技术难题，而且能使企业知识得到增殖。高科技企业在产品研制过程中和项目结束后常常进行学习总结，对客户的意见反馈进行分析研究，对产品开发、生产、销售及售后服务的各个环节、不同阶段进行定期或不定期的评估、检查，从而总结经验，找出问题，提出对策，形成"试验—总结—再试验"的创新路径。持续的评估和学习不仅使员工个体的知识水平和能力得到不断提高，而且使组织的知识不断升华。随着不断增殖、不断升华的知识融入产品，产品的价值得到不断增长。

2. 产品体系的构建和发展为产品价值持续增殖提供保证

高科技企业在推出创新点产品后，通过售后服务稳定现有客户，并通过收集客户意见反馈以及市场上新的需求偏好，改进创新产品，构建和发展产品体系，以拓展产品应用领域。构建和发展产品体系包括两方面内容，一方面是围绕主产品的核心技术，开发衍生产品，形成产品链和产品群；另一方面是将体系中的产品升级换代。以 WINDOWS 产品为例，该产品隐含着微软公司的重要核心技术，它是微软公司的主产品，微软公司在 WINDOWS 视窗技术基础上，陆续开发出在该视窗下运行的WORD、EXCEL、POWERPOINT 等软件产品，从而形成产品体系。在构建出产品体系的过程中，高科技企业常常需要根据客户反馈、市场和技术变化不断积累知识，完善体系产品的特性、功能和服务，不断升级产品，以及开发出新的衍生产品从而使产品体系得到发展壮大。高科技企业在构建、发展产品体系的同时，通过知识产权保护和技术标准战略获得长期的持续的高额利润，为更多新产品开发提供资金保证。就这样，高科技企业通过建立和发展产品体系为产品价值的持续增殖提供了保证。

第 5 章　学习型组织的建设

组织是企业从事技术活动的依托，灵活、智能的学习型组织建设可有效提升各项技术活动水平，从而提升高科技企业的自主创新能力。研究如何建设高科技企业学习型组织的目的在于，为高科技企业技术创新能力的形成和提升奠定良好的基础。

瑞万斯指出，一个有机体要想生存下来，其学习速度必须快于环境变化速度。生物进化系统还有一种"红皇后效应"现象：你必须竭力奔跑才能保住同一位置。"红皇后效应"在自然界的表现方式为：捕食者向着提高捕食效率的方向发展，而被捕食者为了逃避捕食，向着逃避捕食者的方向发展，如此不断循环。例如，非洲草原上的狮子必须比跑得最慢的斑马快才能捕捉到猎物，而斑马要想逃避捕捉，就必须提高奔跑速度。这种现象实际是捕食者与被捕食者之间的一场赛跑，谁跑得快，谁就在这场竞争中获胜。与生态现象类似，高科技企业之间的激烈竞争就是捕食者与被捕食者之间的赛跑，在竞争中落后的企业难逃被淘汰的厄运。当前，高科技的发展日新月异，产品生命周期缩短，市场变化快，经济的全球化和集团化使竞争格局日益复杂多变，竞争日益激烈，众多的高科技企业如同大风大浪中的小舟一样，前途未卜。高科技企业要想在市场竞争的风浪中获得生存和发展，就必须比竞争对手更快地把富有创新性的产品送到市场，将客户感知能力和市场适应能力发挥到极致。而这种能力的拥有依赖于企业的快速学习、集体认知能力和团队智慧。组织学习习惯一旦形成，将像种群的遗传特性一样，在员工中代代相传，成为企业特有的行为方式，长久地促进高科技企业各项技术活动的运行，提升企业集体认知能力。

5.1 学习型组织概述

5.1.1 学习型组织的定义

学习型组织是指基于员工个体学习，组织通过有效的管理机制、设施建设、组织形式和文化营造，促进个体持续地相互学习、协作，将个人知识转化为集体知识、隐性知识转化为显性知识、外部知识转化为内部知识，从而增强组织整体认知能力和团体智慧的过程。学习型组织不是组织内部个体学习的简单相加，而是一个社会过程。组织成员有共同的目标和相近的行为方式，他们通过深层次的沟通交流和知识分享达成共识，采取一致的行动，在互动配合中解决问题、迎接挑战。

5.1.2 学习型组织的基本特征

1. 浓厚的学习氛围

学习型组织以员工个人智力为基础，每个员工都是优秀的人才，具有一定的学习和工作能力、强烈的学习愿望和自我超越的精神。管理者大力倡导学习、协作和创新，建立有利于组织学习和创新的人才培养机制、激励机制和企业文化。学习和创新已经内化为每个员工的日常行为和习惯，主动行为替代被动服从，从高层管理者到基层员工，每个人都是终身学习者。学习和创新已融入组织的血液和灵魂之中，成为企业文化的重要组成部分，团体学习与协作创新成为每个员工效仿遵循的行为标准。

2.高度的环境适应能力

组织具有高度的柔性，扁平化、网络化、灵活化的结构使其能够根据市场环境的变化快速组建项目小组、知识联盟和虚拟企业。对于环境的变化，组织能够客观、多角度地进行分析，厘清其中相互关联的动态复杂性关系，并根据企业的实际情况和战略需求快速解决问题，快速应对市场变化和挑战。

3.高度的凝聚力

组织内部具有高度的凝聚力，共同目标凝聚着每一个员工的智慧。员工能自发地为共同的目标而努力学习，勇于创新。员工之间以开放的心态真诚地与他人交流，并分享知识和经验，主动与他人协作配合。

4.和谐的沟通交流环境

组织工作环境和谐，信息知识传播顺畅。组织不仅有辅助知识传播分享的现代化知识管理信息系统，而且有人与人之间的非正式交流网络。人与人之间真诚相待，畅所欲言，组织环境宽松和谐、员工交流顺畅。

5.强大的认知能力与团队智慧

高科技企业鼓励和倡导学习、协作和创新，并建立相应的激励机制和企业文化，建立灵活的组织形式，增强对外界环境的反应能力，营造宽松和谐、交流顺畅的知识交流和分享环境，这一切工作的目的都是把个人知识转化为集体知识、隐性知识转化为显性知识、外部知识转化为内部知识，把人力资源转化为知识资本，使企业的集体认知能力和团队智慧不断提高，从而使企业成为智能化、学习型组织。

5.1.3　学习型组织建设的具体内容

对于学习型组织建设的具体内容，被誉为学习型组织研究"理论和精神领袖"的彼得·圣吉提出了五项修炼技能，即自我超越、心智模式的改善、共同愿景的建立、团体学习和系统思考。他认为，这五项修炼技能紧密相连，组成一个整体，通过改善个人和组织的思维模式来达到组织学习的效果。

学习型组织的建设不仅涉及人和组织的思维模式，而且涉及企业组织、文化、管理机制、工作方式、思维习惯多个方面，这多个方面的共同作用促使学习型组织的形成。

第一，根据学习认知规律可知，组织学习比个体学习行为复杂得多，除了个体经验性学习外，还要向他人学习。每个个体不仅需要从组织多层次的结构中汲取知识，而且需要依赖累积性的组织或制度环境充分发挥知识的作用。个体学习行为受到组织、习惯、工作方式、文化等制度的限制和影响。

第二，学习型组织在技术知识管理中的作用在于，促进高科技企业各项技术活动的运行，提升企业的集体认知能力和团队智慧。技术活动的载体是人，集体认知能力和团队智慧形成所依赖的员工工作方式和习惯也是人类特有的属性，因此，建立促进技术知识管理的人力资源管理制度是建设学习型组织的重要内容。高科技企业通过严格选聘优秀人才，建立结构合理的团队，培养员工对企业文化和习惯的认同感，建立人才培养机制、有利于协作创新的考评激励机制和灵活的人员管理制度，这将有效地激发员工协作、创新、分享的积极性，促进学习型组织的形成。

第三，现代信息技术的发展提高了信息和知识的传输速度，提高了信息和知识的获取能力，扩大了信息和知识的存储空间。信息系统通过编码技术有效地促进了知识的显性化、知识的传播和存储。员工获得的数据通过编码形成信息和知识，编码过程中的整理、分类和筛选，将有用的信息和知识保留下来。知识通过抽象形成文档，员工的读取使其快速传播。在此基础上，知识进一步抽象成创新型产品，企业在创新实践中锻炼出一支有知识的智慧型团队。由此可见，信息系统是促进知识获取、转化、传播和存储的重要手段和方法，是促进智慧型团队形成的重要因素。

第四，在"人—机"系统结合的基础上，辅以扁平化、柔性化、灵活化、网络化的组织形式，这将有效地促进员工个人和团队的学习和协作，促进知识的交流、分享，促进技术创新；企业通过文化营造，即创造关心、尊重、信任的企业氛围，促进员工交流、分享，促进员工相互理解和协作创新，从而培养企业整体认知能力。由此可见，组织与文化建设也是学习型组织建设不可或缺的重要部分。

综上所述，学习型组织的建设主要包括三项内容：人力资源管理、信息系统建设、组织与文化建设。

5.2 人力资源管理

对一个知识型企业来说，最重要的莫过于"知识分工"与"知识分裂"问题。知识生产之所以必须分工，是因为只有深入特定角落去发掘，才可获得真正的新知识。这一基本原理被人类学家吉尔兹称为"局部知识"，并为20世纪80年代的中国学术界广泛接受。然而，由于知识认识的局部化，人类的知识不再是一个整体，而是分裂为无数的碎片，这一现象称作"知识分裂"。由于知识的分裂，知识分散在不同个体的头脑里，散播在各个角落。每当某个员工遗忘或拒绝提交知识时，企业不能很好地将知识碎片聚合成整体。知识管理中的人力资源管理的目标是通过人员管理将分裂的知识从员工个体的头脑中挖掘、聚合起来，提高员工学习、传播、分享、积累、整合、创新知识的积极性，促进企业整体智慧和协作能力的形成，消除知识分裂的弊病，提高知识分工的收益。

5.2.1 人力资源管理的角色分析

要想研究人力资源管理，必须厘清技术知识管理中的各个角色。在高科技企业技术创新的整个过程中，技术知识管理角色覆盖了各个层面。简单地说，技术知识管理角色主要包括五类：宏观控制的企业负责人、负责技术的技术桥梁人物、管理创新工作的项目经理、微观操作的技术创新基层人员和专职技术知识管理人员。高科技企业技术知识管理中的人力资源管理围绕着这些人员进行。

1. 企业负责人

企业负责人是企业经营管理的决策者。在技术导向的高科技企业中，企业负责人常常是技术人员出身，拥有深厚的技术基础。凭借技术资本，企业负责人既是企业发展的总设计师，也是企业的最高管理者，企业的业务经营发展、组织与文化建设等政策由他制定，资源由他统一调度，团队部门之间难以自发解决的矛盾由他协调解决。总的来说，高科技企业的负责人担任着控制和促进企业发展的角色。

2. 技术桥梁人物

技术桥梁人物负责吸收、交流和传播知识。他们的主要职责是关注和选择外部新技术，并将其推广转化为企业内部技术；从企业的各个角落收集个人和局部知识，把它们整合转化为能被各岗位员工理解的企业集体知识，通过正式渠道和非正式渠道促进这些知识的传播。对于大多数中小型高科技企业，技术桥梁人物往往还要兼任另一项重要职责，那就是管理企业各项技术活动。这一职责要求技术桥梁人物设计知识管理框架和流程，建设和维护知识管理信息系统，组织技术知识培训，组织监督技术知识积累工作、知识产权保护工作，协助企业负责人设计产品体系、制定技术标准和技术战略，协助建立有利于知识管理的人力资源管理制度，协助营造有利于知识共享和技术创新的企业文化和环境。

3. 项目经理

项目经理是各创新项目的直接管理者，是产品创新团队的领袖，在计算机软件行业里常常被称为程序经理。项目经理的主要职责是管理整个产品开发和市场化过程，具体包括产品策划和产品设计、资源调度、项目管理、产品市场化、售后服务及产品更新换代。在整个产品创新过程中，他们与项目组里的技术开发、市场营销、客户服务等各类人员并肩工作，共同研发和完善创新产品。

4. 技术创新基层人员

技术创新基层人员是知识的创造者，是创新工作的执行者。在以技术为导向的高科技企业里，创新基层人员主要是技术人员，以计算机软件开发企业为例，技术人员主要包括开发员、开发经理、测试员、测试经理。他们虽然处于不同的岗位，但是在项目组中相互协作，共同完成创新工作。

5. 专职技术知识管理人员

对实施知识管理的企业来说，专职技术知识管理人员负责知识的获取和积累。专职技术知识管理人员的工作主要包括以下几个方面：利用媒体、资料、网络技术等中介，获取企业内外的新技术和新成果信息；通过对获取知识的吸收、理解，以直观和规范化的形式把所获取的知识整理转化为能被全体员工理解接受的技术知识；丰富和更新企业知识内容；维护和完善知识管理信息系统，为知识的存储、传递和共享提供良好的网络环境。

5.2.2　人力资源管理的策略

生态原理提示，生物的生长发育需要适宜的环境，这些环境因素包括食物、水分、阳光、空气等。生物获取食物和水分，吸收阳光和空气。借鉴这一原理，高科技企业技术创新能力的发展也需要这样的"促发机制"。

1. 严格选聘优秀人才

优秀人才本身具有的素质和能力是保证各项技术工作质量的基础，优秀的人才本身具有积极向上的价值观念和性格特点，可自发引导企业向理想的方向发展。因此，选聘优秀人才是人力资源管理的首要工作。例如，知名的微软公司保持高技术水准和长盛不衰的重要原因之一就是员工几乎都是全行业最优秀的人才。

（1）严格要求各人才角色的专业能力。对于企业负责人，必须在技术、管理、交往、沟通、协调等多方面具备较高的综合素质。企业负责人必须对技术和企业的发展具有前瞻能力和敏锐的洞察能力，能系统地思考问题，能透彻准确地分析复杂的信息，预见企业内外各种力量可能产生的影响，从而能够认清局势、把握机会；必须具有统筹规划能力，能恰到好处地设计企业的组织结构、创新流程、管理政策；必须具备良好的沟通协调能力，能建立协调好企业内外部关系，化解员工间的各种矛盾；必须具有较高的威望和人格魅力，善于团结员工，得到群众的广泛拥护；必须富于开拓进取精神，敢于冒险，鼓励创新，倡导有利于创新的企业文化和环境。

选拔技术桥梁人物时，必须对其技术水平、个性品质和影响力作出严格要求。根据信息和知识传播的有效性规律，信息和知识的发送者如果是权威人士，接收者就更容易受到信息和知识的影响。由此可见，高技术水平、个性品质和影响力是技术知识引进、推广传播的保证。技术桥梁人物必须精通技术，对技术有深刻的洞察和理解能力，具有不同职能领域积累的丰富经验，具备综合技能和分析问题的全局思路，具有善于沟通、善于管理、勇于承担风险责任等优秀品质。

选拔项目经理时，必须对其技术水平、能力及项目管理经验进行考察。项目经理的技术能力不一定要比所有的开发员强，但他必须熟悉技术方法，具备理解技术问题的能力。除了技术能力外，他还要具备项目管理的能力，熟悉项目计划、项目内容，熟悉整个创新流程，熟悉市场，熟悉客户，具有新产品构思设计能力，善于根据技术和市场动态调整产品，善于组织、协调和管理项目组成员的工作。

对于基层技术创新人员的选聘，要把握严格招收和筛选的原则。从普通开发员和测试员中选择顶尖人员担任基层经理，他们必须具有沟通交流能力和较强的问题分析解决能力。对于普通开发员和测试员的招聘，专业技术精湛是基本要求，优先考虑具备相关工作经验的应聘人员。

对于专职技术知识管理人员，除了应具备一定的技术知识基础外，还必须具有对信息和知识的归纳总结能力，熟悉计算机应用和维护，擅长编写代码。

（2）注意人才的互补性搭配。生态学中的物种竞争排斥原理揭示，近缘的物种会因有限的资源发生竞争，共存物种的生态要求不可能是完全相似的，其相似性必定是有限的。引入的物种如果与原有的物种在生态上完全相似，必然发生激烈的竞争，由于引入的新物种在数量上趋于劣势，往往被排挤掉。为了引种成功，人们一般引入适合当地"空生态位"的物种，利用物种个体间资源要求的差异性，保证种群内部的和谐发展。因此，企业在选聘人才时应注意人才的互补相容性，也就是所选人员在专业、能力、经验、性格、年龄上各异，各自占据不同的"生态位"，异质性特征将使他们相互认可和赏识，心理上相互依存，工作上相互协作，形成可制约、可相互促进的系统，并且随着系统的运行，每个人的知识特性得到充分的互补、融合与激发。

（3）确保人才对企业文化和习惯的认同。"生态智慧"原则指出，自然界所懂得的是最好的。在生态演化中，由于他感作用，那些不能与整体共存的物种会在长期进化过程中被排除出去。有益于自身的同时还有益于周围环境的物种才能够持续发展，反过来任何破坏环境的物种注定要灭亡。同理，高科技企业选聘的人才必须认同企业的文化和习惯，价值观相近的人比较容易沟通合作，形成群聚力。如果员工的价值观与企业文化相悖，其个性特征的持久性和弥散性将影响组织成员之间的互动和沟通，员工在工作中不仅不能发挥应有的作用，反而会给企业带来负面效应。因此，企业在招募时应把认同企业创新合作型文化作为录用员工的必备条件，选聘那些求知欲强、勇于创新、具有团队合作精神的人才。

（4）重视关键人才的选聘。在生态系统中，如果一个物种在群落中具有独一无二的作用，而这种作用对群落又是至关重要的，那么这个物种通常被称为关键种。关键种是群落中的序参量，它的活动决定着种群结构，对群落中其他物种具有强大的控制作用。序参量是衡量系统内大量子系统集体运动的宏观整体有序程度的参量，是描述系统整体行为的宏观参量。一方面，序参量是系统内部大量子系统（原子）集体运动（相互竞争和协同）的产物；另一方面，序参量起着支配或役使子系统的作用，主宰着系统整体演化过程。高科技企业也存在序参量，如技术桥梁人物、项目经理、开发经理、测试经理等，他们是各团队的领袖，凭借自己的知识权威产生聚集效应，将一群自主而又彼此依赖、相互关联的成员凝聚在一起，并通过自己的言行对其他成员形成"他感作用"，引导其他员工的行为方式和团队的运行方向。如果他们的行为可以促进知识流动共享、并行协作工作方式的高效运行，那么在他们的影响下，团队成员的行为也将按照同样的方式运行，这将有利于技术创新的成功。因此，高科技企业在选聘这些关键人才时要更加慎重和严格，他们的价值观、行为方式、人格特点必须有利于企业的技术知识活动和技术创新工作，利用他们对团队的支配作用，带动整个企业成为善于创新的智能化组织。

2. 建立人才培养发展机制

高科技企业要求员工快速学习、快速创新，并保证较高的技术水准。企业要想做到这一点，就必须加强员工教育培训，使员工建立起动态的知识结构，主动摄取有关知识，拓宽视野，在不断提高技术水平的同时综合运用各种知识。高科技企业员工具有强烈的追求个人价值、追求终身就业能力的特点，他们在技术上精益求精，希望在工作中不断提高自己的能力，终身保持在行业里的竞争力。针对这一特点，高科技企业为员工提供职业培训和职业生涯设计，满足他们的学习要求，激发他们的学习热情，从而提高企业整体技术水平，促进各项技术活动质量的提高。

（1）职业培训。培训方式多种多样，岗前培训、岗中培训、电子培训是高科技企业常用的几种培训方式。岗前培训是每个员工上岗前的专门性技术培训。岗前培训不仅促进知识传播、提高员工技术能力，而且促进员工之间的交流和联系。实际工作中的"师带徒"培训，不仅可以使新员工掌握相关工作技能和知识，尤其是难以获得的隐性知识，而且可以使资深员工所习惯的创新合作的价值观、企业规范、行为习惯自然导入新员工的意识中。新员工自身的组织化进程与知识分享、协作过程紧密相连，他们在未来的工作中将乐于与他人分享知识经验，乐于接受创新。知识管理信息系统中的电子培训为员工随时随地自我提高提供了便捷途径，可满足员工创新工作中的临时性知识需求。系统积累的知识还可组合为不同内容的电子课程，满足员工个性化知识需求。

培训必须立足实践。培训的目的是学以致用，如果培训的内容被束之高阁，则不仅不能真正提高企业的技术能力，而且影响员工学习的积极性。因此，完善的培训应该针对每个岗位的不同要求细化培训内容，为员工提供施展所学的工作岗位和发展空间，让员工在实践中消化吸收知识，同时配备熟练员工进行实践指导，真正将培训的知识转化为员工的工作能力，提高企业认知能力。

让培训发展为自主学习。培训对员工而言是一种被动行为，员工在外力的推动下被动学习。然而，员工的知识需求千差万别，企业不能预测创新中的技术需求，以及客户、供应商和代理商的信息反馈，因此被动的培训远远满足不了员工的工作需要。员工变被动学习为主动学习，不断在工作中根据实际需要主动寻找、汲取所需的各种知识，从而满足创新工作的需要。因此，企业不仅要重视培训内容，而且要重视培养员工的学习习惯，实施的培训计划除了针对员工的技能训练外，还要针对形成学习习惯的训练，如团队学习操练、深度会谈操练、自我超越意识培养等。然而，自觉学习者的培养仅靠培训机制是不够的，还要考核制度、激励制度、思想意识的引导等多种因素给予支持。整个企业营造形成促进个体和组织学习与创新的有利环境，从而形成强烈的自发学习风气。当企业形成不断自我提高、自我强化的自组织学习系统时，企业的技术潜力和创新潜力将得到很大程度的提升。

（2）职业生涯规划。高科技企业员工追求终身就业和自我价值，对自己的前途有较高要求，不愿意随遇而安，他们如果觉得某个岗位没有发展前途，就会拒绝贡献知识，甚至重新寻找更有发展前途的工作，同时带走自己拥有的知识。然而，对广大技术人员来说，他们的工作精力和新技术接受能力随着年龄的增长而减弱，30至40岁时，就不得不向管理岗位或营销岗位"转型"。如果高科技企业不能为技术人员做好职业生涯规划，帮助他们顺利转型，提供长期发展的空间，将很难留住优秀员工。因此，高科技企业应重视员工的个人发展，为员工提供职业生涯指导，在充分考虑员工期望的基础上，根据员工特点提供新的发展方向。在员工转型期，企业应为他们制订培养计划，提供合适的工作机会和工作条件，安排知识经验丰富的老员工进行培训，帮助他们尽快掌握新岗位所需的知识、技能，顺利完成职业生涯转型。职业生涯规划将个人发展与组织发展统一起来，可大大增强员工对企业的归属感，最大限度地激发他们的学习和工作热情，使他们乐于与他人分享知识和经验，乐于将知识成果贡献给企业。

3. 建立有效的绩效考评和激励机制

种群内物种之间存在竞争，少数个体较大的优势物种获得更多的物质能量，多数个体较小的劣势物种获得较少的物质能量，这种竞争规律有利于物种和种群的发展。高科技企业中团队之间、员工之间也存在竞争，创新贡献越多、知识贡献越多的员工就应得到越多的报酬和奖励，这是激发员工共享知识的重要方法。

（1）建立有利于知识共享和创新的绩效考评方法。绩效考评是衡量知识贡献和创新贡献大小的标准，是激励机制的基础。建立知识贡献评估机制。对员工贡献的知识和创新成果进行统计评估，将评估成绩与工资收入挂钩，从而使员工重视知识贡献和创新贡献。将个人绩效考核纳入团队绩效考核。在团队整体绩效评定的基础上，考评每个团队成员的绩效，每个团队成员的考评成绩为团队整体考评成绩系数与个人考评成绩的乘积，以此促进员工关注团队整体绩效，主动积累知识、贡献知识、共享知识。将团队整体能力作为考核团队领袖能力的重要指标。企业对团队领袖的考评不仅依据领袖个人能力，而且依据其领导团队的整体能力。这样就促使团队领袖毫无保留地将知识、经验传授给团队成员，积极组织团队成员进行知识学习、积累与交流。

（2）建立有利于知识管理的激励方法。在高科技行业，拥有领先的知识和技能、有价值的创新成果的员工将获得高收入、竞争优势和发展机会，以及威望和权力。这些因素使很多员工不愿共享知识和创新成果，以防丧失职业优势。要想打破这些知识管理障碍，高科技企业可以采取以下激励方法。①物质激励。要想让员工贡献知识和创新成果，企业必须承认知识的价值，维护知识和创新成果拥有者的利益。物质激励就是通过物质补偿引导员工主动贡献知识和成果。物质激励通常有两种方式，一种方式是薪酬激励，另一种方式是股权激励。薪酬激励是一种短期的激励机制，是在工作年度结束时根据员工的知识贡献给予适当的奖金。如果员工贡献出的知识价值得到了其他员工的认同并被企业商品化，企业应按照知识成果的市场价值给予员工报酬和奖励；如果其他员工运用其知识创造了业绩，企业则根据业绩贡献大小给予分成或奖励。股权激励是一种长期的激励机制，企业赋予员工一定程度的剩余索取权，剩余索取权及衍生利益构成员工收入的一部分。员工可以通过股权分享企业未来成长的收益，这种安排使员工的利益与企业的利益捆绑在一起，从而促使员工关心企业的未来，以发展的眼光处理企业问题，自发地为企业贡献更多的知识和智慧，保证企业的可持续发展。②精神激励。高科技企业员工追求自我价值，他们不仅希望得到物质报酬，而且希望得到精神奖励。因此，高科技企业对贡献重要知识的员工应给予公开表彰，让他们成为企业的"知识明星"；鼓励技术尖子举办讲座，编写内部教材；推行成果署名制，允许员工用自己的名字命名创新成果。这些精神激励方法使员工主动贡献知识，努力创新。③晋升激励。高科技企业员工热衷于具有挑战性的工作，勇于承担工作中的重任。因此，对于技术出众、人格高尚且具有一定领导力的员工，企业应重用，让他们担任团队领袖，承担更具挑战性的工作，给他们广阔的发展空间，以此激励他们充分施展技能，把知识、技能和经验传授给团队成员，将个人知识转化为集体知识。

4. 建立灵活的管理制度

（1）灵活的用人制度。高科技企业员工追求创新，但有些企业的创新固定在研发部门，其他部门的员工不能参与创新工作。对此，高科技企业在用人制度上应更加灵活，如果员工的创新提议有市场价值，且切实可行，就应让其参与创新工作；如果员工有能力领导一个团队进行创新，企业就不必完全遵照晋升制度。这有利于知识的整合和员工创新热情的激发。

（2）灵活的薪酬制度。薪酬水平是员工在企业里的价值和地位最基本的体现，每个高科技企业员工都期望获得公平的价值认可，得到与工作成果等值的物质报酬。如果员工觉得自己贡献的价值比别人高而报酬比别人低时，他们将产生不满的情绪，或降低工作水平，或离开企业。工作水平降低意味着知识利用水平的降低，员工的离开意味着储存在他们头脑里的知识的流失。要想避免这种情况，高科技企业必须建立公平的薪酬制度，根据员工所贡献知识的价值灵活确定其薪酬水平。对于做出突出贡献的员工、具有特殊技术的员工，以及能为企业带来有价值的创新成果的员工，他们的薪酬完全可以高于其上司的薪酬。这种灵活的薪酬制度有助于激励员工钻研技术，积极创新，从而增强企业的技术实力和创新能力。

（3）弹性工作制度。混沌管理方式是适合复杂人的一种方法论，其特征是非规范化和不确定性，即不完全干涉过程，希望过程自然发生。对于自发行为较强的企业，这是一种符合人性化需求的管理方式，有利于人们主动性的发挥。混沌的管理方式有很多种，弹性工作制度是其中一种典型的方式。高科技企业技术创新依赖的是人的智慧和灵感，而人的智慧和灵感迸发的最佳时间、场合和条件是不确定的，因此弹性工作制度是与之适应的管理方式。研发人员只需要在规定时间内完成工作目标，而不需要在整个过程内严格遵守企业的出勤制度，他们可以较自由地选择最佳工作时间和工作地点，在工作中进行自我管理。

5.3　信息系统建设

信息系统建设实际上是信息与知识的编码、抽象过程。企业围绕发展目标和业务需要，将大量的数据进行筛选、分类，然后做进一步的提炼、编码和抽象使数据、信息转化为知识，感性知识转化为理性知识。

人们常常利用科学技术提高生态系统物质循环和能量转化的效率，加强系统自然力，引导系统稳态有序地发展。技术本身是一种负熵，可有效降低熵增，提高系统的有序性和运行效率。发达的知识管理信息网络和软件工具构成高科技企业的数字化神经系统，有效增加系统中知识的流率、流量，提高知识流动的有序性，增加各种知识的交叉催化和循环次数，从而提高企业获取、交流、共享、积累和创新知识的能力，增强企业对外部环境的反应能力。因此，建立和应用技术知识管理（Technical Knowledge Management，TKM）信息系统，搭建技术管理的数字化管理平台，是提高企业技术知识管理水平，充分发挥技术知识管理效能的重要手段。

5.3.1　TKM信息系统的作用

1. 提高企业的知识获取能力

高科技企业创新需要大量的新技术知识，资料查询、培训学习远远不能满足创新的需要。在创新过程中遇到各种临时性问题时，员工常常不知道去哪里获取解决问题的知识。TKM信息系统的使用可有效解决这些难题。先进的外部信息网络和搜索系统能使企业广泛地收集外部的各类信息和知识，并快速地加以编码、分类，建立索引，形成知识仓库。企业内部运作产生的大量数据、信息、知识也能被TKM信息系统编码、分类、有效整合。对于创新中出现的临时问题，TKM信息系统提供了迅速找到相关知识的途径。TKM信息系统为员工提供了统一的知识管理界面和搜索工具，任何一个员工都可以通过界面和搜索器查找到相关的知识和信息。对于无法找到的知识，TKM信息系统提供了专家链接，员工可以从专家链接处获得需要的答案。TKM信息系统为企业实现了"找信息、查资料、访专家"的自动化过程，提高了企业获取技术知识的能力。

2. 促进知识的传播和共享

知识的传播和共享是高科技企业提升集体认知能力和团队智慧的重要途径。员工之间的非正式交流有利于隐性知识的传播，专业的技术培训只能满足小范围的知识传递，且传播成本较高。TKM 信息系统中的电子邮件、知识库、群件、论坛、视频会议等信息交流工具构成了全新的知识交流和共享环境，汇集了大量的数据、资料、程序、市场动态等知识资源，这些资源不仅包括隐性知识，而且包括大量的显性知识，形成了一个知识资源高度集中的区域。一方面，这些知识资源在企业一定范围内供员工免费使用；另一方面，企业员工之间、团队之间通过发达的信息网络和交流工具进行知识、信息、资料、情报的快速传递和适时沟通，这不仅提高了知识传播量，扩大了知识传播范围，而且将知识传播成本降到最低，提高了知识交流和共享效率。此外，知识评价功能将知识贡献与员工的绩效考评结合起来，为企业加强知识交流共享提供了辅助手段。

3. 促进知识的学习和积累

TKM 信息系统显著地提高了员工的学习效率。高科技企业高度的专业化分工要求员工具备不同的知识背景，因此员工对知识的需求也各有不同。然而，企业传统的"集中地点、集中时间"的培训方式远不能满足员工个性化学习的需要，培训效率低且针对性不强。TKM 信息系统向企业提供随时随地的电子网络培训，员工可以随时根据自己的需要自我培训。电子化培训通过视频、音频、图形、文字等多种形式讲解内容，使员工更易理解接受，提高了学习效率。

高科技企业总能从每个创新项目中总结出知识和经验，员工平时在工作中也会不断积累知识，这些知识对企业来说是宝贵的财富。人工记录的知识不仅存储量有限，不利于细节的记录，而且不利于知识资料的修改、更新和查询。TKM 信息系统的知识库提供了知识存储的足够空间，能够详细记录每个项目或每个问题的解决过程，能够收集汇总员工的工作内容、经验和诀窍。与此同时，知识库的更新和修改保证了知识的先进性和准确性。

4. 促进知识的整合和创新

TKM 信息系统的电子邮件、群件、论坛、视频会议等交流工具消除了人们在时间和空间上的交流障碍，为实现创新协同工作创造了良好的条件，能保证项目组内的各部门、各跨国跨地区子公司、各联盟伙伴、供应商和客户之间迅速整合知识资源。例如，项目组管理人员通过电子邮件获得其他成员反映的问题，与他人交流信息和想法，将多个团队的意见和建议集中整合；组织成员通过电子会议、视频会议、论坛等进行团队学习，解决创新中的问题；通过群件保持创新工作的协作和配合。TKM 信息系统提供的数据挖掘商业智能工具能从大量的知识和信息中提取有价值的信息和数据，使管理者获得按地区、按国家、按客户、按产品地区、按销售人员分析的各类研究数据，管理者可以深入数据的底层去观察数据，为创新决策提供技术支持。此外，TKM 信息系统中的市场反馈还可使企业及时获得来自客户、经销商、供应商等各方面的意见反馈，管理者根据这些意见发现创新机会，改良现有产品。

5. 增强企业对外部市场变化的反应能力

高科技企业要想增强对外部市场变化的反应能力，需要准确及时地获得来自客户、供应商等方方面面的数据、信息和知识，并根据这些数据、信息、知识快速决策。首先，TKM 信息系统使普通员工可以及时得到新的技术资源、产品的新情况、竞争对手的信息、客户的不同需求、行业分析报告等知识和信息。由于普通员工接触实际工作，他们很可能比管理者更快地想出好的建议，并在分析具体的技术、数据和信息时清楚地知道事情的优先处理顺序。这有助于提高企业的市场反应速度和决策执行质量。其次，管理者在对市场情况做出决策前，通过电子邮件收集大家的意见，然后进行数据分析，这节约了跨地区商讨的时间，使得战略战术决策更加迅速有效。最后，管理者通过网络迅速将指令发送给处于任何国家和地区的每个相关员工，快速进行技术资源的配置和调整，迅速调动整个企业的每个部门和岗位，甚至是合作企业的员工。员工也可通过 TKM 信息系统快速获取需要的知识，在知识的充分交流、共享、整合中进行创新。

5.3.2 TKM 信息系统的技术知识

根据信息传播规律，人类从感官获得的数据中提取信息，然后将信息编码为可传送的信号形式，并通过信息渠道传送到接收者手中，接收者在交给最终使用者前将信号还原为原来的信息。根据这一规律，高科技企业技术知识的人工传送包括知识的表示、编码、解读三个步骤。人们从数据中提取信息，将信息编码为知识，将技术知识转化为电子化、数字化的信号，并在 TKM 信息系统中运行和调用，从而实现数据和信息知识化、隐性知识显性化，个人知识集体化。

1. 技术知识的表示

高科技企业员工在工作中获得的数据、信息必须通过合适的编码和抽象形式逻辑地表示出来，然后转化为技术知识，被人们识别和了解。高科技企业技术工作中产生的技术知识有许多种类，以计算机软件开发企业为例，大致可以分为关于事件和对象的知识（项目总结、客户知识、市场知识、案例研究）、关于程序和结构的知识（业务流程、软件程序）、关于相互协调的知识（技术标准、数据输入输出方式、接口方式和规格）。根据上述技术知识分类，技术知识有不同的表示方法。项目总结、客户知识、市场知识、案例研究以语义、文本的形式表示；业务流程以结构图、流程图等图纸和过程的形式表示，软件程序以计算机程序语言表示；技术标准、数据输入输出方式、接口方式和规格以技术语言、规则、关系图示表示。确定上述技术知识表示方法后，通过人工录入和电子扫描的方式将这些技术知识转化为信号形式，经过编码后在计算机里运行。

2. 技术知识的编码

技术知识编码是每条技术知识的标识，是技术知识在信息系统中运行的身份证。TKM 信息系统通过编码技术使技术知识分类整合，使每条知识在查询、传播、共享、存储等管理过程中得以调用。

编码技术主要有隶属编码和分类编码两类。根据信息与知识传播规律，选择的编码技术既要准确地传递信息内容，又要便于传播。隶属编码由于没有标准规则，不便于信息的搜索，因此，TKM信息系统采用分类编码技术，以便技术知识在广域网络上传输共享。

（1）技术知识管理属性。为了准确地反映技术知识传递的内容，企业需要确定技术知识的管理属性，它表明了技术知识在管理过程中的隶属关系。技术知识管理属性分为基本管理属性和扩展管理属性。基本管理属性表达每项知识通用的、必需的属性，通常包括技术知识的项目名称、部门来源、类别、版本号、产生日期等。扩展管理属性是为了满足不同企业或部门的管理需要而自行定义的属性。确定了技术知识管理属性后，确定每个属性的值（内容）。例如，部门属性的值可能包括产品部、系统部、市场部等。

（2）技术知识编码的构成。通俗地讲，技术知识编码就是把技术知识的管理属性代码化，代码的值可以是数字、英文字母或数字和英文字母的组合。部门属性的值包括产品部、系统部、市场部，企业可以用M01代表产品部、M02代表系统部、M03代表市场部。根据技术知识的管理属性和编码唯一性的原则，技术知识编码的构成：技术知识编码 = 基本代码 + 扩展代码 + 随机代码。基本代码反映了技术知识的基本管理属性；扩展代码反映了技术知识的扩展属性；随机代码由计算机随机产生，如顺序号。

3. 技术知识编码的识别和解读

为了便于TKM信息系统自动识别和解读技术知识，技术知识编码格式需要被定义。编码格式通常有两种：链状格式和树状格式。例如，一个知识编码由项目名称、部门来源、类别、版本号、产生日期、顺序号等属性构成，其链状格式和树状格式表示如下。

链状格式：HERXTZ007V1.02004110101，该编码共23位，前3位反映项目名称，代码值HER；4至6位反映部门来源，代码值XTZ；7至9位反映类别，代码值007；10至13位反映版本号，代码值V1.0；14至21位反映产生日期，代码值20041101；22至23位反映顺序号，代码值

01。TKM 信息系统在解读编码时根据代码位数分段解码。

　　树状格式：树状格式以 XML 数据格式定义代码格式，每段代码都定义了段标签，TKM 信息系统在解读编码时根据代码标签分解编码。树状格式编码如下。

　　TKM-CODE：根标签；

　　Project：项目标签；

　　HER：标签值；

　　Project/：项目标签尾；

　　Department：部门标签；

　　XTZ：标签值；

　　Unit：工作单元标签；

　　001：标签值；

　　Unit/：工作单元标签尾；

　　Department/：部门标签尾；

　　Classify：类别标签；

　　007：标签值；

　　Classify/：类别标签尾；

　　Version：版本标签；

　　V1.0：标签值；

　　Version/：版本标签尾；

　　Date：产生日期标签；

　　20041101：标签值；

　　Date/：产生日期标签尾；

　　Number：顺序标签；

　　01：- 标签值；

　　Number/：顺序标签尾；

　　TKM-CODE/：根标签尾。

　　树状编码格式的特点是可以在编码段内进一步定义子级编码，如在部门段编码内进一步定义单元标签，将知识提供部门细化到工作单元小组。两种编码格式各有特点，链状格式简明，树状格式信息丰富，编码时可根据实际需要任意选择。

为了保证编码的有效性和唯一性，TKM 信息系统自动产生编码。根据编码格式的定义，TKM 信息系统将编码的生成、分解封装到单独的编码解码程序模块中，供 TKM 信息系统中每个模块调用，保证技术知识编码的生成、分解、翻译自动完成。TKM 信息系统使用者调用技术知识时，电子信号被解码还原为原来的技术知识，调用者通过学习将这些知识转化为自己的知识。随着调用、学习人数的增多，TKM 信息系统中的知识逐步转化为集体共有的知识。

5.3.3 TKM 信息系统的功能设计

根据技术知识的管理内容，TKM 信息系统的功能应围绕技术知识获取、传播、共享、协作、学习、积累、分析、管理等方面设计，从而构建企业技术知识管理的数字化神经系统，充分发挥 TKM 信息系统提高技术知识管理效率的作用。

1. 知识搜索功能

知识获取是创新的首要任务，大量的信息和知识常常使人们在信息和知识的海洋中无所适从。TKM 信息系统为企业提供了知识搜索工具——搜索引擎。搜索引擎为使用者提供了知识存放的位置，使用者只需要输入关键字，就能进行模糊搜索，搜索引擎根据使用者对各条搜索结果的使用频率，自动更新搜索结果。员工可以通过搜索器在文档中实现高效率的全文检索，并且能够实现检索条件的任意组合，迅速查找到所需知识。此外，搜索器还具有整合因特网搜索引擎和专家搜索器的功能，使员工方便地获取其他知识资源。

2. 知识引导功能

当企业淹没在过量的知识和信息中时，即使使用高效率的搜索引擎，员工也要花费大量的时间和精力。TKM 信息系统为企业提供了知识引导工具——知识地图。知识地图能够为员工指出知识所在的位置和来源，并提供路径和指引。员工可以通过知识地图的指引迅速找到所需知识，这提高了创新工作效率。知识地图的路径连接不是一成不变的，它会随着人员、程序、内容的变化而变化。例如，企业创新流程改变时，流程中的知识流就会发生变化；某个员工带入新知识，知识地图的路径就会拓展；某个员工将某种知识带走，知识路径就会缺失一条。因此，企业需要对知识地图进行更新和维护，这样才能保证知识地图作用的正常发挥。

3. 专家咨询功能

当企业员工查询不到需要的知识或不知道如何利用知识解决问题时，他们常常需要向专家请教。TKM信息系统向企业提供了专家咨询工具——专家系统。专家系统建立了专家黄页和专家技能库，根据专家技能、经验、项目、教育、工作类型及其他属性对专家分类，并介绍各专家的专业特长。员工可以根据需要与相关专家建立知识连接，与专家讨论问题，从专家处获得问题的答案或启示。由于专家知识的稀缺性，企业管理者需要注意建立稳定的专家知识源，经常与专家保持联系、交换资料和信息，与新技术的发明人及早建立合作关系。

4. 知识传递功能

知识传递是知识管理的一项重要功能。TKM信息系统通过电子邮件、电子公告实现知识的传送和分配。电子邮件的运用使企业得以及时方便地向客户推送所需要的基础知识、技能和数据，解答客户提出的问题，向特定的员工推送工作中所需的知识，如通用的方法和基本理论知识、产品销售和客户调查报告、经验教训和在线会议内容、项目最新进展等。电子公告是一种面向全员的知识推送方式，企业通过多媒体播放器将企业的新闻和行业大事传送给员工，这样员工可以及时了解企业状况和市场状况。

5. 知识交流共享与团队协作功能

高科技企业的工作特点是团队并行协作、保持知识交流和共享。信息化交流协作工具（如电子邮件、论坛、视频会议、群件等）实现了企业内部网上或因特网上适时交流和协作的功能。一般地，这些交流协作工具集成到一个信息平台上，称为协同商务平台，企业可以通过平台建立企业与企业、企业与内部员工之间的联系，项目相关员工可以以文字、语音、视频的方式跨国跨地区交流、讨论和学习，这提高了知识交流共享效率和创新工作效率，有效地促进了项目成员间的协作。

6. 电子培训功能

TKM 信息系统为企业提供了灵活完善的电子培训功能。管理者可以通过该系统整合信息系统中已有的知识资源，重新整理设计课程内容，向员工提供多样化培训课程，满足员工的个性化学习需要。电子培训系统可向员工提供五种功能：一是学习功能，向员工提供受控和自主两种学习方式；二是学习向导功能，评定员工学习状况，并提供学习建议；三是学习测试功能，让员工自我测试学习效果；四是在线讨论功能，员工和指导者可以进行在线同步交流和电子邮件异步交流，加深对知识的理解；五是课程制作功能，不断补充课程内容。

7. 知识存储功能

数字化的强大存储功能为企业提供了超大的知识存储空间。企业知识存储功能通过知识仓库和电子文档来完成。知识仓库建立在知识编码的基础上，不仅存储着知识条目，而且存储着与之相关的事件、知识的使用记录、来源线索等信息。知识仓库收集了各种技术资料、备选的技术方案，以及各种用于支持决策的知识和经验。这样知识仓库不仅可以避免重新获取知识带来的成本，而且可以加快企业创新的速度。电子文档对不同来源、不同格式的文档进行存储，其强大的全文检索引擎可以帮助企业凝聚专业领域的知识。

8. 数据挖掘分析功能

决策是衡量企业对市场反应能力的重要指标。正确快速的决策是建立在准确分析市场信息和数据基础上的。TKM 信息系统中的数据挖掘技术提供了分析数据的功能。数据挖掘又称为知识发现，是从大量数据中提取出可信、新颖、有效并能被人理解的模式的高级处理过程。数据挖掘运用选定的知识发现算法，从数据中提取出企业所需要的知识，实现数据总结、数据分类、数据聚类、数据关联四种功能。企业通过数据挖掘工具在凌乱的数据中找到有用的知识。例如，数据挖掘能帮助企业做到以下事情：基于顾客的年龄、性别、职业和其他类似因素，对顾客购买某种产品的可能性做出预测，确定开发产品；识别出具有相似购买习惯的顾客，细分企业产品；辨别出具体顾客的偏好，以便在产品特性上创新，并改进个人服务；找出高频率地被组合在一起的所有产品，开发组合产品。

9. 市场情况反馈功能

正确的决策不仅依赖于数据分析，而且依赖于市场情报的掌握。市场情况反馈系统正是具备这一功能的知识管理工具。该系统以网络技术、面向对象技术、数据仓库技术为技术手段，向客户提供网上技术服务，将客户的需求和意见反馈回企业，同时实现市场信息、竞争对手动向等信息的收集、整理和分析。

10. 知识评价功能

为了更好地更新和发展知识库和文档库，保证员工主动将知识录入信息系统，鼓励员工积极与他人交流共享知识，企业需要对知识的贡献情况进行正确有效的评价。知识贡献统计系统和知识价值评价系统为知识分析的利用率和创新价值评估提供了量化评定的工具。知识贡献统计系统按人员和部门分别统计录入知识的数量、在论坛发表的文章；知识价值评价系统对知识的访问共享率和知识创新带来的价值进行评价。这些评价将成为员工和部门知识贡献考核的依据。

11. 保密功能

知识库和文档库的建立为知识的学习和分享创造了条件，但它带来了技术泄密的风险。对主要依靠技术取胜的高科技企业来说，重要技术一旦泄露，企业将产生巨大的损失。因此，要想保护知识专有、挫败模仿者，必须避免他们获取抽象代码，即组织应建立"黑匣子嵌套"，每个黑匣子都有自己独立的知识，黑匣子只给出有限的知识和信息，像指示器一样控制技术知识，这样可以使不同的员工对技术知识有不同程度的接触，组织中少数操作复杂技术的人能掌握黑匣子里的所有知识。根据这个理论，TKM信息系统也提供了保护重要知识资料的"黑匣子"——系统访问权限设置，根据员工在企业的职位和重要程度设定不同的访问权限，确保重要知识只被重要员工分享。

5.3.4　TKM信息系统利用率的提高

TKM信息系统的目的是促进各项技术知识活动的开展，而信息系统在技术知识管理中效用的发挥依靠系统的功能性知识管理工具。然而，由于学习新事物的畏难情绪、行为习惯的保持等因素的影响，这些信息工具常常被闲置在一旁，发挥不了应有的作用。企业要想提高TKM信息系统的利用率，必须从两方面着手。一方面，将这些信息工具充分融合进高科技企业的创新业务，这样员工才能主动接受它们、重视它们、使用它们；另一方面，企业采取促进措施保证TKM信息系统的充分使用，真正发挥出信息技术在技术知识管理中的功效。

1. 集成 TKM 信息系统与创新项目

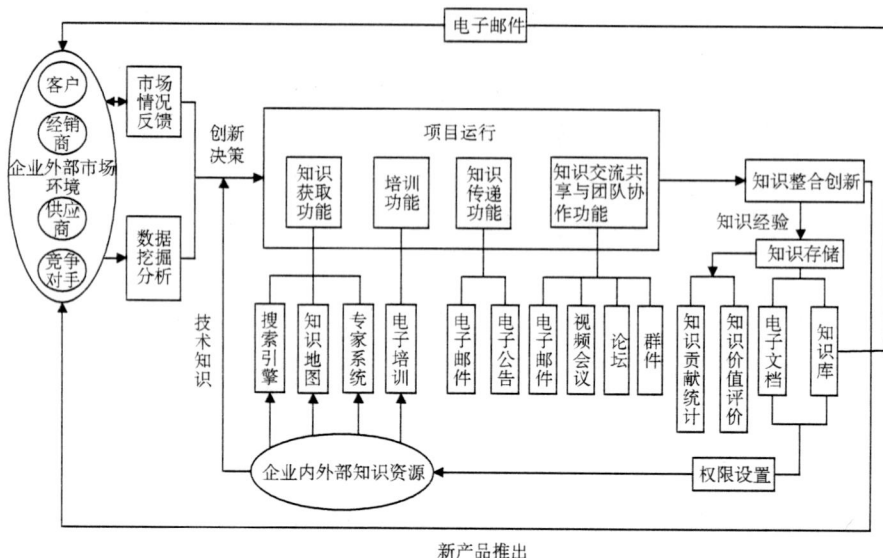

图 5-1　TKM 信息系统与创新项目的集成

图 5-1 大体上描绘了 TKM 信息系统与创新项目的集成。在创新决策、项目运行、新产品推出各个阶段，各种信息工具支持技术知识的获取、学习、传递、交流共享、整合创新、技术知识的存储。

（1）创新决策阶段。在创新决策阶段，管理者可以通过数据挖掘分析系统和市场情况反馈系统获得外部市场变化信息，从企业内外部知识资源中获得最新的、有用的技术，综合市场情况和企业情况做出创新决策。

（2）项目运行阶段。新项目启动后，搜索引擎、知识地图和专家系统是项目组成员查询所需知识的工具。对于项目初期的培训，管理者可以通过电子培训系统整合适应该创新项目的技术知识，编制成培训课程并提供给项目组成员，满足不同成员随时随地个性化学习的需要。在创新过程中，管理者需要不断向特定成员推送其工作所需的知识、技术诀窍、经验教训、在线会议内容、客户调查和产品销售报告，向所有员工通告市场情况，电子邮件和电子公告不仅可以帮助企业实现企业内部知识推送，而且可以帮助企业实现异地知识推送。高科技企业项目运行要求各子项目组成员协作，项目组成员可以借助电子邮件、视频会议、论坛、群件等信息工具保持适时沟通、知识共享和同步运作。项目组必须不断检查缺陷、解决问题，并将技术资料、获得的知识和成功经验及时存入知识库中。创新项目完成后，相关人员必须把项目分析总结资料和文档资料积累下来，供以后工作使用，知识库和电子文档库为企业提供了强大的知识存储功能。为了促进员工的知识交流共享和录入，知识贡献统计系统和知识价值评价系统为企业管理者考评员工和部门知识贡献的数量和质量提供了便捷的工具。知识库和文档库形成后，访问权限设置为重要知识的保密提供了保障。

（3）新产品推出阶段。新产品推出后，为了满足客户的使用需要，企业可以通过电子邮件的方式向客户推送使用产品的基础知识、技能和产品数据，解答客户提出的问题，对于简单的技术问题，客户可以登录客户服务系统自行解决。客户使用新产品后会产生各种意见，供应商和经销商也会根据产品使用情况提出建议，同时竞争对手会采取模仿或竞争策略，这些信息通过市场情况反馈系统反馈回企业，企业再次通过数据挖掘分析这一智能软件对新产品特性进行调整和完善。

在上述系统集成中，TKM 信息系统深入创新流程的每个环节，这将提高各工作环节的工作效率，TKM 信息系统也将成为每个员工日常工作的必备工具。

2. 增强员工对 TKM 信息系统的认识

在运用 TKM 信息系统的过程中，员工常常由于对信息技术的不了解，或对新技术的畏难情绪，而在心理上拒绝使用该系统。因此，要想促进 TKM 信息系统在高科技企业里的运用，管理者必须让员工客观科学地认识信息化，树立使用 TKM 信息系统的观念。因此，管理者应在企业里通过座谈、讲座等形式大力宣传信息化，使员工认识到如下情况：信息技术将对企业技术创新产生重要影响，企业必须根据自身情况不失时机地推动知识管理信息化，借助信息化实施创新工程，提高企业技术创新能力；信息技术是一种新的技术手段，员工需要认真学习；这种技术并不是高深莫测的，员工通过学习完全可以掌握，没必要产生畏难情绪；TKM 信息系统功效的发挥取决于员工的共同使用和相互配合。

3. 树立权威影响，建立制度保障

思想上的正确认识能清除信息化执行的心理障碍，但信息化作为一项复杂的系统工程，仅靠精神力量是难以保证高效运作的。知识管理信息化是企业在技术活动管理方面的创新，必然会对原有的行为习惯、权力结构产生强烈的冲击，行为惯性、权益阻力常常使信息系统搁浅。因此，企业还需要依靠权威影响和制度保障冲破这些阻力。

企业管理者率先垂范。企业的最高领导亲自指导知识管理系统工程建设，企业各层次管理者率先使用 TKM 信息系统工作。作为团队和部门的中心人物，管理者使用 TKM 信息系统取得的工作成效将会对团队成员产生深刻的影响，管理者的权威性会对员工的行为起到引导和转变的作用。

建立相关的规章制度，如 TKM 信息系统的操作守则、操作规范、维护制度等。全体员工必须遵守规章制度，将违反规章制度的行为记入员工工作档案中；在 TKM 信息系统中设定知识评价功能，对员工的知识交流共享和录入情况进行考核，将考核成绩与员工的薪金和晋升挂钩，奖优罚劣，以此督促员工认真使用 TKM 信息系统。

4. 建立信息化培训机制

技术知识管理信息化的成效取决于企业领导和员工的整体素质。信息技术是一个新的技术领域，包括很多新的知识。企业在建立信息系统的同时，应建立相应的培训机制，帮助所有员工了解知识管理信息化的概念和意义，掌握各种信息系统的具体操作，学会运用信息化工具解决工作中的实际问题。企业通过培训提高全体员工的信息技术水平，为推动信息系统在技术知识管理中的应用创造良好的基础条件。

5. 建设信息化人才队伍

技术知识管理信息化是企业的一项长期性、连续性的工作，企业必须配以一支稳定的人才队伍支撑系统运行，负责企业信息系统的管理维护工作。因此，企业必须培养专业人才，建立一支知识管理信息化人才队伍。企业要在思想上重视信息化人才的培养，设置专门的知识管理信息岗位，有意识地招募、选拔这方面的人才。

5.4 组织与文化建设

建设学习型组织的核心在于整体认知能力和团队智慧的形成。人力资源管理和信息系统的使用为学习型组织的建设奠定了良好的基础，但要想形成整体认知能力和团队智慧，企业还需要在组织与文化建设方面采取相应的促进措施。在组织方面，企业应建立有利于技术知识传播和创新的组织结构；在文化建设方面，企业应建立有利于知识传播的理想信念，建立有利于隐性知识向显性知识、个人知识向集体知识转化的知识背景，建立有利于准确传递和接收信息的面对面、多渠道的交流方式。

5.4.1 建立新型组织结构

1. 传统刚性递阶型组织结构的不适应性

刚性的技术知识管理保证了高科技创新的有序运行，但这并不意味着传统的刚性递阶型组织结构适应高科技企业创新、有利于形成集体认知能力和团队智慧的组织形式。对要求快速反应、充分交流的高科技企业来说，这种组织结构具备以下几个方面的不适应性。

（1）信息传递慢、易失真，企业反应迟钝。在信息传送过程中，信号可能因外来因素而扭曲，于是线路中有杂音，线路越长，杂音越大。传统的递阶型组织结构由于层次较多，信息垂直传递的线路延长，失真率提高，同时信息传递滞后，管理者难以准确地掌握市场和技术的变化。另外，递阶型组织结构形成了管理者与员工间森严的等级关系，上下级员工之间沟通不彻底，从而影响管理者做出准确的决策。

（2）组织边界僵硬。刚性的递阶型组织人为地设置了僵硬的部门边界，把组织分割成相互独立的领域，员工间易发生冲突。这种封闭的部门结构使员工只关注本部门的工作，不需要接触和关注其他部门的工作，这不利于不同知识背景员工间的沟通交流，不利于知识的传播和分享。此外，僵硬的组织边界还限制了技术转移，阻碍了外部技术资源的获取。

（3）组织缺乏灵活性。刚性的递阶型组织结构形成了从上到下的指挥链，通过专业化的分工和规范化的管理保证统一控制、指挥、协调。管理者要求员工按照组织事先制定好的规则行事。在这种组织中，任何冒险行为都是不提倡的，这会干扰组织对其他部门的既定方针。在这种跨度狭窄的控制下，员工只对命令做出反应。员工只知道如何遵守规则，当环境变化时，员工不知道如何变通，缺乏创造力；各部门只注重部门利益，缺乏全局观念，各部门按规定完成日常工作，当突然事件发生时，各部门相互推诿。

（4）组织更新速度慢。竞争激烈的高科技市场随时会出现替代技术，这迫使企业抛弃原有的创新路径，变革创新。刚性的递阶型组织结构更新成本高、变化速度慢，不能满足及时变革创新的需要。

（5）组织无法实现创新的有效激励。递阶型组织结构对员工的激励主要来自按劳计酬和职务提升。高科技企业生产是知识密集型生产，劳动成绩的评定不在于产品数量和劳动行为，而在于劳动成果中的知识含量和创新价值。在递阶型组织结构中，员工级别反映了员工的地位、身份和报酬，员工只有逐级攀升才能获得激励，而创新成果并不在激励之列。另外。递阶型组织结构中森严的等级、僵化的部门分割带来的官僚风气、交流不畅等问题，无法给知识型员工学习和挑战的机会。

2.建立新型组织结构

由于刚性递阶型组织的诸多规则与高科技企业的创新要求不相适应，企业必须在保留技术刚性管理的基础上寻求新的组织结构，这就是扁平化、柔性化、网络化、灵活化的组织结构。

（1）结构扁平化。根据信息传播规律，信息传送中杂音的减少可通过修改信息传送线路实现。企业减少组织中间层次，使之扁平化，这将缩短信息传送线路，加快信息传送速度，从而降低信息沿组织层级传递的损失率和失真率，管理者可以快速、准确地掌握环境变化。另外，扁平化的组织结构减少了中层管理人员数量。

（2）组织柔性化。组织柔性化是指企业边界、部门边界模糊，企业间、部门间彼此合作，相互渗透。企业边界的柔性化体现在企业边界的不清晰、不确定，如虚拟制造、连锁店、知识联盟。知识联盟可以使企业从外部获得所需技术知识，并将其转化为本企业的技术知识，提升企业智慧水平；知识联盟可以使企业减少技术转移成本，冲破变革创新的障碍。部门边界的柔性化体现在部门间没有明显的界限，企业根据业务发展需要随时调整部门设置，成立跨部门的临时项目小组，各部门保持人员轮换。组织柔性化有利于企业内外、部门之间的知识整合。

（3）联系网络化。越复杂的生物网络结构，物质、能量供应、调节的途径越多，网络中的物种越能获得更多的生存资源，抵抗外界环境变化的干扰能力越强。根据这一原理，高科技企业应加强与其他企业之间、企业内部各部门之间的相互联系与交流，构建一个多维复杂的生态网络，通过频繁有效的沟通、交流与合作，获得更多的知识，促进知识的广泛融合和升华，增强组织的创新能力和市场反应能力。

（4）管理灵活化。管理灵活化包括两方面内容：一是岗位灵活化，员工并非限制在某一个狭窄的领域工作，也并非按层级晋升，员工有可行的创新设想和成果，就可以成为团队领袖；二是结构灵活化，企业根据业务需要随时组织各种临时的跨部门项目组、动态团队，这些项目组和动态团队不是一成不变的，根据市场变化和业务需要随时分化组合。这种灵活的管理方式有利于知识的传播、分享和整合，从而使企业形成整体技术创新能力。

5.4.2　营造良好的企业文化氛围

生态系统中存在着生物趋同适应现象，亲缘关系相当疏远的生物，由于长期生活在相同的环境中，在器官等方面出现相似现象，具有相似或相同的生态位。另外，文化发展中最重要的是传播现象，模仿是最基本的传播活动，模仿不受时空的限制，像"波荡"（振动和谐振）一样，实现行为方式的广泛传播。根据这些原理，企业管理者可以通过营造有利于创新的企业文化氛围，引导员工趋同性适应和模仿环境，从而促进企业整体认知能力和团队智慧的形成，增强企业技术创新能力。

1. 营造关心、尊重、信任的企业氛围

团队智慧的形成要求员工有主动释放智慧的意愿。在组织社会化过程中，组织气氛和文化是第一影响因素，组织的重视度、融洽度、信任感、亲密感等正面特性将直接影响员工施展才智的积极性和主动性，影响信息、知识传播和分享的效果。高科技企业员工多为知识型员工，他们推崇知识权威，反感等级权力，喜欢关心、尊重、信任、合作的企业环境。管理者的关心和尊重、员工之间的信任和支持，可有效满足员工的心理需求，增强员工的归属感，增强员工充分释放智慧的意愿。员工之间尊重、信任、亲密、关心的良好关系，有利于知识的顺利传播和分享。当每个员工都愿意尽其所能地释放智慧，员工之间能够高效地传播、分享各种信息、知识时，企业团队智慧的形成就拥有了良好的基础。

要想营建这种平等、信任、和谐、团结的企业氛围，企业管理者必须做到以下几个方面：容忍个性，善于倾听，充分沟通；充分认可和尊重员工的专业特长、知识和技能，树立知识权威；关心员工的学习情况，尽量为他们提供学习知识、施展能力的条件；了解员工的情绪和思想动态，如员工的个人目标、员工的看法等，引导员工思想向企业目标、合作创新的方向发展；积极倡导员工团结合作，组织各种非正式的活动，促进员工情感交流和非正式关系的建立；关心员工生活，尽可能地为他们消除后顾之忧，让他们安心工作；允许并鼓励员工积极参与企业管理事务，组织员工讨论企业面临的问题，采纳他们提出的意见和建议，使员工感觉到企业的信任、尊重和重视，从而产生强烈的责任感。

2. 鼓励员工努力学习、勇于创新，实现自我超越

企业认知能力和团队智慧来源于员工个人的认知能力和智慧，而员工的这一能力来源于学习和创新。学习和创新是一项艰苦的工作，终身学习和创新需要坚定的信念、顽强的意志和持久的耐力。企业引导、培养员工这种恒心和毅力的方法是鼓励员工自我超越。企业管理者帮助员工厘清和加深个人的真正愿望，鼓励员工朝着自己的目标努力，在不断的自我超越中提升自己的能力、创造新成果。

3. 鼓励团队学习，促进知识的交流分享

在高科技企业里，创新项目通常由各部门人员组成的项目小组或企业与外部建立的联合小组完成，学习工作的基本单位是团队而非个人，团队整体认知能力和团体智慧对创新工作的完成至关重要。根据信息传播理论，建立信息发送者和接收者的共享环境是加强信息传播有效性的一种方式，这不仅可以节约数据编码、传送的工作量和时间，而且使人们具有共同知识和共同感觉。集体确定的感觉和概念潜移默化地影响个人的编码选择，使个人在没有压力的情况下接受他人的知识，使知识集体化、社会化。在团队学习中，个人经验经过编码和抽象有效扩散，并转化为集体知识；随着集体知识的形成，整体认知能力逐渐形成；集体知识用来解决实践中的问题。因此，高科技企业在创新过程中必须加强团队学习，通过团队成员的相互学习协作和交流分享，个人知识和经验在集体的编码和抽象中转化为集体知识，随着员工对知识的吸收，企业建立起共同的知识背景，为知识的转化奠定基础，从而形成个人知识向团队智慧发展的良性循环。

然而，员工聚在一起学习不一定能取得团体学习的效果。事实上，不少高科技企业存在着团队成员个人智商高而团队整体智商偏低的现象，其原因是团队成员保守知识、团队内部不能高效协作配合和分享知识。

这就好像一支球队，每个球员都很出色，但每个球员只顾发挥自身特色，彼此不配合，这导致球队整体实力不强。

团队学习效果取决于团队学习中沟通与探讨的质量。一般来说，影响沟通与探讨的因素有两种，一种是技术型员工内向的性格特点，另一种是员工心理上的习惯性防卫。高科技企业员工由于长期从事技术性工作，大多性格内向，不善言谈，不愿轻易表露内心的想法。这一性格特点阻碍了团队学习中的交流与合作。根据信息和知识传播规律，面对面、多渠道的交流途径有利于知识和信息的准确传递。因此，高科技企业管理者必须大力倡导"沟通无极限""沟通从心灵开始""在合作中创新"的文化理念，通过开展正式、非正式的会议或组织活动，如经验交流会议、午餐会谈、企业发展沙龙等营造一种面对面、多渠道的技术研讨氛围，增进员工之间的情感，促进员工的沟通。高科技企业员工在团队学习时，为了免受指责，常常习惯性地拒绝承认自己的责任，对不利于自己的意见进行抵制。这种习惯性的防卫行为阻碍了团队对经验教训的客观总结，不利于团队智慧的增长。要想解决这个问题，管理者需要率先反思自己，真诚地表达内心的想法，深度剖析自己的不足，从而引导团队成员充分提出自己的见解，自由交换彼此的想法，在无拘无束的探讨中认识到每个人的责任、需要吸取的经验教训、需要提高的技能等，为以后的工作提供改进依据，从而使组织智慧真正得到升华。

4.容忍创新失败，指导创新

保持员工持续创新的热情是保持企业团队智慧持续提升的重要条件。由于创新高度的不确定性，创新并非每次都能成功。高科技企业员工创新思想活跃但意志较脆弱，一旦遭受挫折就容易消极懈怠，丧失创新热情。因此，高科技企业必须营造一种鼓励创新、容忍失败的文化氛围，鼓励员工开放思路，大胆尝试，将创新潜能最大限度地释放出来。员工遭受挫折、意志消沉时，管理者应主动与他们谈心，帮助他们卸下思想包袱，找到失败的原因和解决的办法，鼓励他们再次创新。此外，在创新初期，管理者还应给员工一个创新概念和方向，帮助员工客观分析创新条件，科学制定创新目标和方案，在提高创新成功率的同时增强员工创新的信心和热情。

5. 改善心智模式，学会系统思考

心智模式是根植于人们心中的看法和行为。心智模式依存于一定时期的周围环境，决定了人们是否行动，以及怎样行动，如管理者如何做决策、员工处理工作的态度和方法等。改善心智模式就是客观审视内心深处的思维方式，改善自身原有的思维方式，以便更深入地学习。系统思考是指人们不再只关注自己所处的某一局部或某一片段，学会观察整体的因果互动关系，学会系统地思考问题。高科技企业之所以强调改善这两种思想方法，是因为它们影响着企业新想法和新思路的产生，以及员工之间的团结合作。

高科技市场状况瞬息万变，企业需要不断突破旧有的思维定式，探索新的创新路径，而员工原有的心智模式往往无法适应新的变化。因此，管理者要广开言路，鼓励员工对已有的成功模式提出疑问和建议；组织员工学习其他企业的危机案例，通过吸取别人的经验教训，引导员工反思自己的处境；引导员工将市场环境现状和发展变化与企业各部门实际情况联系起来，形成整体性系统思考，从而将员工原有的心智模式转换过来，找到变革突破的新路径。需要注意的是，在转换心智模式的过程中，不能轻视任何人的任何意见，要充分尊重每一个员工，这有利于员工思想的和盘托出；不能对提出不同意见的员工怀有偏见，更不能报复，这样员工才敢分析企业最真实的情况，并提出真正有效的变革思路；不能把自己所偏好的心智模式强加在别人身上，允许多样化的心智模式存在，多种思想和观点之间的交叉催化更有利于新思路、新方法的形成。

高科技产品的复杂性决定了高科技企业集中各种专长的人才，不同的专业背景和经历形成了员工不同的思维方式。一般来说，人类有两种偏好的思维方式，一种是左脑思维，即分析、逻辑和因果的思维方法；另一种是右脑思维，即直觉、价值和非线性的思维方法。技术型员工的思维方式多为左脑型思维方式，喜欢采用结构化、逻辑的方式分析事实；

而市场、服务人员的思维方式多为右脑型思维方式，常常依靠价值观和感情来指导自己采取措施。在高科技企业里，技术人员与市场人员常常因不同的思维方式相互不理解甚至产生冲突，这影响了双方交流和合作，甚至影响了企业决策。因此，管理者需要兼顾两种思维方法，善于向员工解释说明思维方式的差异性，引导员工换位思考，采用另一种思维方式思考问题，转变自己固有的思维模式；与此同时，管理者还要善于引导员工从管理者的角度整体考虑所面临的问题，这将消除员工之间的分歧，促进员工间的团结合作。

第 6 章　案例分析

远景公司是一家留学生创办的软件公司，是典型的高科技企业。技术是远景公司最有价值的资产，技术知识管理是关系着公司发展的大事。因此，该公司对技术知识管理非常重视，采取了一系列管理措施，并取得了一定的成效。写作期间，笔者对该公司的技术知识管理工作进行了调研，形成此案例，以便更好地剖析高科技企业的技术知识管理。

6.1　公司概况

远景公司成立于 1996 年，总部位于美国洛杉矶。经过多年的发展，公司由创建时的 2 人发展到现在的 160 多人。多年来，公司一直致力于医疗服务和酒店管理行业应用软件开发及相关服务。

目前，公司的主要产品有电子病历系统、检验医学数字化信息系统、酒店信息管理系统、UNIPIPE 通用系统集成平台、软件外包及数据处理服务。

在医疗行业，以电子病例管理为核心的电子病历系统为医院病历管理提供了数字化平台和数据处理服务，在医疗服务的临床信息管理领域产生了重大影响；在酒店行业，远景公司针对高档商务酒店的需求，开发了集客房、餐饮、娱乐、财务、仓储、办公为一体的综合酒店信息管理系统，为酒店行业的运营管理提供了整体解决方案。

6.2　远景公司的技术知识管理

远景公司始终坚持经营管理知识的理念，并将其作为企业管理的中心内容。从表象上看，公司的任务是开发产品、服务客户，但从内涵上看，公司向客户提供产品和服务，其实就是向客户提供技术知识，公司通过蕴含在产品和服务中的技术知识提高客户的工作效率和工作水平。因此，公司的日常工作实质就是经营管理技术知识，让技术知识通过管理更好地转化为产品和服务。

6.2.1 远景公司的技术活动管理

1. 技术知识的获取和选择

远景公司用于创新工作的技术知识来源于员工和公司的知识库，员工凭借这些知识从事技术工作。公司的技术获取和选择工作由技术研究部负责。该部门的员工根据公司业务发展方向跟踪最新技术，确定对公司有价值的技术，组织技术交流会议，向相关技术部门（如产品部、技术支持部）介绍新技术。

2. 技术知识的整合和创新

远景公司的产品研发由跨部门（产品部、技术研究部、技术支持部、营销部）的项目小组完成。产品部派出程序经理负责新产品的研发，并派出技术开发员承担新产品开发工作；营销部派出营销人员提供市场需求分析和新产品建议；技术研究部派出人员提供技术攻关支持、组件、中间件，保证新产品各模块统一集成；技术支持部派出人员承担新产品测试、实施、用户培训和服务工作。此外，客户、代理商、系统技术供应商也被邀请到项目组参与新产品的评估、建议和测试工作。通过上述人员的知识整合，项目组在各方面知识交会、融合和升华中开发出新产品。

3. 技术知识的扩散和共享

远景公司管理者认为技术知识的扩散和共享是公司保持内部顺畅、项目顺利完成的重要条件。因此，远景公司的技术研究部不定期地组织技术培训，组织技术尖子开内部讲座，传播技术知识；远景公司建立了适应业务需要的技术知识管理信息系统，以促进知识的传播和共享，信息系统中的技术论坛、远程协作等工具使得员工可以异地讨论，为知识的交流、共享创造了无障碍的网络环境；远景公司要求员工重复利用知识库中的现有知识，每一位程序员在提交技术文档时必须说明重复使用了知识库中的哪些技术知识和代码，同时鼓励员工自觉地把一些具有重要价值的技术程序组件化，并推荐给其他部门员工；远景公司经常跨部门组织技术讨论会，让不同部门的人员突破部门界限，无障碍地交流、共享知识，共同研讨新产品；远景公司鼓励非正式的知识交流和共享，鼓励员工相互交往，建立友谊，在友好的员工关系中加强技术交流。

4. 技术知识的学习和积累

远景公司管理者重视技术知识的学习和积累。作为高科技公司，技术知识是公司的最大财富，知识的增长、积累更新和对公司至关重要。公司要求员工留心学习，随时记载各种技术知识。与此同时，远景公司将技术知识的积累工作作为日常工作的重要部分，要求每一位程序员提交可执行或调用程序模块的同时，把程序源码、设计文档、关键算法等技术知识编码存档；每个项目结束后，公司要进行总结，将成功经验和失败教训及时记入知识库，并交由技术研究部集中管理；公司规定每位员工都要推荐一定的新知识，并将其作为员工工作综合考核指标，以保证公司知识内容的丰富。

5. 技术标准管理

远景公司技术标准的制定和修改由技术研究部负责。技术研究部工作人员根据各产品部门、小组的需要，制定各模块的接口规格、数据输入输出标准，并将它们融入组件、中间件中，保证模块间的兼容和统一集成。

6. 知识产权保护

远景公司注重对知识产权的保护。对于软件产品，公司及时申报著作权；对于核心技术，公司只让少数核心人员掌握，并通过保密协议和反复的保密意识教育防止技术泄露。

6.2.2　远景公司的学习型组织建设

企业的技术活动以企业整体组织能力为依托，市场竞争实际上是企业整体组织能力的竞争。作为一个高科技企业，提高组织的学习能力和集体智慧，建设一个灵活、智能的学习型组织，是提高企业整体组织能力的核心内容。

1. 远景公司的人力资源管理

人力资源管理是学习型组织建设的基础。因此，远景公司在人力资源管理环节建立了相应的制度，以引导员工行为，促进各项技术活动的运行。

（1）员工招聘。远景公司在招聘员工时成立面试小组，面试小组成员由管理者、部门经理、组长、普通员工等人员组成。公司重点考察应聘者的技术能力和相关工作经验，应聘人员的沟通能力、协作意识和文化认同也是主要的考察指标。

（2）员工培养。培训是凝聚共识、提高技术能力的重要手段。远景公司的培训分为新员工培训、内部技术培训、外送培训、员工自我培训四种。新员工培训主要让员工了解公司制度，强化文化理念，以便形成共同的组织愿景和工作方式；内部技术培训主要是针对特定的工作需要，由内部资深员工或外聘的相关专家进行的专业培训；外送培训主要培养公司核心骨干，企业委派重点员工去外面的公司、研究机构学习；员工自我培训是员工根据工作需要，通过查阅书籍、资料和信息系统中的知识库自主学习。公司重点培养出色的员工，这既能满足公司发展需要，也能激励人才贡献他们的聪明才智。高层管理者一般在技术尖子里挑选有管理头脑的员工担任团队负责人，让外交能力较强的技术人员从事市场工作，让员工尽快从单一的技术人才成长为复合型人才。

（3）工作考核和激励机制。为了落实技术知识管理工作，激发员工参与技术知识管理的积极性和主动性，远景公司将员工工作分为日常工作和技术知识管理工作两部分，技术知识管理工作占工作总体的30%。

考核内容主要是技术知识积累、知识的重用、知识贡献和知识创新情况。因此，公司成立了知识管理评估小组，对员工提供的技术知识进行技术水准、应用价值、创新程度等多项指标考核，并将考核成绩作为薪金和职位升降的重要参考。公司给予考核成绩好的员工不同形式的奖励，如电子产品、外送培训、创新基金等，从而引导员工重视技术知识管理，形成良好的知识管理习惯。

2. 远景公司的 TKM 信息系统建设

为了提高技术知识运营效率和水平，远景公司根据自身业务特点，建立了适应业务需要的 TKM 信息系统，辅助技术知识管理工作。企业借助信息技术，实现技术知识的数字化管理，技术知识沿信息网络高效地服务于企业的每个岗位。

（1）远景公司 TKM 信息系统的建设目标。远景公司 TKM 信息系统的建设目标是实现技术知识的存储永久化、积累电子化、流程智能化、共享网络化。存储永久化：远景公司建立了技术知识数据库中心，保证公司技术知识的集中永久保存。积累电子化：远景公司编写了技术知识从获取到积累的整个程序，保证所有技术知识以电子信息形式（文字、数字、图像）进入技术知识数据库。流程智能化：远景公司充分利用信息技术的优势，开发了相应的管理程序，使技术知识的管理信息化。共享网络化：远景公司建立了覆盖公司所有部门和分支机构、客户、合作伙伴的网络，使技术知识在快速传送中得到充分、便捷的交流和共享。

（2）远景公司 TKM 信息系统的功能设计。根据系统的建设目标，远景公司从管理和使用的角度设计系统功能。系统分为基本管理、知识积累、知识共享、知识交流和管理评估五大部分，知识管理贯穿企业产品研发、产品销售、产品实施、售后服务整个管理流程。远景公司 TKM 信息系统的功能如图 6-1 所示。

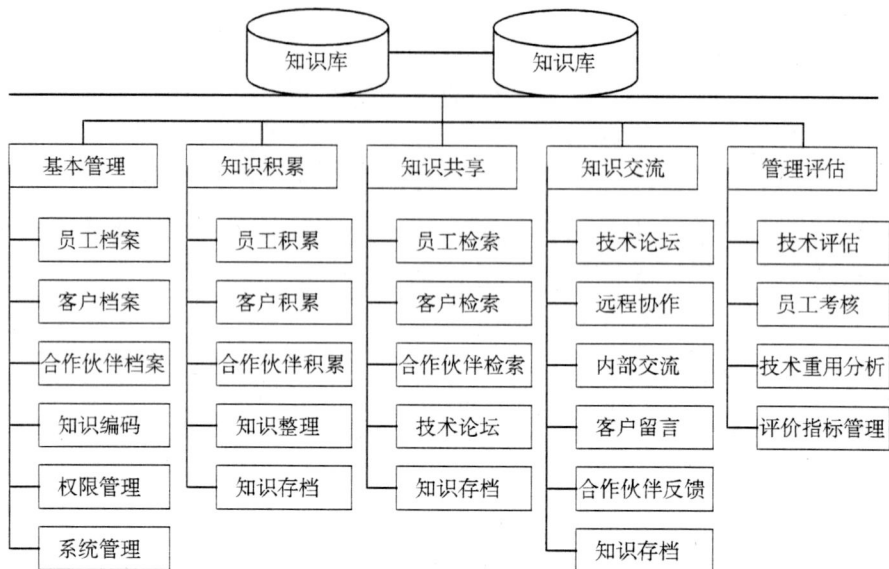

图 6-1 远景公司 TKM 信息系统的功能

（3）远景公司 TKM 信息系统的高效使用。TKM 信息系统的高效使用是一项系统性工作，企业需要从以下几个方面采取措施。①建立广泛的目标共识。TKM 信息系统的使用涉及企业内众多部门和人员，统一思想认识是开展工作的基础。因此，公司要求各部门经理向员工宣讲使用信息系统进行知识管理的重要意义。②建立规章制度。为了巩固和强化TKM 信息系统的使用，远景公司建立了相关的规章制度，如信息系统使用守则、维护制度，全体员工必须遵守规章制度；在信息系统中设定知识评价功能，对技术知识管理工作进行考核，奖优罚劣，以此强化和巩固信息系统的使用。③提供技术支持。远景公司的技术支持部对 TKM 信息系统的运行进行专门管理和维护；技术支持部对员工进行 TKM 信息系统使用培训，帮助所有员工了解和掌握 TKM 信息系统的各种具体操作，学会运用 TKM 信息系统解决工作中的实际问题。④保证投入。TKM 信息系统是一项长期性的工程，因此远景公司做好了长期投入的准备。公司根据实际能力和实际需要进行 TKM 信息系统的长期规划，分阶段逐步落实；公司在客观地估算投入产出、保证效益的基础上，保证资金、设备、人员等资源的投入。

3. 远景公司的组织文化建设

（1）组织结构。远景公司的组织结构共分为三层：公司总裁、技术副总裁、各个部门，如图 6-2 所示。公司总裁负责公司的管理工作，掌握公司技术、营销、人力资源、财务管理的最高决策权。技术副总裁负责技术活动工作，如产品开发、技术支持、技术研究。医疗产品部、酒店产品部和海外产品部都是研发部门，医疗产品部、酒店产品部是拥有独立知识产权和品牌的产品部门，海外产品部主要从事软件外包和服务外包的 OEM 产品开发。技术支持部是一个综合性部门，对内负责产品测试、信息系统运行支撑，对外负责项目实施、客户培训、售后服务等工作，同时负责收集、整理来自客户、合作伙伴的技术知识、意见和建议。技术研究部既是一个独立的研究部门，也是一个对内的服务部门，技术研究部根据公司业务发展方向跟踪最新技术，负责组织技术交流会议，向各部门介绍有应用价值的新技术；为产品部提供技术支持；将一些共同的技术需求产品化（如组件、中间件），保证各部门间、小组间工作共享。远景公司扁平的组织结构使管理层和员工间的沟通很便利，信息传递迅速。

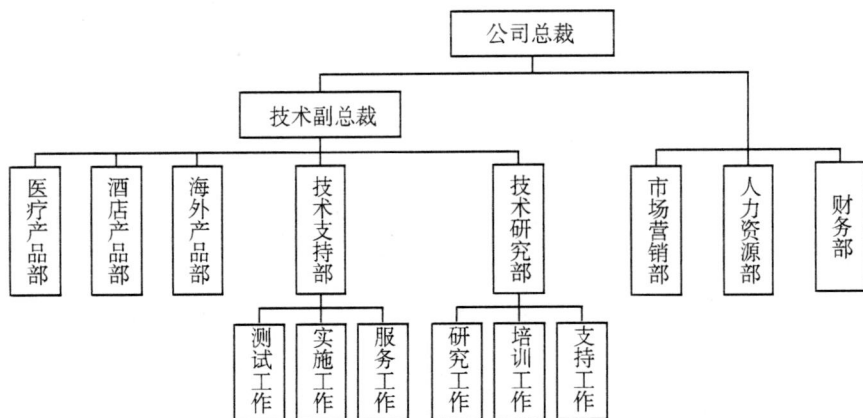

图 6-2　远景公司的组织结构

（2）远景公司的组织文化。远景公司共有 160 多名员工，30% 的员工具有硕士、博士学位，大多数员工有自己的思想和见解。与此同时，员工间存在着思维方式、行为方式的差异。远景公司根据自身特点和管理需要，形成了以下组织文化：①团队学习、协作配合。远景公司鼓励员工通过团队学习提高技术能力；通过团队研讨，攻克技术难题，提高工作质量。远景公司强调协作配合，团队协同是保证研发质量和研发进度的重要条件。②鼓励员工参与管理和决策。远景公司注重提高集体的决策能力。远景公司根据项目情况，组建包括领导层、技术顾问、项目经理、普通技术人员在内的专门小组，开展决策性研讨活动。这既让企业获取了广泛的决策依据，又让员工产生了归属感，主动将个人智慧贡献给集体。③以人为本。远景公司重视团队智慧的力量，通过树立"以人为本"的文化观念，为团队学习和协作创造良好的条件。公司反对等级权力，提倡人人平等；公司管理者关心员工生活，尽可能地为员工解决生活难题；公司提倡情感交流，常组织文体活动，增进员工间的情感。④转换心智模式、学会系统思考。远景公司管理者在日常工作中注重引导员工转换心智模式、系统思考，让员工站在对方的位置思考问题，促进员工之间的相互理解、团结协作。

6.2.3 远景公司技术知识管理的效果

技术知识管理使远景公司的知识资产得到有效的管理，使知识顺利地转化为产品价值。

技术知识管理系统使得信息和知识在企业内部、客户和合作伙伴间快速传递，加快了企业的运营步伐，使企业迅速做出决策，从而获得更多市场和竞争优势。

技术知识管理在员工培训、技术更新、技术水平提升、客户反馈和市场变化应对等方面产生了促进作用，为技术创新奠定了良好的基础。远景公司的产品经历了 DOS、Windows 到 Web 三代的发展，技术知识管理为技术创新提供了持续的支持。

技术知识管理信息系统为客户和合作伙伴提供了一个适时沟通平台。

目前，远景公司的客户分布广泛，TKM 信息系统让客户及时得到问题解答、使用培训、产品在线维护等服务，缩短了公司对客户的响应时间，提高了客户和合作伙伴的满意度，从而提高了公司品牌形象。

通过技术知识管理，远景公司完善了组织、文化、人员和信息化管理机制，公司管理朝规范化、高效化方向发展。领导与员工、员工与员工之间的沟通交流更加直接和顺畅，公司形成了"以人为本，人人参与"的管理方式。

6.2.4 远景公司技术知识管理的不足

总的来说，远景公司已基本建立了适应其业务需要的技术知识管理信息系统，它在企业运营中发挥着重要作用。然而，远景公司的技术知识管理还存在以下几个方面的不足。

1. 知识联盟

目前，远景公司采用的技术主要来自员工自有技术知识和技术研究部门的追踪引进。由于员工知识面和知识水平有限，公司所获得的技术主要为辅助技术，其难以使业务取得突破性发展。因此，远景公司应尝试与外部企业建立知识联盟，利用外部技术资源优势，促进公司业务迅速发展。

2. 人才机制

人才是企业永恒的话题。目前，远景公司虽然建立了招聘、培养、激励的人才制度，但是吸引人才、激励创新的措施仍显不足。因此，远景公司应加强这方面的工作力度，通过完善人力资源管理制度，吸引优秀人才，尤其是技术、管理俱佳的复合型人才，以及拥有新技术成果的人才，从而增强企业的技术创新实力和创新管理能力。

3. 智能分析功能

目前，远景公司在技术知识管理信息系统中运用了信息技术，但信息系统还不具备监控和分析市场变化的智能分析功能，信息系统还不能为企业计划、战略的制定和调整提供综合分析依据。因此，远景公司应尽快开发出这一功能模块，以辅助管理者预测市场，增强决策的科学性。

参考文献

[1] 侯贵松.知识管理与创新 [M].北京：中国纺织出版社，2002.

[2] 张德斌，等.高新技术企业营销策略 [M].北京：中国国际广播出版社，2002.

[3] 钱军，周海炜.知识管理案例 [M].南京：东南大学出版社，2003.

[4] 夏敬华，金昕.知识管理 [M].北京：机械工业出版社，2003.

[5] 圣吉.第五项修炼：学习型组织的艺术与实务 [M].郭进隆，译.上海：上海三联书店，2002.

[6] 德鲁克.知识管理 [M].北京：中国人民大学出版社，1999.

[7] 李敏.现代企业知识管理 [M].广州：华南理工大学出版社，2002.

[8] 科鲁夫.知识创新：价值的源泉 [M].北乔，译.北京：经济管理出版社，2003.

[9] 杨治华，钱军.知识管理：用知识建设现代企业 [M].南京：东南大学出版社，2002.

[10] 戴，休梅克.沃顿论新兴技术管理 [M].石莹，等译.北京：华夏出版社，2002.

[11] 陈劲，龚焱，金珺译.创新管理：技术、市场与组织变革的集成 [M].北京：清华大学出版社，2002.

[12] 魏江.企业技术能力论：技术创新的一个新视角 [M].北京：科学出版社，2002.

[13] 蒂瓦纳.知识管理精要：知识型客户关系管理 [M].徐丽娟，译.北

京：电子工业出版社，2002.

[14] 邱邵良.学习型组织新思维 [M].北京：机械工业出版社，2003.

[15] 陈菲琼.企业知识联盟：理论与实证研究 [M].北京：商务印书馆，2003.

[16] 伊恩斯蒂.高技术产业管理 [M].吴雯芳，李旭，译.北京：中国人民大学出版社，2002.

[17] NONAKA I., TAKCUCHI H.The knowledge creating company： how Japanese companies create the dynamics of innovation[M]. New York： Oxford University Press，1995.

[18] 高洪深，丁娟娟.企业知识管理 [M].北京：清华大学出版社，2003.

[19] Inkpen. How organizations learn and unlearn[M]. UK： Oxford University Press，1981.

[20] 许浚.感悟创新：贝尔实验室华裔高级副总裁的领导理念 [M].北京：中国商业出版社，2001.

[21] 柯林斯，波勒斯.基业长青 [M].真如，译.北京：中信出版社，2002.

[22] 韦尔奇，拜恩.杰克·韦尔奇自传 [M].曹艳博，孙立明，丁浩，译.北京：中信出版社，2001.

[23] 郭士纳.谁说大象不能跳舞？ [M].北京：中信出版社，2003.

[24] 科索马罗，塞尔比.微软的秘密 [M].程化，等译.北京：北京大学出版社，1996.

[25] 麦克.管理一定有方法：全球 8 位顶级 CEO 的毕生管理心得 [M].李晓春，编译.北京：地震出版社，2002.

[26] 胡克金斯基.管理宗师：世界一流的管理思想 [M].王宏方，译.大连：东北财经大学出版社，1998.

[27] 葛洛夫. 只有偏执狂才能生存 [M]. 安然，译. 北京：光明日报出版社，1997.

[28] 陈莞. 杰克·韦尔奇如是说 [M]. 海口：海南省电子音像出版社，2003.

[29] 王广宇：知识管理：冲击与改进战略研究 [M]. 北京：清华大学出版社，2004.

[30] CARL S, VARIAN H. Information rules: a strategic guide to the network economy[M]. Boston：Harvard Business School Press，1998.

[31] 郭斌. 企业创新过程中的知识管理 [J]. 研究与发展管理，2001，13（5）：7-12，54.

[32] 郭强，叶继红. 论企业知识管理的基本问题 [J]. 福州大学学报（哲学社会科学版），2000（1）：23-24.

[33] 乔巍. 高科技企业的知识管理问题 [J]. 辽宁经济，2001（7）：9-10.

[34] 吴金希，刘冀生. 加强知识管理提高我国高科技企业核心竞争力 [J]. 中外企业文化，2001（11）：28-30.

[35] 吴金希，刘冀生，高贤峰，等. 我国高科技企业知识管理的策略 [J]. 云南财贸学院学报，2001，17（2）：25-28.

[36] JOHANNESSEN J-A, OLSEN B. Knowledge management and sustainable competitive advantages：The impact of dynamic contextual training [J]. International Journal of Information Management，2003（23）：277-289.

[37] NDLELA L, TOIT A S A. Establishing a knowledge management program for competitive advantage in an enterprise [J]. International Journal of Information Management，2001（21）：151-165.

[38] 李羽，俞安平，马红梅. 提高企业核心竞争能力的战略途径：知识管理 [J]. 科学管理研究，2000，18（5）：14-17.

[39]　项国鹏.知识管理与企业核心竞争力的培育 [J].南开管理评论，2001（6）：30–33.

[40]　李宝山，王连娟.知识型企业核心竞争力的螺旋推进模式 [J].经济与管理研究，2001（6）：31–33.

[41]　彭锐，吴金希.核心能力的构建：知识价值链模型 [J].经济管理，2003（18）：20–25.

[42]　NOMURA T. Design of "Ba" for successful Knowledge Management—how enterprises should design the places of interaction to gain competitive advantage [J]. Journal of Network and Computer Applications，2002（25）：263–278.

[43]　严浩仁，贾生华.试论知识特性与企业知识共享机制 [J].研究与发展管理，2002，14（3）：16–20，31.

[44]　张庆普，李志超.企业隐性知识流动与转化研究 [J].中国软科学，2003（1）：88–92.

[45]　冷云生，杨中楷.知识经济条件下企业知识管理的自组织特征 [J].系统辩证学学报，2003（2）：31–34.

[46]　SCHULZ M, JOBE L A. Codification and tacitness as knowledge management strategies an empirical exploration [J]. Journal of High Technology Management Research，2001（12）：139–165.

[47]　王开明，万君康.论知识的转移与扩散 [J].外国经济与管理，2000，25（10）：2–7.

[48]　耿新.知识创造的 IDE-SECI 模型：对野中郁次郎"自我超越"模型的一个扩展 [J].南开管理评论，2003（5）：11–15.

[49]　公茂虹.知识管理的十大原则 [J].中外企业文化，2003（6）：43–45.

[50] 张方华，陈劲. 知识创造：企业知识管理的核心 [J]. 科学学与科学技术管理，2002（10）：36-40.

[51] 樊治平，孙永洪. 基于 SWOT 分析的企业知识管理战略 [J]. 南开管理评论，2002（4）：4-6.

[52] 许晓明，龙炼. 论企业的知识管理战略 [J]. 复旦学报（社会科学版），2001（3）：90-94，131.

[53] 孟庆伟，扈春香. 关于自主性技术创新中的技术融合 [J]. 科学管理研究，2003，21（2）：6-10.

[54] 张轲. 高新技术企业研发与市场相整合的技术创新管理 [J]. 科技管理研究，2001（6）：30-33.

[55] 高展军，董广茂，陈锋. 总经理任职特征对企业战略导向影响的研究 [J]. 软科学，2010（10）：81-86.

[56] 梁慧稳，王慧敏. 基于网络的综合集成研讨知识获取方法与应用研究 [J]. 东南大学学报（哲学社会科学版），2011（2）：64-68，127.

[57] 陈菲琼，徐金发. 竞争与合作是企业知识联盟的最佳行为模式 [J]. 科学学研究，2001，19（4）：37-41.

[58] 张志生，陈国宏. 企业技术联盟分析 [J]. 科学学研究，2002，20（1）：72-76.

[59] 罗炜，唐元虎. 合作创新与企业能力发展 [J]. 科学学与科学技术管理，2001（9）：30-32.

[60] 孙淑生. 中小企业技术创新的根本出路：知识联盟 [J]. 科技进步与对策，2001（5）：34-35.

[61] 徐华. 中小企业创新网络：构建动因与策略 [J]. 科学学与科学技术管理，2002（2）：44-45.

[62] 高展军，江旭. 企业家导向对企业间知识获取的影响研究：基于企业间社会资本的调节效应分析 [J]. 科学学研究，2011（2）：257-267.

[63] 樊钱涛. 知识源、知识获取方式与产业创新绩效研究：以中国高技术产业为例 [J]. 科研管理，2011（5）：29-35.

[64] 刘锦英. 知识获取模式研究 [J]. 科技进步与对策，2007（8）：149-152.

[65] 江旭. 基于社会网络视角的学习导向与企业外部知识获取研究 [J]. 管理评论，2015，27（8）：141-149.

[66] 刘晋中，廖芹. 贝叶斯网络的动态知识获取与修正 [J]. 计算机工程与设计，2009，30（9）：2257-2259，2263.

[67] 徐金发，许强，顾惊雷. 企业知识转移的情境分析模型 [J]. 科研管理，2003，24（2）：54-60.

[68] 徐和平，孙林岩，慕继丰. 虚拟企业中知识扩散机制研究 [J]. 科学学与科学技术管理，2002（11）：45-48.

[69] 常荔，邹珊刚. 知识管理与企业核心竞争力的形成 [J]. 科研管理，2000，21（2）：13-19.

[70] 胡宝民，刘秀新，王丽丽. 基于神经网络的技术创新扩散建模探讨 [J]. 科学学与科学技术管理，2002（8）：58-60.

[71] 李南. 产品创新知识的点线面结构及组织作用 [J]. 研究与发展管理，2003，15（5）：25-28，44.

[72] 余志良，张平. 技术整合的概念、作用与过程管理 [J]. 科学学与科学技术管理，2003（3）：38-40.

[73] 柏特里，迈克西米兰，斋德维茨. 确保从研究到开发界面的有效管理：R&D 个体的知识转移管理 [J]. 管理工程学报，2000（S1）：

50–54.

[74] 欧阳绪清，刘少生. 论企业技术创新的自组织机制 [J]. 湖南社会科学，2001（1）：59–61.

[75] IANSITI M.Integration and dynamic capability：Evidence from development in automobiles and mainframe computers[J]. Industrial & Corporate Change，1994，3（3）：557–605.

[76] 高巍，田也壮，姜振寰. 企业知识整合研究现状与分析 [J]. 研究与发展管理，2004（5）：33–39.

[77] 林向义，罗洪云，王艳秋等. 集成创新中的知识整合模式研究 [J]. 科学管理研究，2011（3）：16–20.

[78] 王军生. 循环经济技术创新与技术创新体系构建 [J]. 经济管理，2008（16）：86–90.

[79] 张培富，李艳红. 知识流与技术创新的群体社会互动 [J]. 科技管理研究，2004（4）：105–109.

[80] 叶金国，张世英. 企业技术创新过程的自组织与演化模型 [J]. 科学学与科学技术管理，2002（12）：74–77.

[81] 胡振华，刘宇敏. 非正式交流是技术创新扩散的主渠道 [J]. 湖南商学院学报，2002，9（4）：11–12.

[82] 周晓东，项保华. 企业知识内部转移：模式、影响因素与机制分析 [J]. 南开管理评论，2003（5）：7–10，15.

[83] COWAN R, JONARD N. Network structure and the diffusion of knowledge[J]. Journal of Economic Dynamics　& Control，2004，28（8）：1557–1575.

[84] KIM H, PARK Y. Structural effects of R & D collaboration network on knowledge diffusion performance[J]. Expert Systems with Applications，

2009，36（5）：8986-8992.

[85] 王彦祥 . 用知识地图搭建知识共享平台 [J]. 企业改革与管理，2009（12）：29-30.

[86] 宋保林，谈新敏 . 技术知识共享研究：基于企业技术创新视角 [J]. 科学管理研究，2011，29（2）：21-24，29.

[87] 孙耀吾，卫英平 . 基于复杂网络的高技术企业联盟知识扩散 AIDA 模型与实证研究 [J]. 中国软科学，2011（6）：130-139.

[88] LEAHY D. Organizational learning[J]. Academy of Management Review，1985（10）：803-813.

[89] 刘小可，陈通 . 学习型组织的组织学习过程模型的构建 [J]. 西安电子科技大学学报（社会科学版），2011，21（1）：25-29.

[90] 叶林威， 戚昌文 . 技术标准战略在企业中的运用 [J]. 世界标准化与质量管理，2003（2）：13-15.

[91] MELISSA S. Winning the standards race: building installed base and the availability of complementary goods[J]. European Management Journal，1999，17（3）：265-274.

[92] BELLEFLAMME P. Coordination on formal vs. de facto standards: a dynamic approach[J]. European Journal of political economy，2002，18（1）：153-176.

[93] TASSEY G. Standardization in technology-based markets [J]. Research Policy，2000（29）：587-602.

[94] 赵一勤 . 技术标准与经济发展的关系 [J]. 经营与管理，2011（10）：75-76.

[95] 高俊光，单伟 . 技术标准形成机理实证研究 [J]. 科技进步与对策，2011，28（15）：10-14.

[96] 陶爱萍，沙文兵 . 技术标准、锁定效应与技术创新 [J]. 科技管理

研究，2009（5）：59–61.

[97] 龚艳萍，成昌盛.技术标准合作的市场效应研究 [J].商业经济，2009（20）：73–74.

[98] 刘任重.技术标准竞争的策略研究 [J].商场现代化，2010（18）：14.

[99] 郑艳，邓飞其.技术标准竞争的种群生态模型分析 [J].标准科学，2010（7）：48–51.

[100] 曾德明，韦海英，孙耀吾.高技术企业技术标准竞争与兼容决策 [J].科技管理研究，2005（8）：165–167，181.

[101] 张平，马骁.技术标准与知识产权的关系 [J].科技与法律，2003（2）：110–124.

[102] 陈涛.企业知识产权保护的研究 [J].科技进步与对策，2000（8）：157–158.

[103] 张帆.企业知识产权保护的几点策略 [J].龙岩师专学报，1999，17（1）：83–85.

[104] 杨林村，杨擎.集成创新的知识产权管理 [J].中国软科学，2002（12）：120–124.

[105] 陈瑜.企业技术创新的知识产权保护 [J].北京理工大学学报（社会科学版），2002，4（2）：79–82.

[106] 蒋东生.网络环境对知识产权保护提出的新问题：对著作权保护的挑战 [J].管理世界，2008（8）：170–171.

[107] 李雪茹，司训练，李婷.基于ISM的知识产权保护影响因素分析 [J].情报杂志，2009（6）：39–43.

[108] 牟莉莉，汪克夷，钟琦.高技术企业合作研发中的知识产权保护机制研究 [J].科技管理研究，2009（2）：251–253.

[109] 谢朝阳，吴永林，程正中.知识产权保护的帕雷托改进：组建国

家知识产权经营管理公司的设想 [J]. 科技进步与对策，2009（13）：26-29.

[110] 杨皎平，纪成君，吴春雷. 产权保护下的集群创新与知识溢出研究 [J]. 软科学，2009（10）：78-82.

[111] 于兆波. 从新的《科技进步法》看知识产权保护与知识共享 [J]. 中国科技论坛，2009（2）：84-87.

[112] 吴凯，蔡虹，蒋仁爱. 中国知识产权保护与经济增长的实证研究 [J]. 科学学研究，2010（12）：1832-1836.

[113] 孙斌，彭纪生. 中国知识产权保护政策与创新政策的协同演变研究 [J]. 科技管理研究，2010（1）：33-35.

[114] 洪勇，吴勇. 发展中国家知识产权保护程度相对评价方法研究 [J]. 科学学与科学技术管理，2011（2）：36-42，116.

[115] 陈伟，康鑫，冯志军，等. 基于知识管理的高技术企业知识产权保护系统协同机制研究 [J]. 情报杂志，2011（9）：145-148，88.

[116] 吴敏. 高科技项目管理高效的关键：对技术人员考核与激励机制的探讨 [J]. 科技进步与对策，2000，17（4）：50-53.

[117] 魏刚. 浅谈知识管理中的人力资源管理 [J]. 北方经贸，2001（4）：73-74.

[118] 沈群红. 高技术企业研发人员激励的主要方法与原则 [J]. 中国人力资源开发，1999（8）：15-16，22.

[119] 张娜，窦胜功. 高科技企业中的人才激励 [J]. 东北大学学报（社会科学版），2002，4（1）：41-43.

[120] 施琴芬，崔志明，梁凯. 隐性知识客体的激励因素与路径分析 [J]. 研究与发展管理，2003，15（5）：29-33.

[121] 赵伟，韩文秀，罗永泰. 基于激励理论的团队机制设计 [J]. 天津

大学学报（社会科学版），1999（4）：295-298.

[122] 赵玉林. 技术创新自组织机制 [J]. 武汉工业大学学报，1998，20（1）：80-83.

[123] 谭亚莉. 促进组织内知识分享的人力资源管理对策 [J]. 科学管理研究，2003，21（5）：102-104，108.

[124] 谌新民，彭穗香. 高科技企业的人力资源管理创新 [J]. 科学管理研究，2003，21（1）：102-104，110.

[125] 林泽炎. 高科技企业人力资源管理的制胜之策（上）[J]. 中外企业文化，2001（21）：54-55.

[126] ERIC W K. The knowledge transfer and learning aspects of international HRM: an empirical study of Singapore MNCs [J]. International Business Review，1999（8）：591-609.

[127] 万希，杨萍. 基于知识管理的人力资源管理环境改善 [J]. 云南财经大学学报（社会科学版），2009（6）：98-100.

[128] 叶文娟. 浅谈基于知识管理的人力资源管理 [J]. 商场现代化，2009（5）：297.

[129] 熊敏,刘启华. 推动企业知识管理的人力资源策略[J]. 商场现代化，2006（13）：221-222.

[130] 陈方丽，慕继丰. 信息技术在企业知识管理过程中的作用 [J]. 经济管理·新管理，2003（22）：36-41.

[131] 王澎文，陈迅. 基于信息系统环境的企业知识管理 [J]. 重庆大学学报（社会科学版），2002，8（6）：46-48.

[132] 万君康，张琦. 企业知识管理中提高知识共享程度的对策研究 [J]. 现代计算机（专业版），2003（1）：26-28，43.

[133] KIM J, SUH W, LEE H. Hypermedia modeling for linking knowledge to data warehousing system [J]. Expert Systems with Applications，2003

（24）：103–114.

[134] 仇元福，潘旭伟，顾新建. 项目管理中的知识集成方法和系统 [J].
科学学与科学技术管理，2002（8）：36–39.

[135] 董荣凤. 知识管理与企业管理信息系统建设 [J]. 南开管理评论，
2000（2）：54–58.

[136] 常金玲. 实现知识管理的最佳方案：综合集成 [J]. 情报科学，
2000，18（11）：976–977.

[137] 章琳. 知识管理与企业组织结构的创新 [J]. 经济师，2001（1）：
36–37.

[138] 黎明. 自组织演化：现代企业组织管理的新趋势 [J]. 社会科学家，
2001，16（3）：54–55.

[139] 蒋明忠. "七步法"创建学习型组织 [J]. 中国人力资源开发，2003
（12）：54–56.

[140] 王鲁捷，陈龙. 有效培育动态知识团队 [J]. 中国人力资源开发，
2003（11）：56–59.

[141] 董敏琴，常立农，吴文华. 知识型企业知识经营的自组织分析 [J].
软科学，2002，16（5）：79–82.

[142] 朱泽，徐金发. R&D 中的知识管理 [J]. 科学管理研究，2000，
18（1）：43–45.

[143] 刘强，樊治平. 浅析企业文化对知识管理的影响 [J]. 东北大学学
报（社会科学版），2003，5（1）：22–24.

[144] 秦书生. 现代企业自组织运行机制 [J]. 科学学与科学技术管理，
2001（2）：38–41.

[145] 陈仲伯. 高新技术企业持续技术创新体系研究[D]. 长沙：中南大学，
2003.

[146] 段海超 . 基于知识管理的企业学习型组织建设研究 [D]. 北京：北京交通大学，2014.

[147] 杜静 . 基于知识整合的企业技术能力提升机理和模式研究 [D]. 杭州：浙江大学，2003.

[148] 徐英吉 . 基于技术创新与制度创新协同的企业持续成长研究 [D]. 济南：山东大学，2008.

[149] 张伟 . 企业持续技术创新研究 [D]. 湘潭：湘潭大学，2004.

[150] 许文醉 . 韩国企业技术学习过程研究 [D]. 吉林：吉林大学，2011.

[151] 郑艳 . 基于网络效应的技术标准竞争的 Lotka-Volterra 模型研究 [D]. 广州：华南理工大学，2011.

[152] 樊春阳 . 基于知识管理的组织激励机制研究 [D]. 长沙：湖南师范大学，2008.

[153] 石永贵，燕建芬，张杰 . 企业知识获取模型研究 [C]. 北京：科学出版社，2011.

后 记

　　本书针对高科技企业技术创新能力不足，尤其是自主创新能力不足的客观现实，通过阐述技术对高科技企业的重要作用，剖析了我国高科技企业技术知识管理方面存在的不足，提出了本书研究的重要性和必要性。本书通过探索数据、信息和知识的编码、抽象和扩散规律，研究了认知、学习、创新的过程和理论。本书以认知行为、学习、创新理论为基础，以生态学原理为工具，详细阐述了高科技企业如何进行技术知识管理，以达到提升技术创新能力的目的。

　　本书将生态系统的有关原理用于技术知识管理活动的指导，提升了知识管理理论的高度，高科技企业技术知识管理的专门、系统研究，丰富了现有的知识管理理论和方法。本书提出了可操作性技术知识管理方法，剖析了远景公司的技术知识管理，分析总结了成功经验和不足，这对知识管理实践工作有应用价值和现实指导意义。

　　总之，生态学原理为高科技企业技术知识管理的研究提供了新的思路、框架和方法。随着高科技产业的发展，技术知识在企业经营活动中越来越密集，技术知识管理越来越复杂，高科技企业技术知识管理有广阔的研究前景。本书只是这个领域的初步探索，因此还存在着不足，有待深入研究。

作者

2023 年 9 月